"十二五"高等院

U0618112

新编经纪人概论

Xinbian Jingjiren Gailun

主　编　李德中

副主编　滕学英

西南财经大学出版社

Southwestern University of Finance & Economics Press

图书在版编目(CIP)数据

新编经纪人概论/李德中主编. —成都:西南财经大学出版社,2013.1

ISBN 978 – 7 – 5504 – 0961 – 3

Ⅰ.①新… Ⅱ.①李… Ⅲ.①经纪人—高等学校—教材

Ⅳ.①F713.6

中国版本图书馆 CIP 数据核字(2013)第 004492 号

新编经纪人概论

主　编:李德中

副主编:滕学英

责任编辑:冯　梅

封面设计:杨红鹰

责任印制:封俊川

出版发行	西南财经大学出版社(四川省成都市光华村街 55 号)
网　　址	http://www.bookcj.com
电子邮件	bookcj@foxmail.com
邮政编码	610074
电　　话	028 – 87353785　87352368
照　　排	四川胜翔数码印务设计有限公司
印　　刷	郫县犀浦印刷厂
成品尺寸	185mm×260mm
印　　张	12.5
字　　数	285 千字
版　　次	2013 年 2 月第 1 版
印　　次	2013 年 2 月第 1 次印刷
印　　数	1— 2000 册
书　　号	ISBN 978 – 7 – 5504 – 0961 – 3
定　　价	24.00 元

前　言

高速发展的世界经济，改变了人们的工作和生活方式，人类进入了信息经济的时代。社会的分工越来越细，人们的生活和工作节奏越来越快，已没有那么多精力和时间去了解各个行业领域的信息，对处于中介地位的经纪人的依赖就越来越强，也促进了经纪行业的快速发展，它已成为了人类生活中一个不可或缺的重要产业。

丰富多彩的现实世界，为经纪人学科的发展奠定了厚实的实践基础，特别是火热的房地产市场、证券市场、保险市场，积累了丰富的经纪活动案例，为经纪人学科的研究、经纪人及经纪行业的管理提供了翔实的素材，也对经纪人学科提出了要求。如何总结和发展经纪人学科、让理论更加符合实际并能指导实际就是经纪人学科必须开展的工作。

为适应经纪业发展的需要，也为了满足经纪人学科教学的需要，我们组织编写了这本教材。教材从经纪人、经纪市场的开发、经纪人的风险管理及法律法规几个方面进行阐述，对学习者掌握经纪活动的相关知识和技巧具有一定的帮助。

本教材汲取了李岳主编的《经纪人概论》中的精髓部分，也参考或选取了同行业经纪人教材的内容。在此对他们表示衷心地感谢。

本教材由重庆工商大学融智学院经济系贸易经济（经纪人方向）专业李德中老师组织，完成提纲的编写，资料收集、案例和实训选编和第一、二、三章的编写；重庆工商大学融智学院经济系滕学英老师完成第五、六章的编写，并协助全书的统稿工作；重庆工商大学融智学院经济系谭江容老师、潘曦老师、胡文静老师分别完成第四章、第七章、第九章的编写；重庆工商大学融智学院金融系杨帆老师完成第八章的编写。感谢所有参加编写的人员。本教材在编写过程中得到经纪行业资深人士的大力支持，在此一并表示谢意。

经纪人学科是一门内容相当丰富、涉及的知识面很广的经济学科，编者理论水平有限，实践经验不够，书中难免有缺点和错误，敬请各位专家、同仁、读者批评、指正。

编者
2013 年 1 月

1

目 录

第一章　绪论

【本章导读】

本章论述了经纪人的概念与特征、我国经纪人的历史沿革、经纪人在市场经济中的地位、经纪人的未来发展趋势。通过对本章的学习，可以深刻理解经纪人的含义，明确经纪人的发展趋势。

经纪人是商品生产和商品交换发展到一定阶段的产物，它是随着商品生产和商品交换的发展而不断发展，随着科学技术和社会文明的发展而不断发展。在市场经济条件下，经纪人越来越来发挥出重大的社会作用，特别在提高市场效率、降低交易成本、加速商品和信息的流通、优化社会资源配置等方面发挥着日益重要的作用。随着我国社会主义市场经济体制的确立和完善，经纪人队伍日益发展壮大，成为了促进社会主义经济发展的活跃力量。

第一节　经纪人的概念与特征

一、经纪人的概念

经纪人的概念，不同的人从不同的角度有不同的理解，但其基本内涵总体上是一致的。

美国市场学家菲利浦·特奥拉在《国际市场经营》一书中提出："经纪人系提供廉价、代理服务的各种中间人的总称，与客商之间无连续性的关系。"该概念重点揭示了中间地位的经纪人同客户之间的无连续性的关系，在经纪业务中理解了经纪人同客户的无连续性关系，才能有效地规避经纪活动的风险。

《中国经济大词典》对经纪人的定义是："经纪人，中间商人，旧时称掮客，处于独立地位，作为买卖双方的媒介，促成交易以赚取佣金的中间商人。"该定义强调了经纪人在经济活动中的中间独立地位，以收取佣金为目的，在买卖双方中起媒介作用。

国家工商行政管理总局对经纪人的定义是："在经济活动中，以收取佣金为目的，为促成他人交易，而从事居间、行纪或者代理等经纪业务的公民、法人和其他经济组织"。该定义对经纪人的行为目的、活动方式、经纪活动主体都作了明确的规定，在当前的经纪人有关教材、培训资料中一般都引用该定义。

从经纪人的行为来看，经纪人是独立的，主要以佣金方式获取财富，以自己掌握的信息为基础，以取得委托方和相关方信任为条件。从经纪人的行为角度也可以这样下定义："经纪人是以信息为基础，以代理、居间、行纪等多种方式积极促进委托方和相关方达成交易，以佣金等方式获取利益的个人、法人经营者。"本教材从经纪人行为角度给经纪人这样下定义，是强调经纪活动的主动性，从相对较广的范围界定从事经纪活动的个人或法人。该定义强调了经纪人是承担经营责任的经营者，是按国家要求纳税的纳税人。在社会主义市场经济的今天，提高经纪人的社会地位，更有利于经济的发展。

二、经纪人的特征

1. 经纪人是促成供需双方达成交易的中间服务人

经纪人是根据委托人的要求，为委托人同相关方建立某种民事法律关系提供服务，并不代理委托人具体实施这一民事关系，是委托方与相关方建立民事关系的中间服务人。

2. 经纪人无须承担交易风险责任

经纪人的居间活动是协助委托方与相关方签订合同，建立一种民事关系，经纪人只是提供信息及相关服务。委托方与相关方的合同内容约定则由合同双方自行协商。因此，经纪人对委托方与相关方签订的合同，就不用承担任何风险责任。但是，经纪人在经纪活动过程中要严格按委托方的要求在其委托范围内活动，要提供真实的信息，经纪人是需要承担经纪服务的责任。

3. 经纪人是具有独立民事行为能力的经营者

经纪人无论作为个体经纪人还是法人经纪人从事经纪活动，必然是由具体的经纪行为人来完成。经纪行为人需要对经纪行为产生的后果承担相应的民事责任。这就要求经纪人必须具有承担民事责任的能力，对个人经纪人的要求是必须年满18岁，具备独立承担民事责任的能力。一切限制行为能力的人，如保外就医人员、未成年人等均不得从事经纪业务。法人经纪人必须经工商行政管理部门注册登记，领取营业执照，方能获得从事经纪活动的合法主体资格。

随着经纪人行业的发展，经纪人不仅仅是在委托方和相关方之间提供信息获取佣金的经纪模式，而是将经纪活动作为一个经营项目来管理。经纪人根据自身的特点和专长积极主动地选择委托方，给委托方提供更多的经纪产品，满足委托方的需求。经纪人从经纪项目的经营中获取利益，按国家规定纳税，已成为中间经济领域中的经营者。

4. 经纪人的经营收入主要是佣金形式

经纪人经营收入的主要形式就是佣金，佣金是经纪人将自己掌握的信息和经纪活动技巧出售给委托方而获取的利益。随着经纪人的发展和经济市场的需要，经纪人经营的收入不仅仅是佣金收入，还有经纪活动的有关费用、委托方的奖励或赠与等。如证券市场经纪人，其主要收入是佣金，但客户为激励经纪人为其服务，一般在盈利情况下都有一定的奖励。对经纪活动比较复杂，市场周期比较长的，委托方会给予经纪人一定的运作费用或广告费用。

第二节　我国经纪人的历史沿革

在我国，经纪人的发展已有两千多年的历史，可以追溯到两汉时期。这个过程大致可以划分为三个阶段：鸦片战争之前的古代经纪人发展阶段；鸦片战争至新中国成立的近代经纪人发展阶段；新中国成立至今的现代经纪人发展阶段。

一、我国古代经纪人的发展

最早见诸文字记载的我国古代经纪人，是西汉时期的"驵侩"。《辞海》解释为："驵侩，牙商的古称，说合牲畜交易的人。"也就是说，驵侩是买卖双方交易的中间人。

唐代，经纪人进入一个快速发展的阶段，其标志是牙人的大量出现。唐代交易中介人称为牙郎，经纪人的大批出现，促进了经纪业的发展，促进了产品的流通。经纪的品种由过去的牲畜、一般商品，扩展到庄宅、奴婢，出现了不动产经纪人的雏形。唐代时牙人在自己的活动领域内建立邸店，这些邸店就成为安顿客商、代客寄存货物、为客商提供洽谈交易条件的场所，具有交易所的一些特征。

宋代，为强化中央集权的统治，在社会经济的治理上，加强了官府对经济活动的制约。这个时期，经纪人因官府的作用得以迅速发展。官府明确牙人有监督商人交易和代官府收税的职能。为此，官府为牙人发放身牌，作为其执行职责的依据。由于牙人被赋予特权，行栈和牙人的作用，得到进一步加强。外来客商在当地销售货物，非经当地的牙行，是不能与当地买主交易的。客商无论拥有多大财产、从事多大金额的交易，也要经过当地的居间人居间才能够得以进行。宋代经纪人发展的特点是官府赋予经纪人以某些特权，使其具有超越其本身职能的某些权利。

元代，统治阶级为了维护高度中央集权的封建统治的需要，为增加国家收入，加强了对牙人的管理。具体措施是，取缔私牙，坚持官设牙人制度。官设牙人的政策，希望能够通过禁止私牙，起到维护市场交易秩序、规范市场行为的作用。但由于官牙或与官府勾结，坑害买卖双方，或与大商人串通，控制物价，欺行霸市，导致私牙屡禁不止，反而加剧了市场秩序的混乱。

明初，朱元璋实行"重农抑商"政策，按照自然经济的模式，建立了一个非常典型的封建专制主义政权，出于对元代官牙种种弊端的认识，曾经采取禁革官牙、私牙的政策。尽管官府采取了严厉的禁止措施，但商品流通需要居间经纪业务的客观经济规律，是不以统治阶级的意志为转移的。永乐年间，取消了有关禁令，"官设牙行，与民贸易，谓之互市"。在此之后，明代官府实行对牙人的统一管理，牙人进行经纪活动要领取"牙帖（类似营业执照）"，必须按期缴纳"牙税"。

明朝中后期，经济发展非常活跃，手工业出现资本主义萌芽，交换范围逐渐扩大，商品经济迅速发展。牙人及牙行得以迅速发展。

清朝时期，商品经济的发展已经达到较高水平。商业和经纪业的发展处于封建社会的巅峰，牙行的管理制度日臻完善。清政府承袭明朝治理牙行政策，由朝廷批准设立牙行，对牙行人员的资格有明确的要求，官府发给牙帖后，要登记注册，缴纳牙税。其牙行的基本职能主要包括：

第一，媒介买卖，提供交易服务。

牙行为买卖双方交易考虑，为买卖双方提供居间服务，提供运输经纪服务，也为交易双方提供担保服务。

第二，为官府需求承担中介服务职能。

牙行为官府采购军需商品提供服务，为官府提供信息服务。如牙行对交易情况进行统计登记，官府据此可掌握商品的历史价格和供求信息。

第三，提供市场管理服务职能。

平抑物价，维护市场秩序。牙行对进入市场的各类交易主体进行登记管理，如出现侵害事件，便于查找当事人。同时，牙行使用的度量衡是通过官府检验的，在市场上起到了公平秤的作用，客观上发挥了监督抑制不法商贩在度量衡上弄虚作假的欺诈行为。

纵观我国古代经纪人的发展，我们可以得到一些启示：

（1）经纪人是促进商品流通不可缺少的力量。

从历代经纪人的发展来看，经纪人在商品交换中有不可替代的作用，经济越繁荣，越需要经纪人。

（2）经纪人对经济市场的影响有正向的，也有负面的影响。

经纪人更了解市场，对买卖双方来说，经纪人都是信息掌握最充分的一方。由于信息的不对称性，经纪人产生不道德行为的机会就很多。所以，经纪人对市场正面的影响是促进了交易，负面的影响就是不法行为搅乱市场。

（3）政府应加强对经纪人的管理。

政府加强对经纪人的管理，才能很好地规范市场，也能保证政府的税收。政府和经纪人之间只能是裁判和运动员的关系，政府人员不能即做裁判又做运动员。如果形成了经纪人同政府的勾结，对市场的危害是很大的。

二、我国近代经纪人的发展

鸦片战争以后，出现了深刻影响我国这一时期经济发展的特殊经纪人——买办。买办的出现，形成了对外贸易的垄断势力，这种势力随着外国资本主义侵略势力的强大而强大，他们在各大通商口岸垄断了商品交易的中介活动。

买办是我国近代史上的特殊阶层，也是经纪人发展史上的特殊阶层。买办一词，源自葡萄牙语 Comprador 的译意，原专指欧洲人在印度本土雇佣当地人做管家。这个词汇在明朝借用到中国后，被使用在商业领域，起初只是泛指为朝廷提供宫廷用品的商人，本无中介之意。清初，买办一词移植到为外国人提供商事服务的专业人士上，开始专指中国公行在广东为外商提供商事服务的管事、采买，后买办一词逐渐发展为泛指专门为外国人提供商事服务的中介商人。

鸦片战争前，在公行制度下，买办为外商提供商业服务，如采买物品、代办验货等。当时出任买办需经官府批准，由十三行行商担保，带有官商性质，外国人无法自主选择代理人。鸦片战争后，废除了公行制度，买办失去了作为官商的基础，外商可以自由选择代理人，买办迅速发展起来。其业务范围也从最初的代办采买、验货等一般商业的服务代理，扩展到经纪中介、经营活动和信用保证等。以后，买办中又分化出买办化商人。

买办的发展，刺激了我国对外贸易的发展，加速了我国商品经济发展的进程。以广州口岸为例，自1792年至1837年的46年间，进出口贸易总额翻了五倍，这些都是通过买办从中经纪得以实现的。买办在经纪活动中，收益也非常可观，据史料记载，1885年至1894年的10年间，买办商人仅抽取经纪费用一项，约计白银一亿两。由此可见，当时的经纪活动非常活跃，经纪业已经发展到一定规模。

从历史唯物主义观点出发，买办的出现，除了为帝国主义服务，刺探中国市场情报，榨取中国巨额财富，助纣为虐，充当帝国主义对中国实施经济侵略的工具以及勾结封建官僚恣意走私、偷漏税款，扰乱市场经济秩序，损害国家、民族利益外，买办客观上对中国近代经济发展，特别是对经纪人的发展起到了一定的积极作用。例如，首先，当时中国各地经济情况复杂，货币制度、度量衡制度均不统一。外国商人进入中国市场，存在信息和语言方面的障碍。而买办熟悉中国市场，又有语言优势，客观上起到了中外经济交流的媒介作用。其次，由于西方资本主义国家在当时已经开始了工业革命，在发展商品经济和改善经营管理上，已经有了一套较为成型的理论和经验，买办在这种氛围中生存、工作，潜移默化地接受了西方先进管理理论和方法的熏陶，其中有一大部分人成为我国早期熟悉国外管理制度、了解国际规则的新型经纪人。

1912年"中华民国"成立，从此结束了两千多年的封建帝制。为了发展资本主义，摧毁封建主义的经济基础，当时的国民政府期望通过立法的形式，保护私有财产权，明确商事和民事权利义务关系，扶持和发展商品经济。在这样一个大背景下，先后制定并颁布了"六法全书"、"民法总则施行法"等相关法律。在这些法律中，对经纪人的权利义务作了相应规定，明确了经纪人的合法地位。这就从法律上对经纪活动的发展起到扶持和保护的作用，从而促进了经纪人的发展。

这一时期，随着世界范围内资本主义的蓬勃发展，中国商品经济也得到一定程度的发展，一些先进资本主义的经济形式逐渐在中国登陆。在经纪领域中，伴随证券、期货等金融交易所的诞生，证券、期货经纪人应运而生。

1917年，《交易所法》出台。该法对经纪人的主体资格作了严格规定，如在第三章第九条中规定："凡要为交易所经纪人者应由交易所呈请工商部核准、注册"。第三章第十条中规定："非有中华民国国籍之人民或法人，不得为交易所之经纪人或会员。"中华民国"人民有下列各款情事者，亦不得为交易所之经纪人或会员：一、无行为能力者；二、受破产之宣告者；三、被剥夺公权尚未恢复者；四、处于一年以上徒刑在执行完毕或赦免未满五年者；五、依本法第四十五条至第五十条之规定被处刑罚，在执行完毕或赦免未满五年者；六、交易所受除名处分后未满五年者。"

1918年6月，在当时的北平成立了中国最早的证券交易所，其经营业务主要是股票和债券。交易所诞生的同时，催生了中国第一批股票债券经纪人。1919年我国早期大证券商虞洽卿等人组建的上海证券、物品交易所开业。交易所不仅经营证券，同时开展金银、粮油、棉花、纱布等现货交易。

至20世纪二三十年代，我国经纪业的业务范围已经扩展至包括证券、期货、现货、保险、房地产等领域，经纪业的发展也达到了一定规模，如当时仅上海一地就有证券交易所100多家。

在国民党统治时期的社会经济秩序混乱，有些经纪人的经纪活动往往越出法律规定的范围，严重扰乱了市场秩序，其经纪人形象受到了严重地损害。那时通常称为"掮客"、"黄牛"、"华经理"的经纪人，几乎成了不法商人的代名词。

三、我国现代经纪人的发展

新中国刚成立时，财政经济状况比较困难，物价上升，通货膨胀严重，投机资本乘机捣乱。此时，在经济上的首要任务，就是要迅速恢复国民经济。党和政府为了稳定市场，从加强金融管理、控制主要商品和严格市场管理三个方面入手，打击市场投机活动。为了配合市场的监督管理，1950年11月14日，中央人民政府贸易部颁发《关于取缔商业投机活动的几项指示》，其中规定："下列行为视之为扰乱市场的投机商业……不在各当地人民政府规定之交易场所内交易者；囤积拒售有关人民生产或生活必需物资，以图窃取暴利，以招致物价波动，影响各地当时人民生产和生活者。买空卖空，投机倒把企图暴利者。故意抬高价格抢购物资，或出售物资及散布谣言刺激人心，致引起物价波动者。"这些规定，客观上起到了打击投机倒把，维护市场秩序，平抑物价的作用，但由于各地区、各部门在执行政策时，掌握尺度不一致，一些地方和部门对经纪人采取了严格限制的措施，经纪人的活动空间被极大地压缩。一些地方政府，在政策上采取宁"左"勿"右"的立场，甚至发生将正常的经纪活动当作投机倒把予以打击的情况。曾经一度是世界五大金融中心的上海，期货交易被取缔，即使被保存下来的交易所，也只能做一些有限品种的现货交易。1952年，天津证券交易所被取消，全国证券、期货等经纪业被列入"投机商业"遭到封杀。经纪人行业发展进入低谷。

中华人民共和国成立后，经过三年多的艰苦努力，结束了国民经济恢复时期。对非社会主义经济成分进行改造成为当时的首要任务。在这一时期，由于极"左"思潮的影响，经纪活动被认为是资本主义固有的经济现象，经纪业和经纪人被误解为资本主义的产物，招致社会主义改造。在城市中，取而代之的是带着社会主义红帽子的信托机构。由于当时计划经济已经成为我国唯一的经济形式，这些所谓的信托机构，尽管打着经纪的招牌，却早已是有名无实。城市中，一些出身不好的经纪人，或被打入"另册"，或被迫改行；出身较好的，则被国营或集体商业、供销合作社吸收为工作人员。在农村，由于农村的集市贸易还未在国家涉及改造的范围内，农村经纪人的居间活动尚得以继续存在，但经纪的范围被严格限制在家禽、家畜、干鲜果品等产品上。

社会主义改造完成后，我国出现了指导思想上的失误，发生了"反右"和"大跃进"的政治震荡。此时，在意识形态上，已经将经纪人划入资本主义的范畴，成为限制和打击的对象。同时，由于计划体制的无处不在，客观上经纪人也失去了生存的基本条件。完整意义上的经纪业与经纪人，消失在中国"一大二公"的僵硬的计划体制中。作为个体存在的极少数经纪人，则由"明"转"暗"，由"公开"转为"地下"。

1978 年 12 月，中国共产党十一届三中全会的召开揭开了中国历史上新的一页。从此，中国进入了一个新的历史时期。这一时期，在市场经济问题上，实践与认识的关系表现为：经济的实践活动推动了人们对市场经济的重新认识，人们主观的正确认识又极大地促进了市场经济的发展。经纪人的发展历程，正是沿着这一历史轨迹运行。

改革开放以后，尽管人们在思想上还未从传统的计划体制的桎梏中完全解放出来，对经纪人仍然持观望和怀疑的态度，但市场经济的发展，不以人的意志为转移，客观上推动了经纪人的发展。20 世纪 70 年代末 80 年代初，首先在沿海地区，特别是珠江三角洲地区，开始出现新型经纪人。如广东深圳、汕头、东莞、中山等地，出现了从事引进外资的居间活动和媒介进口商品交易的经纪人。尽管这些经纪人当时还是采取隐蔽和地下的方式，但他们巨大的能量，极大地推动了这些地区的市场经济的发展。随着沿海地区市场经济快速发展的影响，经纪活动出现了由东部向西部，由沿海到内地，呈梯度推移的趋势。这种发展趋势，引起了政府部门的重视，但是由于当时认识上的原因，国家对经纪活动采取了介意的态度。如 1981 年国务院先后颁发的《加强市场管理，打击投机倒把活动和走私活动的指示》和《批转关于工业品生产资料市场管理规定的通知》中，都将打击"黑市经纪"作为打击非法经营和投机倒把的内容。甚至到了 1985 年，国务院还在《关于坚决制止就地转手倒卖活动的通知》中，将"经纪人牵线挂钩从中渔利"作为投机倒把的打击对象。从历史的角度分析，这些规定的出台，一方面受当时历史条件的局限，另一方面，这些规定也是针对特定条件下的投机活动制定的，本身无可厚非。但是，由于当时的法律、法规没有明确经纪人的合法地位和确定经纪人的行为规范，经纪人正常的经纪活动从根本上无从受到保护，因而，这些规定客观上起到限制经纪人发展的作用。

随着改革开放进程的不断发展，人们对经纪人在市场经济中的巨大作用有了新的认识。各级主管部门，特别是工商行政管理部门，解放思想，大胆创造，积极探索扶持经纪人发展的方法和途径。从 20 世纪 80 年代后半期开始，在我国一些地区出现了扶持经纪人发展的试点工作。1990 年以后，上海、深圳两地证券交易所相继成立，我国期货经纪也开始了试点工作。这一时期，一些省市相继出现了经纪事务所、经纪人公司。经纪人出现了快速发展的势头。

1992 年，邓小平南巡后，对我国经济体制改革和经济发展作出了高瞻远瞩的指示，我国对市场经济的认识和实践进入一个新的阶段，经纪人也从理论到实践得到极大发展。据不完全统计，1992 年、1993 年两年间，共出版各类经纪人书籍达 70 多种，大大超过我国新中国成立以来出版此类图书的总和。在管理实践上，1992 年，珠海工商行政管理部门颁发了我国建国以来第一个《经纪人管理办法》，使经纪人管理向规范管理的方向迈出了重要一步。

1995 年 11 月 13 日，国家工商行政管理局颁布了我国第一部规范经纪人活动的全国性行政规章——《经纪人管理办法》，将经纪人管理纳入政府管理的规范轨道。从此，我国经纪人行业进入了一个新的发展时期。

第三节　经纪人在市场经济中的地位

经纪人是商品生产和商品交换的产物，市场经济的发展必然促进经纪业的发展。在我国经纪人作为社会主义市场经济的建设者，在社会主义市场经济中有着十分重要的地位。

一、经纪人的市场地位

经纪人属于第三产业范畴，是第三产业中特殊的服务行业，其基本的职能是为商品交换提供中介服务，其市场地位是由社会再生产中的交换所决定的。任何社会的再生产过程，都是由生产、分配、交换、消费四个既相互联系又相互制约的环节组成的统一体。在生产、分配、交换、消费四个环节中，生产是起点，是根本，在再生产过程中起决定性的作用；消费是终点，是生产的最后完成阶段；分配和交换是中间环节，联结生产和消费，是不可缺少的部分。

经纪人的职能就是促进商品交换，因此，在社会再生产过程中，经纪人处于联结生产和消费的特殊中间地位，随着市场经济的发展越来越明显地表现出来，发挥着越来越重要的作用。

以农村经纪人为例，在过去，没有农村经纪人出现时，农产品靠农民自产自销，往往是规模小，经济效益不明显。如果销售不出去，只有自己消费，还要亏损。农村经纪人的出现，把市场与农户直接联系起来，既把本地的产品卖出去，又把农民需要的产品运进来，既能经纪产品，又能沟通信息，被人们称为是"农民与市场的纽带"。他们走南闯北，走家串户，活跃于城乡市场，在促进农村商品流通方面显现出极大的灵活性和主动性，架起了广大农民走向市场的桥梁。

二、经纪人的法律地位

经纪人提供的是国家允许公开上市交易商品的中介服务，经纪人的经营活动受到法律的保护。国家工商行政管理局 1995 年颁布的《经纪人管理办法》明确规定了经纪人的法律地位。保障经纪人的合法权益，鼓励和支持经纪人的经营活动，如何单位和个人不得侵犯经纪人的合法权利。《中华人民共和国民法通则》规定：以自然人身份进行经纪活动的经纪人，具有个体工商户的性质，属于民事法律主体，依法承担民事责任，依法享有民事权利，承担民事义务。作为从事经纪活动的企业，如果具备法人资格，属于民事法律主体，独立承担民事责任。近年来，随着经纪人的发展，经纪人的经纪活动法律规范将更加完善，经纪人的权益将更加得到保障。

三、经纪人的社会地位

经纪人是社会主义经济建设的劳动者，是中介经济的中坚力量，是具有高智商、高情商的纳税人。经纪人的社会地位已得到社会的普遍认可，社会各界对经纪人的支持和依赖更加明显。

社会分工越来越细，从事经纪活动的经纪人，必须是所从事行业的专家，经纪人往往以专家或行业资深人士的身份为委托方服务，能合理、经济地为委托方提出需求解决方案，能快速准确地找到相关方。这种知识面广、专业性强、整体素质高、服务信誉度高的经纪人受到社会各界的欢迎和尊重。

第四节　经纪人的发展趋势

经纪人是随着市场经济的发展而发展，市场经济越活跃，经纪人的经纪活动就越活跃。近年来，随着社会主义市场经济的进一步发展，经纪人市场得到了空前发展，正向着专业化、品牌化、规模化、网络化方向发展。

一、经纪人的专业化发展趋势

随着市场经济的发展，市场经济已进入买方时代。消费者对产品的需求已不是单一的功能性需求，还包括消费文化的需求。消费者是更加挑剔，更加难以捉摸。在经纪活动中经纪人绝不能是仅有信息资源的外行，一定是行业中的专家，能够有效地把握所掌握的信息，并及时地运用信息资源。

经纪人为了进入市场，都必须经过行业的系统学习，以提高自己的专业知识。以中国房地产经纪人执业资格考试的指定辅导教材来看，共有四门课程：《房地产经纪相关知识》、《房地产经纪实务》、《房地产经纪概论》、《房地产基本制度与政策》。这些课程包含有建筑、房地产营销、房地产策划等方面的知识，经纪人在专业老师的辅导下通过国家组织的统一考试才能获取资格证书。

经纪人专业已进入高等教育学校的专业方向。经纪人队伍的培养方式，已不仅仅是社会的资格考试培训方式，经纪人专业方向已进入高等教育学校的专业方向，在全国有十几所高校举办了经纪人专科或本科专业方向教育，这部分经纪人在走入社会后，在经纪人领域是起点高、知识面广、专业性强。如重庆工商大学融智学院至今已培养了八届本科经纪人专业方向的学生，学生系统地完成经纪人专业知识学习后，走向社会就业较容易，社会适应性较强。

二、经纪人的品牌化发展趋势

市场经济的发展已进入了品牌化的时代，经纪人的发展是随着市场经济的发展而发展的，经纪人也进入了品牌化发展阶段。品牌是经纪人非常重要的无形资源，是拓展市场的通行证，代表明确的承诺，是高信任度、高美誉度表现。

经纪人在经纪活动中，已很清楚地意识到这一点，都自觉或不自觉地建立自己的品牌形象。经纪人同客户之间虽然具有不连续性的特征，但经纪人也意识到一个客户好的评价对未来客户市场的影响有多大。以房地产经纪行业为例，过去是一张桌子，一部电话，就是很多房地产经纪人的全部家当。给人的感觉是没有专业能力也没有诚信。随着房地产宏观调控的深入，房地产消费者更加理性，对购房更加谨慎，市场竞争加剧。提高诚信、打造品牌已成为了房地产经纪行业的共识。

三、经纪人的规模化发展趋势

经纪人的规模化发展趋势，有两方面的表现，一方面是个人经纪人的单打独斗已逐渐被市场淘汰。委托人对经纪人的依赖性是越来越强，对经纪人的诚信要求就越来越高，靠经纪人个人的资信能力已不能满足经纪市场的需求。这时，个人经纪人会形成团体，以公司或其他经济组织的形式参加市场的竞争。另一方面就是法人经纪人在市场激烈的竞争中已意识到不但是人才的竞争、服务的竞争，也是规模的竞争。一些实力小、规模小的经纪公司缺乏竞争力，纷纷被市场所淘汰，悄悄地退出了市场。而一些实力强、规模大的经纪公司得到市场的认可，深受消费者的信赖，得以长足发展。

四、经纪人的网络化发展趋势

随着互联网和电子商务在中国的蓬勃发展，越来越多的经纪人运用网络工具进行中介服务，如证券经纪、房地产经纪、农村经纪等都广泛运用网络平台开展经纪业务。网络经纪具有它自身的特点：

（1）开放性。互联网是四通八达、没有边界、没有中心的分散式结构，体现的是自由开放的设计原则。任何人只要拥有一台计算机和简单的上网设备，就可以接入互联网，向世界发布信息，传播自己的观点和理念，同时也可以选择自己喜欢的信息和内容。在这里，信息跨越了时空界限，实现了自由流动。对经纪人来说，在任一个网站上的信息都可能漂洋过海、传播千里。

（2）互动性。互联网的实时互动和异步传输并举的技术结构彻底地改变了信息的传播者和接受者的关系。任何网络用户既是信息的接收者，同时也可以成为信息的传播者，并可以实现在线信息交流的实时互动。

（3）生动性。应用互联网这个平台，我们可以根据需要，把更多更详细的信息，例如图片、视频上传到网站，便于客户更多更直观地了解，避免了双方的盲目性。

（4）快捷性。利用互联网平台经纪人可以快速地了解当前的市场状况、竞争对手的状况。了解这些信息花的时间少，信息量丰富。经纪人需要发布的信息可以让更多的相关方了解，一条优秀的经纪信息在网上发布后，很快就会有相关方回应，这是普通纸质媒体所不能比的。

（5）低成本性。电视媒体、报刊杂志等媒体，广告的费用都是很高的，经纪信息的发布，如果通过这些媒体发布，其成本就很高了。通过互联网发布只需要定期编辑、维护就行了，很多相关网站都提供免费发布信息的平台，其经纪信息的发布、传播的成本是很低的。

由于网络经纪的这些特点，对经纪人也提出了更高的要求：市场的开放性对专业化程度要求越来越高；新形式的终端需要经纪人素质的提高；网络化的竞争也在呼唤个性化的优质服务。这三方面的提高意味着中介市场效率会不断优化，这应该是网络经纪人带来的最终影响。随着经纪服务越来越难以标准化，传统的经纪服务形式更加无法满足客户和经纪人的需求。网络经纪的问世，让这个需求的满足成为可能。也是以后经纪行业发展的必然趋势。

第五节　经纪人学科体系

经纪人作为一门应用性学科，有自己的研究对象和理论体系。本节从学科建设的角度，着重介绍经纪人的研究对象、研究方法和学科性质。

一、经纪人的研究对象

经纪人研究对象是经纪主体在市场经济条件下的经纪中介行为及其运行规律。其研究的主要内容包括经纪主体的组织类型，经纪行为与市场经济发展的相互关系，经纪行为的运行方式。

经纪人研究首先要研究经纪主体。这是因为经纪人是通过特殊的技能为社会提供服务的组织形态。经纪主体的知识、素质、组织构成以及管理水平直接关系到经纪行为的效率、经纪服务的质量和经纪活动的成败。通过对经纪主体的研究可以完善经纪组织制度，充分调动经纪人的主观能动性。

其次，要研究经纪行为与市场经济发展的相互关系。经纪人与市场经济息息相关，我国新中国成立以来几十年的历程表明，市场经济发达，经纪人行业就蓬勃向上，市场经济衰落，经纪人行业就一落千丈。经纪人研究市场的宏观和微观经纪环境，可以从中发现经济、政治、社会、企业等系统的运行规律，从而对国情、政策、市场现状有清醒的认识，据此做出正确的决策。经纪人研究具体的经纪市场，可以掌握经纪市场的基本规律，发现市场机会，制订符合自己特点的市场策略，从而在市场竞争中保持优势地位。

最后，要研究经纪活动的运行方式。经纪人学科属于应用科学，有自己的业务规程、操作路径和管理模式。研究经纪活动的运行方式，可以合理安排操作路径，科学制定业务规则，有效组织经纪活动，提高经纪效率。

二、经纪人的研究方法

经纪人研究，需要使用一定的方法来研究经纪业务过程中的组织、协调、营运和资源的合理配置问题。其中最主要的分析方法包括实证方法、规范方法、博弈方法和案例方法等。

（一）实证方法

实证方法是指通过对经济现象的观察和实验，分析和预测人们经济行为后果的方法。简单地讲，实证分析方法超脱和排斥一切价值判断，仅分析和预测行为的效果，即回答"是什么"的问题。实证的过程，是一个"试错"的过程。用实证方法进行分析和决策的特点，是在事先并不知道或不肯定行为和事务的价值，而是用结果来检验其正确性和有效性，然后，根据结果对行为或事务进行调整。比如业内人士常说的经纪人与潜在客户进行的"试探性谈判"，就是用实证的方法来探索建立委托—代理关系的可能性。在谈判之前，经纪人先假定该客户可以成为自己的委托方，但对方的经营理念、市场预期及谈判的真实意图，经纪人起初并不知道，通过接触、观察和试探，经纪人根据最后试探的整体结果，对该客户是否能够成为自己的委托人作出自己的判断，这一过程就是实证的过程。一般而言，经纪活动过程，存在大量信息不对称的情况，实证的方法是经纪人研究问题解决问题的重要方法。

（二）规范方法

规范方法是指以一定的价值判断为基础，在进行分析之前，提出一定的标准作为分析的前提，探讨符合该标准的理论和策略的方法。规范方法回答"应该是什么"和"好不好"的问题。规范方法本质上是价值研究，从经纪人研究的角度分析，规范方法是对特定利益格局条件下的经纪行为方式的选择。比如，经纪过程常常会出现委托人在某一阶段采取机会主义策略，越过经纪人与相关方直接进行交易，在业内称为"逾越第三方"。为了维护经纪市场秩序，经纪人业内将"不可逾越第三方"作为一个道德标准提出，依照这个标准，制定经纪人游戏规则的过程，就是用规范的方法研究和解决问题的过程。

又比如，经纪人究竟能够经纪那些商品，就涉及价值判断问题。究竟是以市场经济的经济自由原则作为规范经纪品种的依据，还是以维护市场经济秩序原则为依据，就需要运用规范方法进行分析。单纯靠实证的方法是不能解决问题的。

经纪过程充满了机会主义行为，用规范方法研究经纪行为，可以解决其他研究方法无法解决的问题。

（三）系统方法

系统方法是指把研究对象作为一个具有一定结构与性能的整体加以研究的方法。系统研究方法，强调从整体与部分之间，自身系统与外部环境之间的相互区别、相互联系、相互作用、相互制约的辩证关系中，综合地、全面地、精确地考察对象，以达到最佳目的。

经纪活动是市场经济系统的一个组成部分，作为经纪活动的主体，经纪人是市场经济主体系统的一个子系统。经纪活动与经纪人又是由许多分系统构成的相对独立系统。运用系统方法研究经纪人，首先，要研究经纪人与宏观和微观经纪环境的关系，从中发现不同系统之间的运行规律，使经纪人能够据此制定出符合经纪环境发展规律的决策；其次，要研究经纪人作为相对独立系统的构成要素以及这些内在构成要素之间的相互关系，通过对这些要素及其相互关系的研究，可以从经纪系统运行的角度，设计和把握经纪系统中各要素的最佳配合，以揭示系统的内在结构特性，使系统的整体性和运行方式达到最佳化。

（四）案例研究方法

案例研究方法是指通过一个具体的经纪事件，对经纪活动涉及的主体、经纪行为、经纪后果进行详细的描述、深层次的剖析和总结，从而能够形成在经纪人管理、运营和制度方面的理论和经验的方法。

案例研究方法是一种综合的研究方法，它既可以通过描述和剖析，从大量经典案例中总结出经济生活中经纪人的管理规律、经纪原理和营运方法；也可以通过对案例的分析检验已有的经纪理论是否完善，是否符合实际的需要。

经纪人从事的是实践性很强的经纪活动，有大量生动的案例可以作为研究的基础。利用这些案例进行研究，有利于理论与实践的结合。同时，经纪人作为一种理论研究起步较晚，一些借鉴其他相邻学科的理论是否符合经纪人的实践，需要通过案例研究得到检验。因此，案例研究方法对经纪人理论形成和学科发展有重要的方法作用。

三、经纪人的学科性质

明确学科性质，既是理论研究的前提，又是实践活动的基础。因此，确定经纪人学科性质对理论与实践，有方法论上的指导意义。

(一) 经纪人的学科性质属于领域学

一个学科所涉及的领域，是该学科所指向的现实对象世界。由于认识原理的视角不同和运用的理论框架不同，可以从同一对象领域中提炼不同的变量组并归纳出不同的变量关系，从而会形成不同的研究对象和理论体系。将特定的研究对象和理论体系有机统一，就构成了一门学科。

学科又可以因研究对象和理论抽象角度的不同，分为不同性质的学科类型。从现实世界认识和系统化原理的特定角度抽象，可以形成学科学（参见富永健一《经济社会学》）。如经济学就是从经济规律的认识和系统化原理的特定角度对现实世界进行抽象所形成的学科，属于学科学范畴。而对现实世界的特定领域或特定现象进行理论抽象，则构成领域学（富永健一）。如工商行政管理学就是从工商行政管理这一特定领域进行抽象，形成的学科，属于领域学范畴。从这个意义上讲，确定学科性质就是确定学科的类型范畴。

经纪学是对现实经济生活中经纪人与经纪业这一特定现象进行理论抽象所形成的学科。按照上述标准，经纪学属于领域学范畴。

(二) 经纪学与相关学科的关系

经纪学作为领域学范畴的一门综合性学科，与市场营销学、经济学、公共关系学以及经济博弈理论有着密切的关系。

1. 经纪学与市场营销学

市场营销学是研究以满足消费者需求为中心的市场营销活动过程及其规律的科学。其研究的核心内容，是在特定的市场营销环境中，企业如何从需求出发，制定企业发展战略，组织市场营销活动，从而在激烈的市场竞争中获得生存和发展。经纪学作为市场营销学的交叉学科，与市场营销学有密切的关系。经纪人要研究经纪人生存和发展的经纪环境，市场营销学关于市场营销环境的理论与方法，为经纪环境理论的研究提供了可借鉴的理论平台。经纪学要研究委托方和相关方的经纪需求和交易需求的形成、影响因素及满足方式，市场营销学关于消费者行为和供应商行为的研究，为经纪学提供了在实践的基础上如何对委托方和相关方行为进行分析、归纳的整体思路和研究框架。经纪人要分析经纪组织的类型和构成，要研究经纪活动的营运技巧与管理方法，市场营销学中有关市场营销机构行为的理论与方法，有些内容直接指导和丰富了经纪人的实践活动，如辅助营销策略、谈判技巧与方法等，客观上成为经纪学的一个组成部分，有些内容则开拓了经纪人理论研究的视野，为经纪人从更高、更新的角度去研究经纪活动提供了导向标的作用。因此市场营销学与经纪学有密切的关系。

2. 经纪学与经济学

经济学，是研究稀缺资源在多种经济用途之间进行合理配置的科学。经济学研究的出发点和着眼点，是人类在任何经济社会中都要面临的基本问题，即生产什么和生产多少，怎样生产，为谁生产的问题。也就是说，经济学要研究资源应该被配置在哪个方面更有效率、研究如何配置资源和资源配置之后最大的受益者是谁等问题。经纪人与经济学有密切的关系，经纪人在研究经纪环境和市场开发过程中需要运用经济学的基本理论和基本方法，去研究市场上资源的合理配置、均衡的状态、均衡实现的条件和过程等。如经纪人究竟将自己的关系渠道使用在有色金属的生产者上，还是房地产的开发商上，就是一个"生产什么"的问题；经纪人究竟是采取代理的方式，还是居间的方式，就是"怎样生产"的问题。经纪人在建立委托代理关系和寻找相关方过程中，要运用经济学的成本—收益的分析方法，制订相应的对策和策略。在与委托人建立合作博弈关系，要借鉴经济学中理性"经纪人"的假设，通过对委托人一定会以追求自身利益最大化为动机进行目标分析，来确定双方的"正和"博弈关系。因此，经济学与经纪学有密切的关系。

3. 经纪学与公共关系学

公共关系学，是研究社会组织与相关公众或组织相互作用、相互协调、彼此合作的规律及工作方法的一门科学。公共关系的着眼点是为了寻求与相关公众或组织的良好合作与和谐发展。公共关系学的研究为经纪人提供了如何通过形象塑造、传播管理、利益协调等方式，同相关客体结成良好关系的理论和方法。

经纪人需要通过公共关系进入市场，寻找经纪机会，促成交易成功。经纪人创造市场机会，建立客户关系，需要通过广泛深入的信息交流和关系融通来实现。经纪人开展与客户的公共关系，可以建立信息渠道和关系渠道，保证信息交流和关系交流的渠道畅通，从而为自己创造更多的经纪机会，提高交易成功的概率。经纪人在经纪过程中，要与不同类型、不同行业、不同规模、不同需求的客户打交道。这些交易主体有各自不同的经济利益和发展目标，经纪人开展公共关系，可以协调不同利益主体之间的关系，化解利益冲突，调解矛盾分歧，促成其交易成功。实践表明，经纪活动与公共关系紧密相关。经纪学建立在公共关系学相关理论之上。

4. 经纪学与经济博弈论

博弈论（Game Theory），是系统研究各种博弈问题，在各博弈方具有充分或者有限理性能力的条件下，寻求合理的策略选择和合理选择策略时博弈的结果，并分析这些结果的经济意义、效率意义的理论和方法。经济博弈论，是博弈论在经济领域中的运用和发展，是关于经济决策和策略的分析方法的理论。经济博弈，可简单分为合作博弈和非合作博弈、完全信息博弈和不完全信息博弈以及动态博弈和静态博弈等类型。经济博弈论就是运用一套科学完备的理论和方法，帮助人们在这些类型的博弈中做出正确决策和采取恰当的策略。

经纪人存在的环境是有限理性和信息不对称充斥其间的市场环境。经纪人与买卖双方客观存在经济博弈的关系。如经纪人与委托人的关系，就包括了合作博弈与非合作博弈的关系。他与委托人的谈判就是一种不完全信息的博弈；在整个经纪运作过程中，经纪人与买卖双方的运作过程，从本质看，就是一个动态博弈过程。在经纪活动中，经纪人要解决的是如何通过努力，使与委托方的互动关系，成为正和博弈的关系。经纪人为了能够在博弈中做出正确决策和采取恰当的策略，就必须掌握经济博弈的理论和方法。因此，经济博弈论的理论与方法，是经纪人学科的重要理论基础。

综上所述，经纪学属于领域学范畴，它与市场营销学、经济学、公共关系学、博弈论有密切的联系，是一门综合的边缘学科。

【案例解析】

商机靠自己把握

2007 年 6 月，重庆某高校同寝室的三位大学三年级的同学，到他们马上要毕业的老乡寝室去玩。一方面看有什么可以帮助老乡的，另一方面是同老乡聊聊。今后可能不在同一座城市，相见就很难了。他们到了寝室后，他们看见地上散乱地丢着很多书。老乡很歉意地说："没地方给你们坐了，我们还是到外面找个地方坐坐吧！"于是，他们到学校的操场上去了。

从老乡处回来，他们三人都有所感想：

甲同学想：那么多书呀，资料什么的就这样扔了，怪可惜的。不如同收废旧书报的人联系联系，还可以卖点钱。卖的钱还可以请老乡喝喝啤酒什么的，不是很好吗。

乙同学想：那些丢掉的书，有的肯定是有用的。不如明天再去看看，把有价值的收起来，自己可以用。

丙同学想：一个学校毕业几千人，要丢掉多少书啊。这些书对自己这个年级还是对大一、大二的同学都是有用的。不如搞个旧书市场，让毕业的同学将不愿带走的书籍在旧书市场卖出去。如果毕业班的同学没时间，可以委托旧书市场的人或其他同学卖出去。丙同学认为这是完全可行的。

第二天，丙同学征得了学校有关部门的同意，就在学校指定的一个离学生寝室近的地方开办了旧书市场。旧书市场开业后，毕业班的同学都委托他给代卖，并给他一定的提成，生意很火爆。

【解析】商机是无处不在的，只有有心人才能发现。本案例说明三位同学站在不同的角度认识同一件事，得出了不同的结论。作为经纪人，应该有敏锐的观察力和系统的思考力，才能在平凡的事件中，挖掘出不平凡的商机。

【实训】自我介绍

一、实训目标：通过本实训掌握自我介绍的技巧，以便给同事或客户留下良好的第一印象。

二、实训知识要点：表现出经纪人的语言表达能力，自信的精神状态；同时又表现出经纪人的谦逊有礼的内在素质。

三、实训背景：经纪人应约到某公司总经理办公室，洽谈一项经纪业务。在走进办公室后向总经理作自我介绍。

四、实训内容：经纪人要在两分钟内介绍清楚自己的姓名、自己的公司、现在公司所任职务，来拜访的目的。

五、实训要求：将同学分为 5 至 10 人一组，轮流扮演经纪人和总经理。其他同学做好笔记，每两个同学表演结束后，老师对其优劣作出评价。每位同学必须认真表演，言行符合规范。

【思考题】

1. 什么叫经纪人？你如何理解经纪人？
2. 经纪人的基本特征有哪些？
3. 如何理解经纪人是具有独立民事行为能力的经营者？
4. 经纪人的收入方式有哪些？
5. 古代统治阶级重视经纪业发展的根本目的是什么？
6. 清代牙行的基本职能主要包括哪些？
7. 纵观我国古代经纪业的发展，可以得出哪些启示？
8. 什么叫买办？任何客观评价买办的社会作用？
9. 如何确定经纪人的市场定位？
10. 如何评价现代经纪人的社会地位？
11. 网络经纪具有哪些特点？

第二章　经纪活动

【本章导读】

　　经纪人进行经纪活动，在我国已有两千多年的历史。经纪人的经纪活动，对不同的经纪业务，其表现是有所不同；在不同的历史时期，其表现形式也有不同。但经纪活动还是有规律可循的。本章着重讨论经纪活动的基本原理。

第一节　经纪活动的基本原则

　　经纪人在进行经纪活动时，必须遵循经纪活动的基本原则。对经纪人品牌的树立，经纪业务的成功进行都是相当必要的。经纪活动的基本原则主要有以下原则：

一、平等互利原则

　　经纪人在经纪活动中，同委托方、相关方是一种平等互利的关系。经纪人接受委托方的委托，是在业务上、时间上、信息上的延伸，并不构成对经纪人的领导和被领导的关系。经纪人是把委托方的需求，转变为经纪项目。委托方从满足其需求中获得自己的效益，而经纪人从经纪项目的经营中主要以佣金的形式获取效益。经纪人同相关方之间的关系，同样是平等互利的关系。经纪人寻求委托方所需要的相关方，形成某种商业关系。同样，委托方也是相关方所需要的，也基于达成相同的某种商业关系。所以，在经纪活动中的委托方、经纪人、相关方三者之间是平等互利的。

二、真实诚信原则

　　经纪人在经纪活动中，必须遵守真实诚信原则。同样，要求委托方、相关方也必须遵守真实诚信的原则。委托方提出自己的需要经纪服务的需求，必须是客观真实的。对经纪人和相关方的商业约定必须是诚实可靠的。经纪人根据委托方的真实意图，策划出相应的经纪项目，再展示给相关方。如果委托方的信息有不真实性，或具有某种巨大的商业风险隐患，对相关方将构成伤害，同时也损害经纪人的信誉和利益。经纪人必须将委托方的真实意思表达给相关方，让相关方在最有利的条件下，作出决定。不能为了经纪业务能够成功，让相关方在不知情的情况下作出决定。同样，相关方必须是真实诚信，对经纪人提供的商业信息有真实的意思表达。特别在是否接受这种商业关系时，有肯定的、及时的意见。如果不置可否，将使商业信息随着时间的流逝失去价值。总之，真实诚信原则是委托方、经纪人、相关方必须共同遵守的原则。经纪人在经纪活动中起协调的作用，更要遵守真实诚信原则，才能使整个经纪活动在真实诚信的氛围中完成。

三、保密原则

经纪人接受委托方的委托，对委托方的商业秘密必须保密。特别在一些大型项目的引资经纪活动中，对项目的核心技术必须做到守口如瓶。在我国风险创新市场，有许多优秀的商业创意，这些创意在经过项目包装后，形成了风险投资项目。项目创意方往往缺乏启动资金，在没有抵押财产的情况下，就会寻求经纪服务。经纪人在接受委托后，对项目都有相当的了解，才能向资金方表达。这时，委托方面临的就是泄密的风险。所以，经纪人在经纪活动中，必须保密以维护委托方的商业利益。同时，也是维护自己的经纪信誉。

四、懂法、守法原则

经纪人从事的经纪活动，必须在国家规定的法律范围内进行。经纪活动的性质就是接触人群的广泛性，每个委托方的的知识程度和要求都不尽相同。经纪人在从事的行业经纪活动过程中，必须对该行业的国家法律法规有相当地认识，自觉地遵守国家法律法规。当委托人提出违背国家法律法规的经纪要求时，要及时指出。

五、成本分析原则

经纪人的收入主要靠佣金收入，而佣金收入一般都是在交易成功后才由委托方支付的。经纪人在经纪活动中有费用支出，包括交通、宣传、洽谈等系列费用。有的经纪业务的过程较长，成功率较低，就要充分考虑经纪活动的成本。在产权经纪活动中，就表现得很明显。重庆产权交易所曾培训了一批产权经纪人，并发给产权经纪人证书。但产权经纪业务的开展相对较难，经纪成本较高，使重庆产权经纪人的发展比较缓慢。经纪人在经纪活动中，要根据经纪活动的性质，选择经纪业务，分析经纪业务的成本，在经纪活动中才能立于不败之地。

第二节　经纪活动的基本方式及特征[①]

按照国家工商行政管理局颁布的《经纪人管理办法》的界定，经纪人的活动方式分为居间、行纪和代理三种方式。这个界定比较规范，也符合现代经纪人的实际，更符合国际惯例。在此之前，我国习惯把经纪单纯地理解为从事牵线搭桥的居间活动。显然，这种理解已无法概括现代经纪人活动方式的新特点。《经纪人管理办法》对经纪

---

① 朱学新. 新编经纪人理论与实务［M］. 苏州：苏州大学出版社，2005：30－37.

活动方式的界定，不仅沿袭了传统经纪人的活动方式，并在此基础上，根据现代经纪人活动方式的特点，给予了新的相对宽泛的概括。居间、行纪、代理是经纪人的三种活动方式。

1. 居间

居间是指经纪人为委托方提供订立合同的条件，撮合、促成委托人与相关方达成交易的活动。居间是我国经纪人最早的一种活动方式，也是经纪业务中较为普遍的活动方式。在交易活动中，居间经纪人既不是买者，也不是卖者，而是沟通买卖双方，从中牵线搭桥、促成交易的中间商人。

居间经纪业务的法律特征是：第一，居间业务的行为是民事法律行为。依法取得经纪资格的经纪人按照委托人的委托，在委托人与相关方进行经济往来、订立经济合同过程中，必须依法进行经纪服务活动。第二，居间业务行为是以签订居间合同来实施的。经纪人在进行居间业务活动时，必须依法同委托人签订居间合同，明确其权利和义务。

居间业务是通过提供信息服务或为买卖双方牵线搭桥来完成的，因而其介入交易双方交易活动的程度不深。经纪人只需为买卖双方提供交易信息，或了解交易中可能涉及的一些基本情况及一般的技术问题，如果涉及比较深的内容或比较专业的技术问题，可以由买卖双方直接见面洽谈，因而对经纪人的基本素质要求相对较低，无须掌握专业技术知识。所需的资本比较小，进入的门槛比较低，其经营的风险也比较小。因此，居间经纪业务就有市场竞争较为激烈、成功率低的市场特点。

居间业务运作中一般都是以自己的名义开展活动的，即在买主面前代表着卖主的利益；在卖主面前代表着买主的利益，始终在买卖双方之间撮合。经纪人的收入也只能在买卖双方达成协议后，才能从中提取佣金。对佣金的支付，对买卖双方来说都是交易以外的一笔支出，买卖双方都有可能找借口把经纪人"甩掉"。因此，居间经纪活动又具有委托方佣金支付违约的特点。经纪人在居间活动中，要充分掌握这个特点，要有一定的策略应对这种情况。一般来说是让买卖双方不轻易见面洽谈，或是能控制交易中某个环节。

2. 行纪

行纪又称信托，是指经纪人为委托方提供代购代销和寄售商品等服务的一种经纪活动业务方式。历史上的"牙行"就是信托组织。在《经纪人管理办法》出台之前，行纪一般都称为信托，其中委托他人为自己办理购销、寄售等事务的人叫信托人；接受委托，并以自己的名义为委托人办理购销、寄售等事务的人叫行纪人。

行纪业务的法律特征是：第一，行纪业务的实施是能独立承担民事责任的企业法人。第二，行纪业务是从事信托业务的企业法人以自己的名义进行的行纪业务活动。第三，行纪业务是为委托人而经营或服务的业务，以签订行纪合同来实施的。第四，行纪人为委托人购销的商品所有权属于委托人。

行纪业务主要有两大类，即贸易信托和金融信托。贸易信托指经营商业性质的委托代理业务，如代购代销商品、寄售商品等。金融信托指拥有资金或财产的企业或个人将自己的资产委托信托公司代其管理。我国现阶段金融信托受国家金融政策的控制较严，非金融机构一般不能介入。一般经纪人能开展的行纪业务主要限于商业经营活动，主要涉及有形商品的代购代销、寄售和商标、专利、专有技术等知识产权的转让。相对于居间而言，行纪范围受到一定的限制。典型的行纪组织主要有拍卖行、典当行等。

在行纪业务中，行纪人是以自己的名义开展活动的。行纪人接受委托人的委托之后，就要以自己的名义行使权利和履行义务，第三方只知道行纪人，并与之发生权利和义务关系，而不知道委托人，自然也不会和委托人发生权利和义务关系。以自己的名义开展活动，有利于行纪人依法保护自身的权益。这是行纪和居间的一个共同点。但行纪和居间有两个明确的区别：第一，行纪人在接受委托人的委托后可以直接与第三方进行交易。在行纪业务中，当行纪人接受委托人的委托进行代购代销时，可以直接决定买卖，即自己可以成为市场上直接的买主和卖主。而居间就不能直接与第三方成交。第二，行纪人须承担相应的法律责任。行纪人对委托人委托的代购代销商品有保证其安全的责任，一旦商品遭受灭失或者损坏，行纪人应承担相应的赔偿责任。而居间活动只要在合法的前提下，居间人对买卖双方的交易行为的结果是不承担法律责任的。

相对于居间来说，行纪活动由于参与交易的程度比较深，因而对从业人员的要求也就比较高。行纪人应具备相应的专业知识或技术专长，必须有一定的人力、物力和资金投入，要具备相应的营销知识和能力。经营的风险相对较大，行纪业务的范围也有一定的局限。这就决定了行纪业务竞争压力要小于居间，而成功率和收益率又会高于居间。

3. 代理

代理是指代理人在代理权限内，以被代理人的名义实施的法律行为，由此而产生的权利和义务直接对代理人发生效力。《中华人民共和国民法通则》规定，委托代理的形式有书面和口头两种形式。经纪人在进行委托代理时，应当以书面形式签订委托代理合同。

代理行为的法律特征：第一，代理行为是具有法律意义的行为，是民事法律行为的一种。第二，代理行为是在代理权限内通过意思表示而实施的行为。第三，代理行为是以被代理人的意志和名义进行的代理活动。第四，代理行为的法律效果直接归属于被代理人。

经纪活动中的代理，就其特点来讲，属于商务代理；就其形式来讲，属于委托代理；就其性质来讲，属于直接代理。商务代理活动广泛存在于社会经济生活的各个领域。但目前市场经济活动中"代理"一词应用广泛，将经销也称为代理，代购代销也称为代理。这些"代理"业务部符合经纪人代理活动的法律特征。

在商品流通领域，代理商是最常见的代理人。他们通常受制造商或销售商的委托，代理购买或销售某些产品，收取一定的佣金。代理商一般不掌握商品的所有权，不承担任何市场的风险，对商品的价格和市场销售策略等一般也无决定权。代理根据委托人的授权不同，可以分为三种：一是一般代理，即不享受专营权的代理，委托人可以在同一市场同时建立几家代理关系，也可以超越代理人直接销售。二是总代理，即委托人在指定的地区的全权代表，不仅有专营权，而且可以代表委托人参与相关的商务活动和非商贸活动。三是独家代理，即在约定的地区和一定时间内，享有某种或某些商品的专营权代理。在协议有效期内，这些商品在该地区只能通过"独家代理"经营。

经纪活动中的代理业务是一种委托代理，只有在受委托人授权的情况下，才会有代理业务；如果没有委托，就不能进行代理。可见，代理业务具有对象的特定性，一旦接受委托并接受代理，就具有一定的排他性，在一定的时间和空间范围内就排斥了其他竞争者。但是，代理业务的专业性比较强，对代理人的业务要求比较高。代理人只有对被代理人的委托业务在技术、服务、特点等方面有了较全面地了解，才能更好地胜任所接受的代理业务。特别在商品流通领域中的销售代理，随着市场的竞争日益激烈，厂商之间的竞争已经从传统的产品质量、价格等方面的竞争延伸到售后服务的竞争上，如推出实行"三包"、终身保修等服务，这就要求代理商必须精通此项产品的技术性能，从而出色地完成厂商委托的代理业务。

代理与行纪相比，既有共同性，又有区别。共同点是：一是开展活动都必须接受委托人的委托，并需要在委托人授权范围内开展活动；二是在业务活动中都可以直接与第三方直接成交。但两者之间又有明显的区别：第一，两者对外开展业务的名义不同。代理人以被代理人的名义进行活动。代理人的任务就是代替被代理人进行商务活动，以实现被代理人的权利和义务，这种商务活动的主体是被代理人。而行纪人是以自己的名义对外开展活动的。第二，两者承担的法律责任的主体不同。代理行为产生的法律后果是由被代理人承担，行纪行为产生的法律后果是由行纪人承担。

居间、行纪、代理作为经纪人的三种活动方式，广泛存在于社会经济活动中。这三者之间具有许多相同或相似之处：它们都属于第三产业中特殊的服务业，除了为交易双方提供特定的服务外，都不从事直接的经营活动；除拥有少量经营资本外，一般都不拥有任何商品；都不从当事人的任何一方领取固定的酬金，而是在促成交易以后按照合同的约定获取佣金收入。开展业务活动投入的经营成本都不高，承担的经营风险相对都较小；都是社会主义市场经济健康发展过程中不可缺少的力量。但三者之间存在明显的不同点，主要表现：一是名义不同。居间、行纪一般都是以自己的名义对外进行活动，而代理则是以委托人的名义进行活动。二是责任不同。居间是居间人未交易双方提供交易信息及条件，在交易中起撮合成交的作用，因而活动中的权利和责任归交易双方当事人；行纪是行纪人在接受委托人的委托后，以自己的名义与第三方进行交易，活动中的权利与责任归行纪人自己。而代理则是代理人以被代理人的名义进行活动，活动中产生的权利和责任归被代理人。三是与委托者的关系不同。居间人于当事人没有固定的关系，业务也大多是一事一议，多为一次性业务往来，而且当事人可以同时与第三者发生直接关系；行纪人和代理人在一定的时间内都与当事人有较固定的关系，委托人在于行纪人、代理人签订合同后，就不能再与第三者发生直接关系。四是能否直接与第三方成交不同。居间只是为交易起到撮合作用，居间人不能同第三方直接成交；而行纪与代理在接受委托人的委托后，可以直接与第三方成交。

第三节　经纪行为理论[①]

经纪行为的最终目的在于获取最大的利益，经纪决策的宗旨也在于此。通过经纪行为理论的分析，可以更进一步理解经纪决策本质，作出科学的经纪决策。

一、经纪人行为分析

无论在任何行业，一切经营活动均以利润最大化为目标，尽可能地用较少的投入获得最大限度的利润，在经纪业中，经纪人作为中介服务的提供者，其行为依然遵循着利润最大化规律。他们尽可能地利用较少的人力、物力和财力的耗费，为尽可能多的买主和卖主提供中介服务，通过追求交易量的最大化，从而实现其利润最大化目标。

经纪人的投入包括其为实现中介服务的各种费用支出和劳务支出。经纪人一般都有自己固定的办公地点，房租和办公设备的费用支出必不可少，对于较大的经纪商来说，这类固定资产的支出耗费十分可观，占其总支出的比重最大。经纪人为了搜集市场信息、掌握市场行情，需要不断地进行各种市场调研，甚至高价购买某些商品信息。为了招徕顾客，吸引买方和卖方，经纪人通常要进行各种广告宣传，或主动上门联系，都要支付出一笔巨大的费用。同时，在具体组织交易的过程中，经纪人不仅要为买卖双方提供各种形式的交易便利，而且有时要筹办商品交易会，这类活动同样需要巨大的费用和劳务支出。类似的支出还有很多，如获得经纪人资格的费用、注册费用、管理费用等，所有这些均为经纪人的成本投入。

经纪人的产生即为商品交易双方提供的中介服务。买卖双方为此而支付的佣金即为经纪人的收入。佣金扣除经纪人的各种成本投入（即各种费用和劳务支出），剩余部分即为经纪人的纯收益，以另一角度而言，也就是经纪人所获得的利润、佣金的多少，不仅取决于佣金率，而且取决于交易量。为追求利润的最大化，经纪人不仅追求较高的佣金率和较大的交易量，而且尽量追求商品交易额的最大比。同时尽量降低各种成本，降低费用消耗，减少劳务支出。所以说，经纪人的行为受多种因素的影响，经纪人的收益与佣金率、交易量、商品价格和各种成本支出均具有函数关系。

经纪人的行为同样受规模经济规律的影响。所谓规模经济规律是指随着生产规模的扩大，单位产品的成本会随之不断减少，从而其规模收益随之递增。当生产规模达到一定点以后，进一步扩大规模，单位产品成本反而会随之增加，从而使其收益发生递减变化。对于任一经纪人来说，在组织商品交易、进行中介服务的过程中。为了获得最大限度的收益，都要尽可能地充分利用其固有的人力、物力资源，扩大其业务量，从而达到其规模经济效果。如果某一经纪人业务范围较小，投入很少，在承揽、组织交易的过程中，信息不全、全靠运气，那么不仅其效率低下，而且组织每笔交易的成本也很大，从而收益很低，甚于亏本。当经纪人的组织规模达到一定规模之后，其信

---

① 梁积江，田东霞. 经纪人实务与谋略 ［M］. 北京：中央广播电视大学出版社，2005：122 - 126.

息的搜集不仅便利，而且迅速、准确。业务范围广阔，更易于承揽经纪业务，从而使其业务量扩大。每笔业务所分摊的费用和劳务支出也就相应减少，从而使其收益增加。当然，在某些特定的商品市场中，由于经纪人的业务量是有限的，每一经纪人所可能承揽的业务量也是有限度的。此时如果组织规模过大。则会因为业务范围的狭小而白白耗费过多的费用和劳务支出，从而减少其经纪收益。因此，从自身所从事的经纪交易领域出发，确定适度的经营规模，是每一个经纪组织必须考虑的问题。

总之，经纪人同其他产品经营者一样，在其经营过程中，总是尽可能地寻求较高的佣金率，扩大其业务量，并设法降低每笔业务的各种费用和劳务支出，从而使其获取最大限度的纯收益。

二、经纪人行为模型[①]

由前面的分析我们知道，经纪人以追求利润最大化为目标，从而其经纪行为受佣金率、交易量、费用和劳务支出和交易商品单价等因素的影响、制约。经纪人的收益与这些制约因素存在着一种复杂的函数关系。假定经纪人的收益为 R，佣金比率为 b，平均每单位商品交易费用中经纪人负担的各种交易费用（即一笔业务中平均每单位商品所分担的费用与劳务支出）为 k，交易量为 H，商品售价为 V，则经纪人的总收益可表示为：

$$R = (bV - k)H \qquad\qquad 式（2.1）$$

式（2.1）中，R 为因变量，b、V、k、H 均为自变量，所以经纪人在进行商品交易中介服务的过程中，其经济行为受 b、V、k、H 四个变量制约。出于 V 主要取决于市场中交易商品本身的供求状况。相对来说是一个既定的量，在此只分析其他三种因素对经纪人行为的影响。

作为经纪人，他在进行中介业务的过程中总是尽量地减少其费用耗费，以达到其收益最大化的目标，这作为一种理论假定反映出经纪人收益与各项费用和劳务支出的相互关系，即在一般情况下，经纪人的收益与其成本支出成反比。然而，实践情况是，经纪人从事中介服务的过程中，他对各项费用的支出很大程度上是不能主观控制的，为了寻求收益。经纪人往往尽可能地提供各种便利，为买卖双方的商品交易提供服务，同时寻求买方和卖方的各项费用也是不可预测的，有时经纪人很容易就可以找到买主和卖主，有时花费很大精力，耗费不少财力，其结果却一无所获。所以成本支出对经纪人行为的影响更多地体现在从事经纪业的经济成本（或者说是机会成本）对经纪人的影响。由于经纪人业务的不稳定性，所以经纪人的费用支出具有较大的不确定性，存在着很高的风险性。如果从长期看，经纪业收益不佳会促使一部分经纪人退出这一行业；收益过高也会吸引一部分人进入这一行业。因此，考察经纪人的收益状况，应从一个较长期的平均水平来考察，其成本支出也应从较长时期内所有业务的平均分摊情况来分析。正因如此，经纪人在从事每项业务时，往往并不过多地考虑其日常的支

---

① 樊苗江，周为民. 经纪人理论与实务［M］. 北京：化学工业出版社，1994：55－59.

出状况，更主要是着重考虑佣金率与交易量的变动状况。这里我们将着重讨论佣金率与交易量的变动对经纪人行为的影响。

承接上文。我们先假定 V 和 k 为常数，则：

$$R = (bV - k) H \qquad 式（2.2）$$

这时，只有 b 和 H 为自变量。我们知道。佣金率和交易量并不是两个全不相干的独立变量，它们二者之间存在着相互制约、相互影响的关系。更确切地说. 佣金率和交易量之间也存在一种函数关系。较高的佣金率. 往往意味着经纪人服务收费的提高，从而抑止了买卖双方对经纪人劳务的需求，会降低经纪人组织的交易量；而较低的佣金率则意味着经纪人劳务价格的降低，从而刺激了经纪人劳务的需求，从而提高交易量。换句话说，经纪人在面临业务机会不多的情况下，必须通过降低佣金率以扩大买卖双方对经纪人劳务的需求，从而扩大其交易量；在经纪人劳务供不应求的情况下，经纪人则要提高佣金率以增加其收益，而使交易量下降。因此，从理论上讲，佣金率与交易量的变动存在一种函数关系。一般情况下二者成反比例函数. 即：

$$b = F (H) \qquad 式（2.3）$$

经纪人在承揽业务时，根据这一函数关系对佣金率、交易量做出选择，以求得佣金的最大化。即根据佣金率的变动幅度与交易量的变动幅度，来确定其最佳组合。但是佣金的最大化，并不一定是收益的最大化，制约收益最大化的还有其销售成本（成本支出），即使单位产品所分摊的平均成本支出不变（即 k 不变），但随着交易量的变化，总的成本支出也要发生变化，因此最佳交易量与佣金率的确定是十分复杂的（见图 2 - 1）。

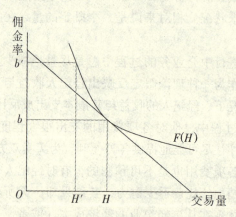

图 2 - 1 经纪人行为与佣金率、交易量

图 2 - 1 中 $F(H)$ 曲线表示佣金率与交易量的变动轨迹。经验证明，佣金率有一个比较固定的均衡值，在该点经纪人可以承揽较多的业务，使交易量较大，从而使其收益最大化。假定图中 (H, b) 即为这一均衡点。经纪人若提高佣金率，其交易量将会下降，如当佣金率提高到 b' 时，则因失去部分买卖双方对经纪人劳务的需求而使其交易量下降到 H'。经纪人若降低佣金率，则会刺激买卖双方对经纪人劳务的需求，使交易量增加（见图 2 - 1）。由图中也可以看出，均衡点 (H, b) 的佣金总量未必是其

最大值，但确实是收益最大化点（其原因前面已有分析），那么这一均衡点是如何确定的呢？

我们知道，若 V 和 k 为常量，则经纪人的收益函数可表示为

$$R = (b\bar{V} - k)H$$

由于 $b = F(H)$，则上式可变为：

$$R = (F(H)\bar{V} - k)H \qquad\qquad 式(2.4)$$

这是一个一元函数，现对其求导得：

$$\frac{dR}{dH} = F(H)V + H \cdot \frac{dF(H)}{dH} \cdot \bar{V} - k$$

$$= [F(H) + H \cdot F'(H)] \cdot \bar{V} - k$$

令 $\frac{dR}{dH} = 0$ 得：

$$[F(H) + H \cdot F'(H)] \cdot \bar{V} - k = 0$$

$$F(H) + H \cdot F'(H) - \frac{k}{\bar{V}} = 0 \qquad\qquad 式(2.5)$$

式（2.5）是一个一元方程，因此很容易求得 H 值，从而也可以求得 $b = F(H)$，最终也可以求得收益的理论最大化值。

在现实中，$\bar{V}$ 值和 k 值均可以通过统计资料求得，而且通过大量的交易资料也可以运用统计方法求得佣金率与交易量的变动函数，即 $b = F(H)$ 这一函数式也是可以确定的，从而也就可以建立如式（2.4）的函数式。通过收益最大化的假定，最终可以求得最适度的佣金率 b 的值。经验表明，b 一般是一个比较稳定的值，因而现实市场中佣金率往往比较固定，甚至以法律进行规定，以保护正常的市场秩序。

值得指出的是，不同时期由于市场状况的变化，上述函数关系会不断发生变化、因而均衡的佣金率（b）也并不是一个固定不变的值，长期看，它也是不断变化的。同时，由于经纪人劳务市场的不完全性，通过统计方法求得的 b 值有时很不准确，甚至有很大程度地偏离。但最终是可以通过实际的检验和不断修正形成一个比较合理的 b 值。

第四节　经纪活动的特点和社会作用

一、经纪活动的特点

经纪活动作为一种社会经济的中介服务，主要有下列 6 个特点：

1. 活动范围的广泛性

有商品的交换就会有经纪活动的产生，市场上有多少种商品就会有多少种经纪活动。不仅包括有形商品，还包括无形商品。社会需求的千差万别为经纪活动提供了广泛的空间。从事经纪活动的主体即经纪人也是相当广泛的，可以是自然人，可以是合

伙人、法人，只要能为供求双方提供中介服务，就在从事经纪活动。

2. 活动内容的服务性

在经纪活动中，经纪人只提供服务，为买卖双方达成交易提供信息和条件，不直接从事经营。经纪人对商品没有所有权、抵押权和使用权，经纪活动不是自己买卖行为。即使在股票市场、期货市场上可以自营买卖，也要严格遵守代理买卖优先的原则。

3. 活动地位的居间性

经纪人的经纪活动是在买卖双方之间发挥撮合、协助的作用，不管是哪一种经纪行为方式，经纪人都是处于居间地位。

4. 活动目的的有偿性

在经纪活动中，经纪人所提供的服务是一种服务商品，不仅有一定的使用价值，而且同样具有经济价值，因此提供服务的经纪人应当向享受服务的委托人收取合理的佣金。佣金是经纪人应得的合法收入。

5. 活动责任的确定性

在经纪活动中，经纪人与委托人之间往往通过签订经纪合同，明确各自的权利和义务，不同的经纪方式承担不同的法律责任和义务。明确的法律关系是经纪活动中双方诚实守信的基础。

6. 活动的非连续性

经纪活动往往是针对某一特定业务进行的，经纪人和委托人之间存在无长期固定的合作关系。

二、经纪活动的社会作用

经纪活动的作用集中表现在各种社会经济活动中的沟通和中介作用，即沟通市场供给与需求，说合买卖的中介服务。经纪活动可以使交易双方预先掌握有关专业知识，减少双方信息沟通的时间，从而加快交易速度，避免不必要的交易无效，提高交易效率。经纪活动就是为交易双方互通信息、提供专项服务、受一方委托与另一方具体接触磋商的桥梁。

在中国社会主义市场经济中，经纪活动的作用具体体现在以下几方面：

1. 传播经济信息

随着中国社会主义市场经济的形成和发展，市场竞争必然日益加剧，中国企业的生产和经营面临众多的竞争对手，触及各种类型的市场，企业靠自身的能力难以掌握多种市场信息，从而需要通过经纪服务来把握有关商品需求与生产的信息。经纪活动就能达到信息传播作用。因为从事经纪活动的经纪人都是活跃在各个市场的专业人员，他们依靠自身的专业知识，借助中介组织的优势和有效的设备，能够针对性很强地汇集和把握市场供需双方的信息。通过中介过程的实施，买卖双方也就能对自己买卖商品的行情和有关信息有清晰地了解。

2. 加速商品流通

随着中国市场体系的进一步完善和细化，每一个专业市场将不断调整、更新其交易规则，并强化其专业特点。企业靠自身的能力往往难以及时、准确地把握市场交易规则，从而需要通过经纪服务来抓住交易时机，迅速实施交易。

经纪活动能够发挥加速商品流通的作用。这是因为从事经纪活动的经纪人常常能较系统和连续地掌握某类商品供求的有关信息，因此对此类商品的供求变化趋势就能有较准确的分析和判断。同时，从事经纪活动的经纪人在各自的专业领域中不断实践，积累了丰富的交易经验和熟练的交易技巧。因此，在各个交易环节上，能够综合行情及价格走势，照顾各种交易因素，结合交易规则和法律法规的要求，及时地提出可行的分析和判断，熟练地办理繁琐和复杂的手续，帮助交易双方顺利通过各个交易环节，以合理的价格、最短的时间完成交易。

3. 优化资源配置

资源的合理配置，主要是指人力、物力、财力在各种不同的使用方向之间合理分配。资源在产业、地区、企业之间的合理配置取决于市场的完善，而供求双方良好的沟通和健全的市场竞争机制，将驱使企业有效利用资源，使之发挥尽可能大的作用。市场的这一功能需要借助经纪活动的作用才能很好地体现。由于经纪活动的最基本作用就是沟通供需双方，发挥信息传播的作用，通过委托业务将有关产品竞争力的分析和判断给企业，从而为企业调整资源配置提供必要的依据和市场向导。同时，在经纪活动中，由于经纪人同客户之间"无连续性关系"的重要特征，因而经纪人是在市场上广泛的客户层中依据公认的竞争原则为买主寻找卖主，或为卖主寻找买主，这种顺应市场竞争规律的持续的经纪活动过程，会引导企业等买卖双方将资源向合理的方向配置。可见，经纪服务能发挥优化资源配置的积极作用。

4. 推动市场规范完善

经纪活动数量的增加和质量的提高，将加大商品交换的范围，加快商品交换的速度，增加商品交换的数量，进而促使市场更加活跃。同时，经纪活动的参与，有助于专业市场的发展，这将使市场结构不断完善。同时，由于经纪业务的展开和发展，将增加对市场信息的需求量，并提高对信息的汇集、处理和传播的质量要求，从而在客观上推动了市场硬件和软件的现代化建设。

通过经纪活动，经纪人可以积累大量的交易经验，并且能够加以归纳整理，因此，经纪人能把握交易的规律性特点，从而能通过企业的委托业务，影响企业在竞争中的行为从不规范转向规范。可见，在市场管理部门规范化管理的指导下，经纪人通过自身的努力，通过中介组织的协调，能够发挥推动市场规范化的积极作用。

5. 促进社会经济发展

社会经济的发展是伴随着社会分工的专业化、系统化而实现的。社会分工越细，人们在各自分工的专业内的投入就越大，产出就越高，社会经济的发展速度就越快。在市场多样化且瞬息万变的今天，在相对过剩的买方市场时期，作为生产企业来讲，通过委托经纪活动来处理市场和交易问题，可以更加准确地把握市场机遇，及时、优质地解决生产以外的各种专业难题。这样一来企业生产的整体成本随之降低，而企业的竞争力却会增强，整个社会的专业化水平也将大幅度提高。因此，经纪活动的服务，可以促进社会经济的发展。在中国社会主义市场经济的发展过程中，经纪活动的这一作用将会日益显示出来。

【案例解析】

运输货物丢失谁负责？

原告：任丘市宏昌脚手架厂。

被告：郭保江，男，67岁，任丘市某信息部业主。

被告：高素蕊，女，28岁，任丘市某信息部实际经营者。

被告郭保江于2001年12月10日在任丘市西环路设立信息部，由被告高素蕊主管经营，2003年7月7日中午，被告接受原告委托，找来一辆重型箱式货车，司机王小军。经被告介绍王小军愿意给原告拉运货物至山西省太原市，被告出具已打印好的运输协议书，协议约定：车方为货方承运货物，中途不准停运或转运。装车货方要监督检查并出人押车，途中货物被盗或丢失由货方承担，如货方不出人押车，货物损失由车方承担；信息服务部不承担车、货双方的经济责任。运费每吨70元，共计30吨，装车按吨位计算。在协议书的空白处，由被告填写了车型、牌照号、发动机号、车架号、档案号、驾驶证号、车方电话手机号码及地址。王小军签字，信息部盖章。尔后王小军拿出50元钱作为中介费交给了被告。该协议一份由被告持有，另两份王小军随身携带，开车去找原告，原告审阅后同意王小军运脚手架至太原市，在王小军持有的协议书上签了名，尔后把31.84吨脚手架装上了车。当晚8时，此车自任丘发出。但王小军未将货物送至目的地，至今下落不明。经查证，被告在协议书上填写的车辆发动机号、车架号、档案号、驾驶证号及地址、电话均与事实不符。原告诉请法院判令被告赔偿损失82 000元，并承担本案诉讼费。

任丘法院认为被告受原告委托，提供了原告与他人订立运输合同的机会，并取得50元的报酬，合同成立，三方所签协议书是当事人真实意思表示，且不违反法律规定，纵观本案原、被告合同，无论实质要件还是形式要件均符合法律规定，此合同有效，应受法律保护，对原告诉讼请求，按协议约定，依法不予支持。故依据《中华人民共和国合同法》第三十二条、第四十四条、第四百二十四条之规定判决：驳回原告任丘市宏昌脚手架厂的诉讼请求。

【解析】本案是一起典型的居间合同案。所谓居间合同是指居间人向委托人提供与第三人缔约的机会或为订约提供媒介服务，委托人支付报酬的合同，居间合同是双务、有偿、诺成合同。居间合同因双方当事人的合意而成立，合意的形式可以书面、口头等。合同中居间人应当就有关订立合同的事项向委托人如实报告，只有在居间人故意隐瞒与订立合同有关的重要事实或者提供虚假情况，从而损害委托人利益时，才不得要求委托人支付报酬，并承担对委托人的损害赔偿责任。本案被告做为居间人已尽了主要义务，鉴别证件真伪已超出了其识别水平。合同成立要求主体双方具有真实意思表示，且不违反法律规定。本案中无论实质要件还是形式要件均符合法律规定，故应予以法律保护，原告请求不能成立，任丘法院驳回其诉讼请求是于法有据的。

【实训】居间、代理、行纪的区别

一、实训目标：掌握居间、代理、行纪之间的区别，在经纪活动中，可以采取不同的经纪活动方式。

二、实训知识要点：居间、代理、行纪的法律特征；三种经纪活动方式的区别；三种经纪活动在运用中的风险区别。

三、实训背景：客户甲有一业务需要通过经纪人找到相关方，达成交易后，给予经纪人一笔不菲的佣金。客户乙的业务希望委托经纪人以客户自己的名义办理，承诺如果办理成功，给予相关费用和佣金。客户丙委托经纪人采购商品，承诺以市场价提货。业务办理成功给予相应佣金。

四、实训内容：选部分同学分别扮演客户甲、客户乙和客户丙，其他同学扮演经纪人，同客户商谈相关委托事项。

五、实训要求：每12个人为一个小组，其中三人扮演客户甲、客户乙、客户丙，6个同学分为三组，每组两人扮演经纪人，每组经纪人同甲乙丙三客户展开经纪业务洽谈。每组经纪人之间有竞争，客户选择其中一个经纪人作为自己业务的经纪人。另三位同学分别在每个小组作记录，并评价。三组同学交换角色，每组同学都要扮演客户甲乙丙的三种业务。

【思考题】

1. 什么是经纪活动？
2. 经纪活动的基本原则是什么？
3. 如何理解经纪人的真实诚信原则？
4. 经纪活动的基本方式有哪些？
5. 经纪活动基本方式有什么异同？
6. 试分析不同代理方式之间的异同。
7. 经纪活动的特点有哪些？
8. 经纪活动的社会作用有哪些？

第三章　经纪人种类和素质要求

【本章导读】

经济活动的复杂性和经纪活动的特殊性，决定了可以按照不同的标准，将经纪人划分为各种不同的类别。下面主要介绍按照经纪商品和组织形式来划分的经纪人种类。

第一节　经纪人种类

一、按经纪商品划分的种类

按经纪人经纪商品的不同来划分，经纪人可以细分为现货经纪人、期货经纪人、证券经纪人、保险经纪人、房地产经纪人、知识产权经纪人和文化、体育经纪人。

1. 现货经纪人

现货交易是指在约定的一定时限内实现商品实体和款项交割的商品交易方式。现货交易是商品交易活动中最基本、最原始的交易形式。随着现代商品经济的迅猛发展，现货交易的数量激增，交易方式也越来越趋于复杂化，适应这种经济形势发展需要，现货经纪人应运而生。

现货经纪人是指在现货交易市场中，以收取佣金为目的，从事媒介现货交易活动的自然人、法人或其他经济组织。近年来，我国的现货经纪人发展迅速，不仅从业人员的数量激增，经纪机构的规模越来越壮大，而且经纪人的服务范围和活动形式也都有了极大的发展。具体来讲，现货经纪人的服务范围包括提供市场供求信息和交易机会；为委托人寻找合适的交易对象，并负责组织双方进行洽谈、协商；配合和监督经纪合同的执行。

现货经纪人是现货交易市场中的中坚力量，为我国社会主义市场经济体制的建立起到了重要的推动作用。从现货经纪活动的特点来看，现货经纪人具有以下特点：

（1）现货经纪人商品知识全面。现货交易是商品市场中的基本交易形式，涉及范围较为广泛，除了国家明令禁止流通和限制流通的商品以外，从普通的衣、食、住、行等生活中的琐碎小事到企业的生产活动以及整个国家的经济活动所需的生产、生活资料，都可以成为现货交易中的具体内容。现货交易方式涉及范围广泛的特点要求现货经纪人要具有较全面的商品知识，能够把握各种商品的特点，针对不同的商品类别和特性来进行撮合商品交易的活动。

（2）现货经纪人成分复杂。由于现货交易市场中涉及的商品从农产品、工业品到日常生活用品等门类众多，因此，现货交易活动中的从业人数较多，成分也相对比较复杂，有农民、工人、下岗职工、学生、待业人员以及离退休人员等，这些人中间有专职从事现货交易的，也有兼职者；有加入正式经纪组织的，也有受聘于企业机构的，还有独立从事经纪活动的；另外，还存在大量的地下现货交易经纪人。构成成分复杂是我国现期现货经纪人的一个重要特点。

（3）现货经纪人成交量所占比重大。现货交易涉及的商品范围广泛，从业人员众多，因此，现货经纪人的交易量也比较大。又由于现货交易是市场中最常见、最普遍的交易方式，所以，从事媒介现货交易的现货经纪人在经纪行业中所占的比例也比较大。另外，由于现货交易较之期货交易、证券交易等，其成交难度、交易中存在的风险也比较小，因此，相比较而言，现货经纪人的成交量在经纪市场中所占的比重较大。

现货交易不仅是社会再生产过程中的一个关键环节，同时现货交易也是与广大人民群众的日常生活直接相关的一种交易方式。现货经纪人在交易活动中所起的作用从本质上来说，是起着促使产品转化为商品或加速商品流通的职能。具体来讲，现货经纪人在交易活动中为交易双方提供咨询、信息服务，并在交易中充当着媒介桥梁的重要作用。从生产、流通和消费三个环节来看，现货经纪人的活动大大缩短了厂商采购原材料和销售产品的时间，加速了预付资本的周转，从而极大地促进了生产和流通的发展。现货经纪人的活动还有助于消费信息的快速传播，极大地推动了消费模式的转变。

2. 期货经纪人

期货交易是指在期货交易所中进行的买卖标准化合约的交易活动。期货交易的具体执行是在期货市场中完成的。期货市场是建立期货合约买卖关系的场所，基本上是由交易所、经纪行和结算所三部分组成的。由于期货交易必须通过期货交易所才能实现，而期货交易所规定只有交易所会员才能进入交易所内进行交易，其他非会员如果要进行期货交易只有委托会员代理进行，于是就产生了专门接受委托，代理客户进行期货交易，并收取一定数额佣金的期货交易经纪人，以及由经纪人组成的期货经纪行，他们是联结客户与交易所的桥梁和纽带。

期货经纪人一般是指接受客户委托，在期货交易所内代理客户进行期货合约交易活动的中介人。期货经纪人有广义和狭义之分。广义的期货经纪人包括从事期货经纪业务的专业经纪公司即期货经纪商；受雇于期货经纪商或非期货经纪公司会员；负责处理具体期货经纪业务的专业人员，包括出市代表和其他期货经纪人员。狭义的期货经纪人仅指除了期货经纪商以外的期货经纪人。

期货交易是在现货交易基础上发展起来的一种商品交易形式。期货交易不仅具有较大的风险性，同时还具有较强的专业性。期货交易的这种特点决定了从事媒介期货交易活动的期货经纪人具有以下两个特点：

（1）经纪人以自己的名义进行期货合约的买卖。期货经纪活动在本质上是一种行纪活动，因此，期货经纪人在交易活动中以自己的名义买卖期货合约，一旦发生交易纠纷，期货经纪人直接承担相应的法律责任。

（2）经纪人素质较高。期货行业的复杂性和高风险性要求从事期货经纪业务的人员必须具有较高的素质修养，不仅要具有高智商和较强的业务能力，还要具有一定的心理承受能力和应对风险的能力。

期货经纪活动是期货经纪人为客户提供的纯粹的服务性活动，在媒介期货交易的过程中，期货经纪人为客户提供服务的范围包括提供及时、准确的市场信息，并为委托人提供咨询服务和有利的贸易机会；提供交易规则和相关法律、法规服务；代理委托人办理各项手续并负责记录和通报委托人业务交易情况；维护委托人的利益，按委托人的指令行事。

期货交易经纪人是期货交易市场中的中坚力量，在期货市场交易中起着重要作用。期货经纪人不仅代理客户进行交易活动，充当媒介交易的桥梁，同时，期货经纪人还在交易中起着传递信息和为客户提供顾问、咨询服务等重要作用。

3. 证券经纪人

证券是指标有一定票面金额，并代表着对财产的收益权、所有权或债权的凭证。从票面价值来看，证券包括有价证券和无价证券两种。有价证券又包括货币证券、商品证券以及其他种类的证券。证券经纪行业中的证券多是指有价证券中的货币证券。

证券市场是指证券发行和交易的场所。我国目前的证券市场分为证券发行市场和证券流通市场。证券经纪人一般是指在证券流通市场，以收取佣金为目的，从事媒介证券买卖活动的中介人。证券经纪人的主要任务是为委托方以可接受的最低价买进或以可接受的最高价卖出有价证券，其中介服务既包括为客户提供撮合交易的具体操作，也包括向客户提供投资理财分析与建议。从证券经纪人为客户提供的中介服务来看，证券经纪人的服务范围包括为委托人提供证券信息、咨询服务，并提供专业的证券分析；为委托人设计投资组合，并负责进行风险管理；代理进行证券买卖活动；负责委托人的保证金管理。

目前，我国证券市场中的证券经纪人基本上可以分为证券交易员、佣金经纪人和交易所经纪人。证券经纪人是证券市场中交易的桥梁，一方面他们是证券买卖的中介，另一方面又代理投资者进行交易。证券交易的特性决定了证券经纪人具有如下几个业务特点：

（1）证券经纪人所从事的证券经纪活动在很大程度上属于行纪活动，即接受客户的委托在证券市场上以自己的名义进行证券买卖活动。

（2）由于我国证券市场是不允许个人直接从事证券经纪业务的，因此，我国证券经纪市场中的经纪人一般特指经纪组织，其基本形式为证券公司。

（3）证券经纪人所从事的经纪业务不但专业性强，而且风险性高，因此，证券经纪人的收入缺乏保障，淘汰率也居高不下。

（4）我国的证券经纪人提供的服务目前局限于"通道式"的服务，即作为证券买卖中介、代理投资者交易；而对于应向投资者提供的信息和咨询服务功能方面，则显得非常薄弱。随着现代信息技术的快速发展，证券经纪人传统的通道作用也正在逐渐弱化，而将逐步转向以信息和咨询服务为主。

随着我国证券市场的逐步发展和完善，证券经纪人在证券市场中发挥着越来越重要的作用，具体表现在：

（1）与其他行业的经纪人一样，证券经纪人在证券市场中起着媒介交易的桥梁作用，是联结投资者和证券交易市场的中间纽带。

（2）证券经纪人也是投资者的参谋和顾问。证券市场是一个高风险的市场，参与证券市场的交易活动需要有较多的专业知识和投资经验，因此，证券经纪人作为投资领域的"专家"，有义务为投资者提供必要的信息服务和投资指导，协助投资者进行风险控制，以保护投资者的利益。

（3）证券经纪人为投资者提供的服务在客观上起到了培育证券市场、开拓证券市场、繁荣证券市场和规范证券市场的作用。尤其是在我国加入世界贸易组织以后，证券市场的开放需要有更多高素质的经纪人才来推动我国证券经纪市场的健康发展。

4. 保险经纪人

保险是指投保人根据合同约定，向保险人支付保险费，保险人对于合同约定可能发生的事故因其发生所造成的财产损失承担赔偿保险金责任，或者当被保险人死亡、伤残、疾病或者达到合同约定的年龄、期限时承担给付保险金责任的商业保险行为。

保险市场是指由保险商品的交换关系组成的交易活动的总和。从组成成分来看，保险市场包括保险人、被保险人、保险对象和保险中介人。在现代经济条件下，保险商品趋于复杂化，被保险人的需求趋于多元化，保险市场需要大量的保险中介人作为交换关系的媒介，以满足保险交易的需求。

保险经纪人是指基于投保人的利益，为投保人与保险人订立保险合同提供中介服务，并依法收取经纪佣金的有限责任公司。这一定义将保险经纪人的中介性、服务性和有偿性充分地以法律的形式进行了准确的定位。中介性是指保险经纪人所从事的经纪活动属于居间活动的范畴，保险经纪人是第三方，不属于保险合同任何一方的当事人；服务性是指在从事保险经纪活动的过程中，保险经纪人为被保险人提供专业的技术服务；有偿性是指保险经纪人在撮合成交后，根据约定或相关规定获取一定的报酬，佣金是保险经纪人所从事保险经纪活动的最终目的。保险经纪人既可以为保险人推出的保险商品开拓市场，同时也可以利用自身的专业优势，帮助被保险人选择合适的保险产品，达到规避风险、实现收益最大化的目的。

根据委托方的不同，保险经纪人可以分为狭义的保险经纪人和再保险经纪人。狭义的保险经纪人是指直接接受投保人委托的中间人。本章所指的保险经纪人是狭义的保险经纪人概念，即原保险市场的经纪人。

保险经纪人是经纪市场中的一个重要组成部分，它与其他行业的经纪人既有共同点，又相互区别。保险经纪人具有如下几个特征：

（1）保险经纪人大多属于专家型经纪人。这是因为保险行业需要从业人员具有较高的知识水平和业务素质，具有很强的专业性。因此，保险经纪人一般都要精通保险、法律和金融等专业知识，另外还需要有一定的业务经验。

（2）保险经纪人的佣金提取方式也有所不同。保险经纪人的佣金在表面上看来是由保险人支付的，这与其他行业经纪人的佣金提取方式有较大差别。但是从实质上看来，保险经纪人的佣金实际上已经包含在被保险人的保费中，因此在本质上与其他经纪人的佣金提取方式是相同的。

（3）《中华人民共和国保险法》（以下简称《保险法》）中规定：保险经纪人是代表被保险人的利益，为投保人与保险人订立保险合同提供中介服务。也就是说，保险经纪人是投保人的代理人，应该站在投保人的立场上，为投保人的利益服务；这也是保险经纪人与其他行业经纪人之间的一个重要区别。

（4）我国的相关法律法规规定，保险经纪人只能是以经纪机构的形式从事经纪活动，不允许个人直接从事保险经纪活动。

为了保护委托人的切身利益，我国相继颁布了《保险法》以及《保险经纪人管理规定》等法律、法规来规范保险经纪人的业务行为。根据我国相关的保险行业的政策、法律、法规规定，保险经纪人的业务范围包括为投保人拟定投保方案、设计适合的保险投保计划；选择保险人，受客户委托代表其与保险人洽谈保险条件，商定保险合同内容事项，并协助签订保险合同，办理投保手续；协助被保险人或受益人进行索赔，代为办理一切索赔手续，为委托人争取公正、合理、有效的赔偿给付；再保险经纪业务；为委托人提供风险调查、风险分析、风险评估、风险管理以及保险专业知识等技术咨询服务以及中国保监会批准的其他业务。

保险经纪人联结着投保人和保险人，在保险活动中起着重要的桥梁作用。保险经纪人提供的服务对保险公司和被保险人而言是一种"双赢"的服务。一方面，保险经纪人的活动能够提高保险公司的盈利，促进了保险行业的发展。另一方面，保险经纪人为被保险人提供信息、咨询和风险管理、风险控制等服务，有效地控制和转移了存在于投保人生活和生产经营活动中所存在的风险，减少了被保险人由于不了解保险知识而带来的不必要的损失。不仅为委托人提供了必要的生产、生活保障，有效地保证了生产和生活的健康、有序发展，也极大地促进了我国保险市场的快速发展。

5. 房地产经纪人

房地产又称不动产，是房产和地产的总称。房地产市场是指房产和地产的买卖以及围绕这种买卖关系所形成的要素市场中的各种交换关系的总和。

房地产市场与其他市场相比具有极大的特殊性：房地产市场中的商品具有非流动性、不可替代性；房地产交易既涉及产权关系，也涉及法律关系；另外，房地产交易的重复性差和较强的专业性都使得房地产市场中的交易具有独特的特性。

房地产经纪人是指在房产和地产市场中，以获取佣金为目的从事媒介交易服务的中介人。根据不同的划分方式，房地产经纪人还可以进行进一步细分。根据组织形式的不同，可以将房地产经纪人分为三类：法人房地产经纪人、合伙经纪人和个体房地产经纪人。根据活动类型的不同，房地产经纪人可以分为居间房地产经纪人、代理房地产经纪人和行纪房地产经纪人。根据职业资格的不同，房地产经纪人可以分为房地产经纪人和房地产经纪人协理。另外，还可以根据房地产的服务领域对房地产经纪人进行分类等。

房地产商品不仅价值比较昂贵，品质也难以测定，因此，房地产交易具有专业性强、风险性高、涉及法律范围比较广泛的特点。由房地产交易的特点所决定，房地产经纪人具有以下特点：

（1）房地产经纪人具有地域性，这一特点根源于房地产商品本身的非流动性和地方政策之间的差异性。房地产商品本身具有不可移动性的特点，决定了房地产经纪人的经纪活动只能限制在一定区域内进行；同时，地方之间资源条件和经济条件的差异性导致了房地产领域政策法规的差异性，也是房地产经纪人具有差异性的原因之一。

（2）房地产经纪人涉及知识面广。与一般的商品相比较而言，房地产商品不仅涉及定价、评估，还涉及产权以及其他法律关系。房地产商品交易中的复杂性决定了房地产经纪人必须要具有较广的知识面，熟悉房地产市场的交易规则和相关的政策、法规等。

房地产经纪人的业务范围包括：接受委托，代理房地产买卖、租赁、抵押、置换以及典当等；为客户提供房地产市场信息和各种政策、法律、技术上的咨询；接受客户委托，为客户办理房地产交易登记、签证及权属转移手续等。

在整个房地产市场运作的过程中，房地产经纪人发挥着重要的作用。房地产经纪人为客户提供的信息服务、交易指导以及政策、法律、技术咨询等活动，不仅为客户提供了方便，极大地活跃了我国的房地产市场，同时也有利于深化我国住房制度的改革，在客观上起到了规范房地产市场的重要作用。

6. 知识产权经纪人

知识产权，又称知识权、无形权利或无形产权，是指依照本国法律所赋予发明创造人、作者等对自己的创造性智力劳动成果所享有的专有权利。包括公民和法人在这方面的人身权利和财产权利。

1967 年签订的《成立世界知识产权组织公约》规定知识产权包括以下各项智力创造成果的权利：文学、艺术和科学作品；表演艺术家的表演以及录音制品和广播；人类一切活动领域的发明；科学发现；工业品外观设计；商标、服务商标以及商业名称和标志；制止不正当竞争；在工业、科学、文学及艺术领域内由于智力活动而产生的一切其他权利。

概括来讲，知识产权包括专利权、商标权以及著作权等。

知识产权经纪人是指在知识产权市场上为知识产权的申请、转让、许可和保护等活动中充当媒介的中介人。这里以专利经纪活动为例来具体说明知识产权经纪活动。

专利代理机构是指接受委托人的委托，在委托权限范围内，办理专利申请或者办理其他专利事务的服务机构。专利代理人是指持有专利代理人资格证书，为委托人提供专利代理服务并以收取佣金为目的的人员。

专利产品是一项特殊的产品，它不仅具有一般商品的特性，同时还涉及公民个人的人身权和财产权。专利产品的特性决定了从事专利经纪活动的经纪人具有以下两个特点：

（1）专利经纪活动实质上是一种代理活动，因此，从事专利经纪活动的人员一般称为专利代理人，而不是专利经纪人。

（2）根据《中华人民共和国专利法》（以下简称《专利法》）的规定，专利经纪市场主要以代理机构作为运营主体，专利代理人不得自行接受委托。

专利代理是一项复杂、烦琐的经纪活动，在为专利产品进行代理的过程中，专利代理人应负的职责包括：提供专利事务方面的咨询；代写专利申请文件，办理专利申请；请求实质审查或者复审的有关事务；提出异议，请求宣告专利权无效的有关事务；办理专利申请权，专利权的转让以及专利权许可的有关事务；为委托人担任专利顾问；办理其他相关事务等。

专利代理活动是知识产权经纪活动中比较典型的代表。从专利代理活动可以看出，知识产权经纪活动不仅是一项具有复杂性的经纪活动，同时由于涉及个人权利的保护问题，知识产权经纪活动也是一项风险性很强的经纪活动。在知识产权经纪活动中，经纪人是联结供求双方的桥梁。在知识产权申请、转让、许可和保护活动中起着重要的作用。首先，知识产权经纪人所从事的经纪活动有助于智力成果的迅速转化。知识产权市场是一个涉及面广，极其复杂，手续繁琐并且具有较高风险性的市场。对于委托人而言，知识产权的申请、转让、许可和保护都是高度专业化的活动。知识产权经纪人的出现极大地提高了委托人的智力成果转化的效率，大大减少了知识产权纠纷的发生，从而促进了知识产权市场的整体发展。其次，知识产权经纪活动能够有效地保护委托人的利益，规范知识产权市场，促进知识产权市场的健康、有序发展。这在客观上起到了鼓励科学技术发明，促进科学技术发展的作用。

7. 文化、体育经纪人

随着我国经济实力的不断提高，人们生活水平得到了很大的提高，文化、体育也逐渐成为一种商业化的活动，作为一种商品成为交易对象。文化、体育经纪人就是文化和体育市场商业化运作的产物。

（1）文化经纪人

文化市场是指文化商品交易和流通的场所。文化市场包含的内容十分广泛，根据交易对象的不同，文化市场可以分为演出市场、美术市场、电影市场、图书市场以及文物市场等。

文化经纪人是指在演出、出版、娱乐等文化市场上，以收取佣金为目的，为交易双方充当媒介的中介人。文化经纪人的产生具有一定的经济和社会基础：

首先，文化经纪人的产生是经济水平发展到一定程度的产物。改革开放以来，我国的整体经济水平发展迅速，人民生活水平得到极大提高，需求层次也不断提高，由对基本的衣食住行的需求逐渐转向对高层次精神产品的需求。因此，人民对文化产品的需求日益增加。这为文化经纪人的产生奠定了坚实的经济基础。

其次，文化经纪人的产生也是文化市场发展到一定阶段的产物。文化形式的多样化和人民群众的需求多元化产生了对文化经纪人的需求。同时，文化市场中多元经营主体的出现和文化市场的繁荣也是催生文化经纪人出现的重要条件。

文化商品是一种特殊的商品，它的生产具有一定特性，要求文化产品经纪人具有一定的特质。文化产品的这种特性决定了文化经纪人的特点：

①文化经纪活动的开展是以文化经纪人所具有的文化特质，即审美观、对时尚的观察力等为展业基础的。

②文化经纪人与委托人之间的关系程度是文化经纪人开展业务的重要前提，这也是文化经纪人与其他经纪人的重要区别之一。

文化经纪人的出现是我国市场经济发展的产物，它不仅有利于对文化资源的整合和配置，同时也对我国文化市场的规范发展起到了重要的推动作用。

（2）体育经纪人

体育经纪人是指为体育比赛、体育表演、体育用品买卖等活动提供居间、代理服务，以收取佣金为目的的中介人。作为体育市场中的中坚力量，体育经纪人为委托人提供的服务范围包括：提供信息、咨询服务，报告订约机会；制订活动计划，进行形象设计；选择合适的合作对象，作为双方沟通的媒介并代表委托人进行谈判和磋商；进行了运动员的转会、赛事的筹备以及处理相关媒体事务等具体操作；检查、监督合同的执行情况；调解纠纷等。

体育经纪人在体育产业中起着重要的推动作用：第一，体育经纪人的出现大大促进了体育人才的流动，推动了体育运动的规范和竞技水平的提高，促进体育人才的培养；第二，体育经纪人的活动促进了全民的体育消费，推动了体育运动的普及，极大地繁荣了体育市场。第三，体育经纪人的商业化运作，促进了国内外体育商业活动的交流，也推动了我国体育产业化发展的进程。

二、按组织形式划分的类型

按组织形式来划分，经纪人可以细分为个体经纪人、合伙经纪人和经纪公司三种类型。

1. 个体经纪人

个体经纪人是指符合有关法律、法规和政策的规定，并经过登记注册，以自己的名义进行经纪活动的经纪人。个体经纪人是经纪行业的一种基本组织形式，在现货交易、劳动力市场以及文化市场中以个体经纪人的形式来从事中介活动的经纪人所占比重较大。

（1）从执业资格规范的角度来讲，要成为个体经纪人，最基本的要求是要具有一定的责任能力和业务能力。

①责任能力。从经纪行业的角度来讲，责任能力是衡量经纪人是否能够对所从事的经纪活动承担相应法律责任的一个重要指标。经纪人的责任能力是其从事经纪活动的基本前提条件。对经纪人的责任能力的要求实际上是为了确保经纪人具有法律意义上的行为能力。这也是经纪行业对从业人员最基本的准入要求。

②业务能力。高度发达的市场经济和快速发展的信息技术使得经纪活动越来越趋于复杂化，这就要求经纪人应该是多学科的复合型人才。尤其是一些对从业人员的知识水平要求比较高的行业，例如保险业、期货业、证券业，从业人员的知识结构是否合理是其能否较好地完成经纪业务的基础。资格考试作为对从业人员的知识水平进行测试的一种手段，能够有效地确保从业人员具备从事经纪业务所需的专业知识。1997年国家工商行政管理局颁布的《关于进一步贯彻实施〈经纪人管理办法〉的通知》中规定了对经纪人进行资格考核的具体办法。

除了资格考试之外，对从业经验的要求也是衡量从业人员业务能力的一个重要指标。经纪活动中充满了风险，这就要求经纪从业人员不仅要有丰富的专业知识，而且也要具有一定的风险判断能力以及随机应变化解风险的能力等。更确切地说，对从业人员业务经验的要求实际上是为了提高经纪活动的效率，使经纪活动更符合成本—效益原则，同时在客观上也起到了保护委托人利益的作用。

（2）从具体的执业规定角度来看，我国颁布的《经纪人管理办法》中明确规定了个体经纪人应具备的执业条件。《经纪人管理办法》中第三章第十一条规定，符合下列条件的人员，可以申请领取个体工商户《营业执照》，成为个体经纪人：

①有固定的业务场所；

②有一定的资金；

③取得经纪资格证书；

④有一定的从业经验；

⑤符合《城乡个体工商户管理暂行条例》的其他规定。

个体经纪人以自己的名义从事经纪活动，并以个人的全部财产承担无限责任。与其他经纪组织相比较而言，个体经纪人具有一定的优势。首先，个体经纪人的组织形式较为灵活，能够适应新情况的出现，及时作出调整。其次，个体经纪人的组织形式可以节省组建经纪组织所需的管理费用。

2. 合伙经纪组织

合伙经纪组织是指由具有经纪资格证书的人员发起，并遵守相关法律、法规规定设立的经纪人事务所或其他合伙组织。合伙经纪组织是企业的一种组织形式。因此，合伙经纪组织的建立不仅要遵守《经纪人管理办法》、《关于进一步贯彻实施〈经纪人管理办法〉的通知》的相关规定，还要遵守《中华人民共和国合伙企业法》中关于建立合伙企业的若干规定。

《经纪人管理办法》中规定，经纪人事务所由具有经纪资格证书的人员合伙设立，经纪人事务所应符合下列条件：

①有固定的业务场所；

②有一定的资金；

③由两名以上有经纪资格证书的人员作为合伙人发起成立；

④兼营特殊行业经纪业务的，应当具有 2 名以上取得相应专业经纪资格证书的专职人员；

⑤专门从事某种特殊行业经纪业务的，应当具有 4 名以上取得相应专业经纪资格证书的专职人员；

⑥合伙人之间订有书面合伙协议；

⑦法律、法规规定的其他条件。

经纪人事务所由合伙人按照出资比例或者协议约定，以各自的财产承担责任。合伙人对经纪人事务所的债务承担连带责任。

另外，根据《中华人民共和国合伙企业法》中的规定，合伙企业的设立要具备以下条件：

①有两个以上合伙人，并且都是依法承担无限责任者；

②有书面合伙协议；

③有各合伙人实际缴付的出资；

④有合伙企业的名称；

⑤有经营场所和从事合伙经营的必要条件。

任何合伙经纪组织的设立都应该同时符合上述两个规定。

3. 经纪公司

经纪公司是指依照国家有关法律、法规设立并合法登记注册的企业法人。《中华人民共和国公司法》（以下简称《公司法》）、《经纪人管理办法》和《关于进一步贯彻实施〈经纪人管理办法〉的通知》中都对经纪公司的设立作了具体的规定。

《经纪人管理办法》规定，经纪公司是负有限责任的企业法人，设立经纪公司应当符合下列条件：

①具有相应的组织机构和固定的业务场所；

②注册资金在 10 万元以上；

③有与其经营规模相适应的一定数量的专职人员，其中取得经纪资格证书的不得少于 5 人；

④兼营特殊行业经纪业务的，应当具有 2 名以上取得相应专业经纪资格证书的专职人员；

⑤专门从事某种特殊行业经纪业务的，应当具有 4 名以上取得相应专业经纪资格证书的专职人员；

⑥《公司法》及有关法规规定的其他条件。

经纪公司是一种特定的公司形式，其设立除了要遵守《经纪人管理办法》中相关规定之外，还要遵守《公司法》中的相关规定。《公司法》中规定的公司形式包括有限责任公司和股份有限公司。

有限责任公司亦称"有限公司"，是指由两个以上股东组成，全体股东对公司的债务仅以其出资额或出资额以外的担保额为限对公司承担责任，公司以其全部资产对公司的债务承担责任的公司形式。《公司法》规定，设立有限责任公司，要符合下列条件：

①股东符合法定人数；

②股东出资达到法定资本最低限额；

③股东共同制定公司章程；

④有公司名称，建立符合有限责任公司要求的组织机构；

⑤有固定的生产经营场所和必要的生产经营条件。

股份有限公司是股份公司组织形式的一种，是指依法定程序，通过发行股票的方式筹集资本，将全部资本分为等额股份，股东以其所持股份为限对公司承担责任，公司以其全部资产对公司的债务承担责任的公司形式。《公司法》对股份有限公司的设立作出了如下规定：

①发起人符合法定人数；

②发起人认缴和社会公开募集的股本达到法定资本最低限额；

③股份发行、筹办事项符合法律规定；

④发起人制定公司章程，并经创立大会通过；

⑤有公司名称，建立符合股份有限公司要求的组织机构；

⑥有固定的生产经营场所和必要的生产经营条件。

除了上述的法律、法规之外，国家工商行政管理局于 1997 年 1 月 2 日颁布的《关于进一步贯彻实施〈经纪人管理办法〉的通知》（以下简称《通知》）中也对经纪机构的设立作出了进一步的规定。例如，《通知》中规定：从事房地产、技术、信息、劳动力、运输、产权、文化、广告、体育、旅游等方面经纪活动的个体经纪人，须持有注明相应项目的经纪资格证书；从事上述经纪业务的经纪机构，应当具有四名以上持相应项目经纪资格证书的专职人员。

第二节　经纪人的素质要求

素质是指在先天禀赋的基础上，通过后天的学习和社会实践活动发展起来的人的基本品质，是包括人的品德、智力、体力、审美等方面的品质及其表现能力的综合系统。它是人的根本特质，也是个人综合能力与道德修养的集中表现。

对于经纪行业来说，经纪人的个人素质是经纪人执业水平和经纪行业发展的决定因素。随着现代科技水平、信息技术的快速发展和知识更新速度的加快，经纪行业对经纪人的素质要求也越来越高，这体现在经纪行业不仅要求经纪人具有高智商、良好的心理素质和熟练使用现代办公设备和掌握工作技巧，还要求经纪人具备较好的处理人际关系的能力和具有一定的关系管理智慧等。因此，经纪人的个人素质是经纪活动顺利开展的重要决定因素。

首先，经纪人的素质决定了经纪人的能力。这可以从素质与能力的关系以及能力与绩效的关系中得到证明。能力是指能够成功地完成某种活动所必须的并且直接影响活动效率的心理特征。素质与能力的关系是系统结构与功能的关系，一般来说，素质是能力发展的自然前提和基础，具备什么样的素质，就有什么样的能力。素质又是由各项能力表现出来的，能力是素质一个不可分割的部分。经纪人的素质决定了经纪人的能力，只有具有较高的个人素质，经纪人才可能具备完成经纪活动的能力。而经纪人的能力又是与经纪活动的绩效紧密相关的。绩效是指依据个人工作性质的不同，完成工作或履行职责的结果。能力与绩效之间的关系是：能力是取得绩效的必要条件，绩效是个人能力的直接反映。也就是说，能够取得较高绩效的人一定也具有较强的能力。从素质、能力和绩效三者的关系来看，素质决定能力，能力又是获得绩效的必要前提。因此，从经纪行业的角度来看，经纪人的个人素质决定了经纪人的能力，也决定着经纪活动的绩效。

其次，经纪人从事的经纪活动类型应与其素质和能力类型相一致。能力类型包括组织能力、创造能力、操作能力和适应能力等。不同经纪人之间的素质和能力有很大的差异，就每个个体而言，每一个经纪人都具备一定的素质和能力，但是对于每一个经纪人来说，也都有自己比较突出的素质和能力。因此，在从事经纪活动的过程中，经纪人从事的经纪活动类型应该与自身的素质、能力类型相一致，这样才能充分发挥经纪人的优势，以取得经纪人自身价值的最大实现和经纪效率的最大化。举例来说，对于知识型的经纪从业人员而言，应较多地参与市场分析、战略研究方面的工作，充分发挥其知识面广，专业知识熟练的优势。而对于关系能力强的经纪人，则适合于较多地参与市场开拓、客户服务方面的组织活动。对于心理素质较突出的经纪人来说，就应该多从事一些需要承担责任的高端经纪管理工作。经纪活动的类型与经纪人的素质和能力类型的匹配，能够极大地发挥经纪人自身的优势，做到人尽其才，同时也为经纪机构带来了经营效率，并且能够促进整个经纪市场的健康、快速发展。

从上面的论述可以看出，经纪人的素质是开展经纪活动的必要条件，也是对经纪人所具备能力的高度概括。但是，素质本身是一个难以量化的概念，这是因为，素质水平无法根据表象进行衡量，只有通过互相比较才能作出判断，因而带有较大的主观成分。另外，对知识素质水平进行评估是一项高度复杂的工作，至今还没有形成完善的指标体系和评估方法。因此，为了能够将素质水平作为工作、学习等活动中进行选拔和鉴定的依据，人们将能够用量化的方法来确定人的某种能力的智商、情商和关系商的测定方法作为识别不同经纪人之间素质水平差异的工具。例如，用智商衡量经纪人的知识素质，用情商衡量经纪人的心理素质，用关系商衡量经纪人的关系管理智慧等。下面结合智商、情商和关系商的相关理论，分别从知识素质、心理素质、关系素质和道德素质四个方面来介绍经纪人应具备的基本素质。

一、知识素质

知识素质是指人在先天禀赋的基础上通过教育和社会实践活动获得的智力方面的能力，是经纪人必须具备的基本素质之一。在一定条件下，可以用知识考核和测定智商的方法作为判定经纪人知识素质水平高低的一个途径。

智商是指用商数来表示的一个人的智力水平。智力则是指在人脑机能的基础上发展起来的，包括认识能力、创新能力以及抽象思维能力等心理特征的综合能力。知识和智力是紧密联系的两个概念，二者分别从心理活动和认识活动的角度来解释人的认识能力，智力是学习和掌握知识的必要条件，知识是智力能动作用的结果。因此，智力水平可以作为衡量一个人知识素质的基本指标。由于智力本身具有不可比性，人们习惯用智商作为衡量不同人之间各种能力总体水平的比较标准。智商通过量化的方式来确定人的智力水平，可以避免考核经纪人知识素质时因缺乏定量判别手段而导致主观判断失误而带来的偏差。

具体来讲，衡量一个人智商水平的指标包括记忆力、注意力、观察力、想像力和抽象的思维能力。根据智商理论，经纪人应具备的知识素质可以大致概括为知识结构、语言能力、观察能力以及分析和预测能力等。

1. 知识结构

知识结构是指具有内部联系和内在规律的学科知识框架。经纪人在媒介交易的过程中涉及的学科知识较多，包括市场营销知识、经济学知识、公共关系学知识、法律知识以及其他各种必要的自然和社会科学知识。因此，作为经纪人必须具有比较全面的学科知识。同时，经纪行业的细分又要求经纪人必须要精通所经营的业务，了解行业发展的情况和趋势，并能够提供有效的专业信息和作出合理的预测。

合理的知识结构应包括三个部分：基础知识、专业知识和其他知识。基础知识是从事经纪活动的前提条件，包括基本的听、说、读、写的能力。一般来说，接受过初等教育的人都能够达到基本知识要求的水平，都可以相应地从事一些诸如现货经纪活动等一些简单的经纪活动。而对于证券、期货等经纪活动而言，仅仅具有基础知识是远远不够的，还需要有足够的专业知识。专业知识是建立在基础知识的基础之上，在市场和经纪活动专业化实践基础上形成的具有专业特性、体现专业特点的知识。专业知识是进行经纪活动的充要条件，没有专业知识，经纪活动就无法正常进行。从学科角度来说，专业知识包括市场营销学知识、经济学知识、公共关系学知识、法学知识、信息学知识等。在市场经济条件下，市场经济中的任何活动都要遵守市场的运作规则，任何违反规律的活动都要受到惩罚。同时，经济主体之间的竞争异常激烈，快速的信息传递和反应能力是经济主体生存和发展的需要。因此，作为协调市场中供求关系、提高市场资源配置效率的媒介，经纪人必须要熟练地掌握市场营销学知识、经济学知识、公共关系学知识、法学知识以及信息学知识等。除了基础知识和专业知识以外，经纪人还应该掌握一些其他社会知识。例如，作为房地产经纪人，由于所经营的房地产商品的特性，房地产经纪人一定要充分了解当地的风俗习惯以及信仰、禁忌等。

2. 语言能力

经纪行业是一个服务行业，在开展经纪活动的过程中，经纪人要频繁地与交易双方进行沟通，并从中进行协调、商议和劝说。经纪人与交易双方之间的交流是信息和知识的双向传播过程。在这个传播过程中，经纪人的语言能力起着重要的作用，因此，经纪人不仅要做到口齿清晰，用准确的语言表达出经纪人和交易双方的意思；还要灵活机智，能够随机应变，善于运用语言的艺术来掌握局势，及时地化解经纪活动中出现的僵持和矛盾等。较强的语言表达能力是经纪活动中的催化剂，能够促进经纪活动的顺利开展和交易的成功。

3. 观察能力

在经纪活动中，经纪人的观察能力也是至关重要的。通过细致的观察，经纪人才能从交易双方的信息中更好地了解双方的需要，并根据双方的需要进一步撮合交易。观察的过程实质上是一个提炼信息，发现本质的过程，这里的信息不仅包括有形的数字、文字信息等，也包括经纪人根据交易双方的特点和经纪形势得到的无形信息。观察能力是经纪人进行决策的重要前提，并为经纪活动的进一步开展提供了必要的条件。

4. 分析、预测能力

知识运用和知识创新也是经纪人应具备的知识素质的重要组成部分，而分析、预测能力正是建立在经纪人的知识结构、语言表达能力和观察能力基础上的知识运用和知识创新。经纪活动要求经纪人能够根据得到的信息和自身的知识、经验对交易双方的情况以及市场的形势作出合理的分析和预测，以此作为开展经纪活动的基础。

二、心理素质

心理素质是指个体在心理过程、个性心理等方面所具有的认知、情感、意志、需要、兴趣等诸种品质上的基本特征。心理素质是个人素质的重要组成部分。由于心理素质涉及的对象是情绪、情感等非理性的因素，因此心理素质本身是一个非常难以具体量化的指标。现代科学一般用情商作为衡量个人心理素质的指标，这样对人的心理素质的分析就可以转化为对人的情商定量化的分析，从而为学习和工作的开展提供具体的实践工具。

情商，又称情感智力，是指人类了解、控制自我情绪，理解、疏导他人情绪，并通过情绪的调节控制提高生存和发展质量的能力。根据情商理论，情商可以概括为五个方面：自我觉知能力、自我管理能力、自我激励能力、识别他人情绪以及处理人际关系的能力。对于经纪行业而言，经纪人是交易活动中买卖双方之间的桥梁。在经纪活动中，交易双方之间、交易双方与经纪人之间常常会出现一些矛盾冲突，导致各方不理智或情绪化现象的发生。经纪人要善于控制自我情绪，理解、疏导交易双方的情绪，并通过情绪的调节控制，达到化解矛盾，促成交易成功的结果。经纪人的工作性质决定了经纪人必须具有较高的情商，高情商不仅是经纪人顺利完成经纪业务的基本前提条件，也是经纪人进一步开拓经纪业务、实现个人事业发展的重要保障。根据情商理论，可以将衡量经纪人心理素质的指标概括为：性格、意志和情绪。

1. 性格

性格是指人在社会生活中获得，并表现在态度和行为方面的比较稳定的心理特征。性格贯穿着一个人的全部心理活动，调节着人的整个行为方式。性格最典型的特征就是对现实的态度特征，即人在处理各种社会关系方面表现出来的性格特征，包括对社会、对集体、对他人的态度以及对待自己的态度等。对于经纪行业来说，经纪人的性格特征是建立良好经纪关系的基础，热情、开朗的性格和积极向上的生活态度有助于经纪人和委托人之间建立良好的合作关系，增加委托人对经纪人的信赖，为开展经纪业务奠定坚实地关系基础；同时乐观向上的性格特征也有助于增强经纪人克服困难的信心和决心，这也是促成经纪活动成功的基本要素之一。

2. 意志

意志是指人自觉的确定目标，并根据目的来支配、调节行动，克服困难以实现预定目的的心理过程。坚强的意志品质是成功的必要条件。经纪活动的复杂性决定了经纪人必须具有坚强的意志品质。在经纪活动过程中，经纪人经常会遭遇困难、挫折，甚至是失败，经纪人要有百折不挠的精神，审时度势，排除外界干扰，坚定信念，充分发挥主观能动性，通过坚持不懈的努力去解决问题，以达到既定目标。即使遭遇挫折、失败，也不能悲观失望，应该在逆境中找到应付危机的方法和对策。因此，意志品质是经纪人必须具备的素质之一。

3. 情绪

情绪是指人对客观事物和对象的反应，是一种复杂的心理历程。在实际生活中，情绪不仅影响着人的认知过程，还会极大地影响到学习和工作的效率。因此，对情绪的管理是保证学习、工作和生活顺利进行的重要条件。

情绪管理是经纪人应具备的基本素质之一。经纪活动的特性要求经纪人具有识别自我情绪和控制自我情绪的能力。因为经纪活动是处于整个社会经济的大环境条件下，社会经济中任何变动以及交易双方情况的变化都会引起经纪环境的变动。在经纪环境发生变化的情况下，就要求经纪人能够认清形势，冷静的对待环境的变化，并采取相应的对策；即使是面对挫折和失败的时候，也要保持一种平和的心态，而不能意气用事。

三、关系素质

关系素质是指人对于关系网络的组织、协调和管理的能力。关系素质由人的关系管理智慧所决定。

关系管理智慧，又称关系商，是指利用关系网络的智慧以及用有限的时间最有效率地建立有用关系网络的智慧。关系管理智慧，是经纪人应该具备的最重要的素质之一。在经纪活动过程中，经纪人不仅要处理与经纪行业内部其他经纪人之间的关系，同时，还要处理经纪人与委托人和相关方之间的关系。如何建立经纪人与其他经纪人、委托人和相关方之间的关系网络并管理好这一关系网络，就需要经纪人不但要具有较高的知识素质和情商，还要具有较高的关系管理智慧。关系管理的质量是经纪人执业素质的重要体现，也直接关系到经纪活动的成败。

关系管理智慧和情商是相互联系又相互区别的两个概念。情商是关系管理智慧的基础。情商强调个人与他人之间的交际，而关系管理智慧则利用系统论的观点，把个人放在一个大的关系系统中来考虑，是对情商概念的运用和进一步深化。关系管理智慧包括识别关系网络，研究关系网络，掌握网络关键点，维持、发展网络能力，管理总体关系能力。结合经纪行业的特点，经纪人应具备的关系素质概括起来包括组织能力、协调能力、社交能力。

1. 组织能力

从管理的角度来讲，经纪人从事经纪活动的过程实际上就是把具有交易意向和交易条件的供需双方组织起来进行交易的过程。在撮合交易的过程中，经纪人要具有一定的组织能力，懂得掌握交易双方的心态，引导双方交易的进行；在交易双方产生分歧的时候，经纪人要善于妥善处理对立的意见，理顺交易双方之间的关系，保证交易顺利、有序地进行。

2. 协调能力

经纪活动从表面上看是经纪人撮合交易双方成交的过程，但实质上却是经纪人协调交易双方以及交易双方背后的重重关系系统的过程。因此，要促成交易成功，就要求经纪人具有一定的协调能力，不仅能够识别他人的情绪，处理好人际关系，而且能够将这一关系放在社会经济的大系统中进行考察，权衡利弊，并且能够在产生分歧或矛盾的时候，从中进行斡旋和协调，最终促成交易的成功。

3. 社交能力

社交能力是经纪人应该具备的一种基本素质。经纪活动是一项复杂的服务性活动，经纪人在从事经纪活动的过程中要与从事不同行业、不同性格、不同年龄层次、不同水平的人打交道，这就要求经纪人要具有较强的社交能力，在与不同人打交道的时候，能够坚持以诚为本、不卑不亢、以理服人、以情动人。只有具有较强的社交能力，经纪人才能够应付各种不同的场合，与不同的客户之间建立良好的合作关系，才能获得委托人的信赖，从而出色地完成经纪工作。

四、道德素质

道德素质是指从言论、行为等活动中体现出来的个人的认识、行为和心理等特征。由于经纪行业的特殊性，经纪人拥有大量的隐蔽信息，如果缺乏道德约束，这些隐蔽信息会使经纪人在经纪活动中选择机会主义行为。因此，注重经纪人道德素质的培养，既有利于经纪人队伍整体素质的提高，又有利于经纪市场的发育和经纪市场秩序的维护。道德素质包括思想意识、法律意识和职业道德意识。

1. 思想意识

思想意识是指人对客观存在的行为规范等的心理反映形式。思想意识是行动的前提。行动都是在思想意识的支配下进行的。对于经纪人而言，健康的思想意识是开展经纪活动的必要前提条件。经纪人必须要树立起与交易双方互利的思想意识，做到双赢，而不能损人利己。也就是说，经纪人在撮合交易的过程中，不能只贪图个人利益，隐瞒实际情况、弄虚作假或者欺骗交易双方。互利的思想意识不仅是规范经纪行为的需要，也是维护经纪市场秩序，促进经纪市场健康发展的重要条件。

2. 法律意识

法律意识是指人所特有的对法律、法规等的心理反映形式。市场经济是以市场为基础的资源配置方式，同时市场经济又是法制经济。市场经济要求经济主体的活动要遵纪守法，任何违反法律的经济活动都会受到制裁。经纪人作为市场中经济主体之间的桥梁，在撮合交易的过程中要涉及行业中的很多法律、法规和政策规定。因此，经纪人必须具有法律意识，依法办事，做到知法、懂法和守法。另外，如果出现委托人"甩佣"的现象，经纪人还要懂得利用法律来维护自身的合法权益。具有一定的法律意识不仅是经纪人顺利开展经纪业务的需要，同时也是保证市场经济体系正常运转的基本条件。

3. 职业道德

职业道德是指同人们的职业活动紧密联系的符合职业特点所要求的道德准则、道德情操的总和。职业道德是社会道德在职业生活中的具体化，它不仅是从业人员在职业活动中的行为标准和要求，而且代表着本行业对社会所承担的道德责任和义务。

（1）道德准则。从最一般的意义上来讲，道德准则是指人们的言论、行动等所依据的原则和规范。从经纪行业的角度来讲，经纪人应该遵守的道德准则就是指经纪行业的职业规范。

经纪行业中活跃着数量巨大的经纪人队伍，经纪人以及经纪机构之间存在着激烈的竞争，这种竞争，不仅是经纪人或经纪机构之间争夺经济利益的竞争，也是一种争取生存权利的竞争。因此，经纪人之间都不遗余力地展开对客户的争夺。但是在竞争中，经纪人一定要遵守经纪行业的职业规范，进行正当竞争，不能为了争取经纪利益而侵害其他经纪人的关系渠道，也不应该采用欺骗、威胁等不正当手段从事经纪活动。这是经纪人应该遵守的基本的道德准则。

（2）道德情操。道德情操是指由感情和思想表现出来的稳定的道德品质和性格。经纪人的道德情操也是经纪人应具备的职业道德的重要组成部分。经纪人的道德情操主要表现在：在开展经纪活动的过程中，经纪人一定要保持独立的人格，不能由于经纪人之间竞争激烈或者为了获得佣金，就扭曲自身的人格，不惜对客户低三下四，乞求获得代理的权利。

经纪行业是社会分工日益细化的产物，也是经济社会中的重要组成部分。经纪人职业道德素质的培养和确立，能够极大地促进经纪行业的发展，同时也将带动其他行业，乃至整个社会道德水平的提高。

第三节　经纪行为中的智商、情商、网商

一、智商（IQ）的内涵

众所周知，智商即"智力商数"，是用以标示智力水平的一个概念。智力是什么？这个老问题经过国内外心理学家近百年的研究，虽然至今仍未取得完全一致的意见，但经过20世纪80年代初的一场热烈讨论，人们基本上已达成一种共识，即智力是一种综合性的认识能力。其基本构成要素为注意力、观察力、记忆力、想象力和思维能力，其中思维能力是智力的核心。也就是说，智商所测定的是人认识客观事物，并运用知识去解决实际问题的能力。

智商反映一个人的聪明度，其先天因素居多。智商高无疑是成才的重要条件，许多出类拔萃的人才的智商的确高于一般人。也有许多高智商的人成为失败者，原因在于其情商存在突出的劣质因素。历史上的关羽败于默默无闻的陆逊，就是因为他过于傲慢。马谡饱读兵书聪明过人，但因为过于自负，听不得别人劝告而导致街亭失守，几乎陷蜀军于灭顶之灾。报纸上经常见到一些智商极高的高才生心理变态，因一点小挫折而自杀或杀人。商场上的许多失败者并不是因为不聪明，而是因为存在性格弱点，不善于应变所致。由此可以看出，仅仅用智商的标准来衡量人才是有很大局限性的。

二、情商（EQ）的概念及其与IQ的关系

在智力测验的实施和智商的应用中，人们逐渐发现了传统智力测验的一些弊端。比如，人们发现这样一些事实：许多智商很高的人并不一定有很高的成就，而一些智商一般的人倒取得了较大的成就。有人研究发现，一个人的成就与其智商的相关仅有0.5。决定一个人成功的因素中除智商外似乎还有其他因素，有人称其为非智力因素。20世纪90年代初美国耶鲁大学的彼得·塞拉维（Peter Salaveg）和新罕布什尔大学的

约翰·梅耶（John Mager）提出了情商的理论。[①]

EQ 是指情绪智慧或情绪智商，简称为情商。将 EQ 称之为非智力因素仅仅是相对于 IQ 而言，是一种习惯说法。事实上，EQ 是一种智能，并且是一种非常重要的智能，像乐观自信、敢冒风险、热忱执着、善于为人处世等一些字眼，实际上就是指一个人的情商即 EQ。综合国外一些专家对 EQ 理论的论述，EQ 应主要包含以下几个方面的内容：

1. 内省智能。即认识自我的能力，正确认识自己是人类最高的智慧。哈佛教育学院著名心理学家嘉纳教授认为，内省智能是自我认知的钥匙，指的是"能够认识自己的感觉，辨别其异同，作为个人行动的依据"。对自己情绪的认识是 EQ 的基石，这是一种了解自己真实感受、认知感觉的能力。

2. 自我调节智能。即妥善管理情绪、自我激励的能力。这方面的能力主要体现在当情绪低潮时如何进行自我安慰，怎样摆脱焦虑、阴郁或不安，如何克制与自控等。

3. 人际智能。根据嘉纳教授的观点，人际智能的精义是"能够认知他人的情绪、性情、动机、欲望等，并能作适度的反应"。中国古代伟大的思想家孟子曾说过："天时不如地利，地利不如人和"，这"人和"就说明了人际关系的重要性。一个人的人缘、人际和谐程度、领导与管理能力都与人际智能有密切的关系。人际智能包括组织能力、协商能力、人际联系和分析能力。

虽然，EQ 与 IQ 各不相同，但二者既对立又统一。一个人事业上的成就离不开 EQ 与 IQ 的协同作用。一个 IQ 很高的人，如果缺乏 EQ 的配合，智力也不可能有最大的发挥。甚至有人这样认为，IQ 决定人生 20%，EQ 主宰人生 80%。且不谈这种说法是否科学，但越来越多的证据表明，IQ 绝非人生成功的唯一因素，EQ 的作用不容忽视。

三、EQ 与经纪人素质

经纪人在经济舞台中扮演着重要的角色。虽然不同种类的经纪业务对经纪人的素质提出了不同的要求，但是最终他们面对许多相似的问题，在素质要求上有许多共同的特点。

（一）自信心

自信和勇气紧密地结合在一起，与自卑、恐惧相对立。事实上，人们从事每一件事都是由自信开始，并由此迈出成功的第一步。经纪人大都有失败的经历，然而坚定的信心使他们通过总结经验教训而转化为一种积极的情感，进而激发潜意识释放出巨大的智慧和力量，帮助其有效地获取成功。可以说，信心的力量在成功者的足迹中起着决定性的作用，信心是创立事业之本，要想事业有成，就必须充满信心。心理学专家阿尔伯特·班杜拉（Albert Bandura）指出："一个人的能力深受自信的影响。能力并不是固定产生，能发挥到何种程度有极大的弹性。能力感强的人跌倒了能很快爬起来，遇事总是着眼于如何处理而不是一味担忧。"唐纳德也说过："信心是心灵的第一号化

---

① 郭喜青. 智商·情商·意志商 [J]. 平顶山师专学报，2000（2）.

学家。当信心融合在思想里，潜意识会立即拾起这种震撼，把它变成等量的精神力量，再转送到无限智慧的领域里，促成成功思想的物质化。"信心的力量是惊人的。那么，作为经纪人如何建立自信心呢?

首先，用乐观的态度看待所谓的失败。"失败"一词对不同的人往往会有不同的解释。在通常情况下，失败具有消极意义，让人产生沮丧和悲观情绪。然而优秀的经纪人能以乐观态度，正确对待失败，从"失败"一词中获得宝贵的教训和启示。他们深信失败只是暂时的挫折，因为一蹴而就的成功是不可能的，事业的成功往往曾经历过无数次的失败。他们不为眼前的失败而气馁，而是认真分析失败的过程和原因，重新振作，享受"失败是成功之母"的喜悦。由此可见，失败并不可怕，关键是如何看待失败以及失败后怎么做。其次，战胜自卑。自卑是一种消极的自我意象，即个体将自我的能力与品质评价偏低，从而产生自惭形秽的消极情感。人人都有自卑感，只是程度不同。个体自卑的形成不仅与外部环境对其态度和评价有关，更与个体的生理状况、能力、性格、价值取向、思维方式以及生活经历紧密相联。作为优秀的经纪人，必须善于运用自我调节的方法提高心理承受能力，克服自卑，超越自卑。

值得一提的是，傲慢自大绝不是自信，二者有根本的区别。自信是以实力为基础的，真正充满自信的人往往能正视自己，为人谦逊节制，不断吸纳新思想，敢冒风险。而傲慢自大的人往往刚愎自用、自视过高。

(二) 创新意识

创新意识是一种求新、求变的意识，不满足于现状和已有成果的意识，是一切创新活动的原始动力。意识和理念是实践的先导，创新实践必须首先创新观念。人的创造力与生俱有，但一些阻碍因素会使这种能力受到抑制，处于隐蔽状态。这些阻碍因素是：悲观的态度，失败的阴影，过度的压力，思维定势，等等。人们要提高创造力，就必须克服这些障碍。

对经纪人而言，要想在纷繁多变的市场经济的不平衡中寻找机会，没有强烈的创新意识是不可能成功的。经纪人的职业特点决定了创新意识成为其事业成功的必备素质。不具备创新意识的经纪人不可能成为一名优秀的经纪人。创新意识是一种全方位的优秀的心理品质，经纪人的创新意识主要体现在以下几个方面：①善于寻找、识别与分析市场机会。市场机会呈现各种状态、有环境机会与公司机会、行业市场机会与边缘市场机会、潜在市场机会与表面市场机会，目前市场机会与未来市场机会等。著名营销学专家西奥多·李维特说过："这里可能是一种需要，但是没有市场；或者这里是一个市场，但是没有顾客；或者这里可能是一个顾客，但是没有推销员。"因此，经纪人要想准确及时地捕捉市场机会，并加以有效地利用，必须具备创新意识。②敢于突破传统和常规，不断研究和发明新思路、新方法。③创新与务实紧密结合。孙子曰："凡战者，以正合，以奇胜。""奇"是创新，"正"就是务实。

(三) 专业精神

所谓专业精神，首先意味着对事业的热忱和执着。经纪人所从事的事业时常会面临许多挑战，而缺乏热忱和执着将难以支撑他们通过这些挑战。优秀的经纪人对事业总是有着坚定不移甚至狂热的追求。因此，作为经纪人，应当一开始就告诫自己：既然选择了这一职业，就必须全身心投入、矢志不移。相反，如果经纪人缺乏职业热忱，对自己为什么要从事这一职业产生怀疑，那就已经踏上失败之途了。

其次，这种专业精神，意味着选定一个目标咬住不放。台湾著名的企业家张国安先生曾说过："选定一件事，就咬住不放。世界上成功的人，不是那些脑筋好的人，而是对一个目标咬住不放的人。"目标一经确定，就必须心无旁骛，集中全部精力，勇往直前。日本有句俗语："再冷的石头，坐上三年也会暖。"人生就如登山似的，只要坚持不懈，终究会抵达山顶。经纪人应有一种紧抓不放的意念，一种非达到不可的斗志，把它们作为与自己约定的誓言。因而，作为经纪人，必须具有坚韧不拔的优良心理品质，在失落与挫折时决不颓唐却步。

最后，这种专业精神也意味着忍耐。几乎任何一位成功的经纪人，在其事业奋斗过程中，都会经历等待的煎熬。此时，是否具有耐性，能否坚强地面对而不是放弃，经纪人的忍耐力会直接发挥作用。忍耐的反面则是操之过急和急功近利。正如《菜根谭》中所说的："伏久者飞必高，开先者谢独早。知此可以免蹭蹬之忧，可以消躁急之念。"

（四）人际关系

所谓人际关系，就是在一定的社会条件下，个体与个体之间基于思想感情的心理上的关系，即双方在人际认知、人际情感和交往行为中所体现出来的彼此寻求满足需要的心理状态。在现代社会，不论从事何种职业，都离不开人与人之间的交往和联系，只不过对这种要求的程度视职业特性会有所不同。比如兽医与商人，前者如果医术精湛，而在人际智能方面有缺陷，则对事业可能不会造成太大的影响；但对后者而言，如果不善于同人打交道，不懂得与人合作，可以断定在商场上会寸步难行。

经纪人是活动家，其职业特性要求必须具备良好的人际关系。从这一层面来讲，成功的经纪人同时也是一个人际关系专家。经纪人在人际关系问题的处理上应注意以下几点：

第一，遵守社交礼仪。在人际交往中，一个懂社交礼仪的人较一个不懂社交礼仪的人显然要顺利些，而且会更受欢迎。遵守社交礼仪旨在创造良好的自身形象。通常从一个人的礼仪中可看出他的知识及教养，同时也反映出他的品德。良好的社交礼仪是建立人际关系的"通行证"。经纪人在对内和对外的人际交往中，应当具有饱满的精神状态、得体的言谈举止。因此，经纪人应当不断加强自身修养。

第二，掌握角色互换。角色互换是为了克服以自我为中心的缺陷，设身处地替对方着想，从而客观公正地理解对方的思想和行为，减少许多不必要的误解，使人际交往得到和谐发展。经纪人在人际交往时如果能自觉地掌握角色互换，定能赢得更多的朋友。而要做到这一点，经纪人应当是富有同情心、大肚量并带有一些侠义精神的人。

第三，诚实守信。在人际交往中，诚实守信是最为关键的。数千年来，诚信一直被奉为成人立业的重要道德品质。墨子曾说过："言不信者行不果。"《论语·学而篇》："与朋友交而不信乎？""人而无信，不知其可也"等，都强调了诚信。"诚招天下客，誉从信中来"已成为商业世界的至理名言。

诚信在本质上不仅成为人们相互依存的道德准则，也成为从事经济活动的行为准则。信誉是经纪人最宝贵的财富，是一种最具竞争力的无形资本。对经纪人而言，必须牢固树立以诚信为本的思想，并自觉贯穿于经纪活动和人际交往的过程中。唯有诚，方可取信于人。

四、经纪行为中的网商（NQ）

NQ 是一个比较新的词汇，指的是关系管理能力（Networking Quality）。这个词最初的出现是在管理学领域，是指企业管理者必须具备的能力。由于经纪人的职业特点就是与形形色色的人打交道，NQ 对于经纪人来说就有非同寻常的意义。

1. NQ 的概念

说起关系管理，容易让人联想到通常意义上的"搞关系"、"走后门"这类活动。但是关系管理不同于这种搞短线的、功利性极强的、工具性质的"搞关系"，而是超越这些"灰色东西"以上的，在企业中建立和管理人际关系和企业组织两种网络，以使各种重要的资源流，比如物流、资金流、人力流、信息流以及知识流等，流通顺畅、分配适当，流于其必需之处，止于其当止之地，这样的一种管理活动。NQ 就是指进行这种关系管理的能力。[①]

企业层面上，关系管理的重要性源于虽然理想的情况下是企业间签订详尽而繁复的合同然后进行交易，但实际情况却是，交易的顺利达成更多地依赖于双方的互相信任。因为信任，一宗长期的、复杂的、具有特殊性的交易可能一句话就可以达成。研究发现，合伙开一家公司所需的信任关系很强，通常做得成功的都是利用没有利益纠葛前的关系，如亲戚关系、同学关系等。消息灵通的人也更容易发现商业机会，这里所谓消息灵通的人即是那些建立良好的关系网络并处在信息流通中心的人。

NQ 对于经纪人来说具有非同寻常的意义。事实上，"计划经济靠领导，市场经济靠朋友"，"世上无难事，只要朋友多"，"人熟是个宝，关系即金钱"，"多个朋友多条路"……诸如此类的俗语，大多是来自经纪人的经验之谈，足以证明 NQ 对于经纪人来说至关重要。这是因为经纪业务要求经纪人要善于同各方面的人交往，打通各方面的关系。在社交中了解市场和客户，完成信息的搜集和反馈。这自然要求经纪人具有较强的交际能力，这种能力既不是油嘴滑舌，也不是提着礼品去打通"关节"，而是要具备多方面的良好修养，在各种场合、各种人物面前，应付自如，积极活跃，言谈举止大方得体。一方面，要热情而不失立场，对客户抱以热情，使人感到你的真诚恳切，但又不丧失自己的立场和原则；另一方面，要谦恭有礼又自重自信，在交往中不狂妄自大，盛气凌人，又要保持自己的尊严和自信，使别人与你交往轻松、愉快。只有广交八方朋友，才能获得大量的信息，把握住在交往中获利的时机。朋友圈越兜越大，经纪人得到的可以"捎"的业务也愈来愈多。除此之外，经纪人所必备的调查研究能力、经营能力、组织协调能力的充分发挥都有赖于经纪人的关系管理能力的强弱。作

---

① 罗家德. NQ 风暴：关系管理的智慧 [M]. 北京：社会科学文献出版社，2002：14-20.

为经纪人，一定要懂得社交中的各种不同的礼仪、习惯和风俗，对不同的人，在不同的场合，要采取不同的接待和应酬方式。

2. 关系管理的基本要求

前面已经说过，关系管理不同于那种短线的、工具性的"搞关系"，而是有更高的要求和更丰富的内涵。概括地说，要求在关系管理中满足整体性、客观性、畅通性和稳定性。

（1）关系管理的整体性

整体性要求主要指在组织内进行关系管理时，要将组织作为一个整体来考虑，通过关系管理，增强组织凝聚力。一个组织的关系管理如果没有整体性思考，则可能出现每个人的关系管理都做得很好，但整体却很差的情况。短期关系会为个人带来好处，但整体无效率却会不断累积，到达临界点后会使得整个关系网络崩解，成为"巴尔干化"（"巴尔干化"原指巴尔干地区因无可以实际控制整个地区的政权或实体，再加上外国势力的干涉，致使该地区成为为局势紧张似"火药桶"）。搞关系、抄短线只是导致关系网络"巴尔干化"的因素之一，其他的因素有"为了自己人而丧失公平"和"做好人、和稀泥、没有原则"。如果只顾自己建关系，忽略法律、原则，关系网络就是建立在流沙之上，没有稳固的根基；一个组织里关系管理如果做得不好，可能会出现"团体冲突"的问题，最严重的情况是"巴尔干化"，组织内的几个小团体互相天天打仗。这是极其可怕的景象，最终的结果常常是公司的解体，因为此时所有的小团体都不再为整个大团体、大组织效力，所有的精力都放在争斗上面。要判断公司内是否存在团体冲突的可能性，首先看公司是不是分成几个小团体。情感网络如果形成几个小团体，它们之间沟通很少甚至不沟通，就存在团体冲突的危险。

（2）关系管理的客观性

关系管理的客观性主要是要求组织的领导者在对组织进行关系管理时，要本着客观、公正的立场。对于公司的领导者来说，错误的关系管理譬如任用亲信、培养班底对公司的整体关系网络的健康有极大的危害。危害首先是促成别人也结成小圈子自保，结果公司内派系林立。如果企业领导者对一群人特别好，使得这群人经常围绕在身旁，虽然他可能并不是要故意疏远别人，但其他人已经认为那是某人的小圈子，而自然地疏远开去。最严重的情况就是所谓"鲨鱼群"现象，一群人把企业领导者团团包围住，隔绝领导者与其他人的接触。这时，即使领导者有抱负与雄心，但了解的信息却都是单方面（甚至是被篡改的）信息，可能会作出错误的判断。

（3）关系管理的畅通性

关系管理的畅通性是改善组织内部的关系网络，使公司内部的信息流通顺畅、员工之间能频繁地相互咨询，使员工之间的情感连带不至于影响公司的信息流动和相互间的咨询。具体的方法有建立部门间沟通的正式和非正式渠道，鼓励员工坦率地表达意见，鼓励员工之间的合作和相互咨询等。

（4）关系管理的稳定性

个体的相互关系处在从"强连带"到"弱连带"的连续之中。强连带是经常互动、有高度情感涉入，而弱连带则几乎不涉及情感，不需要相互信任的关系，但后者在现代社会中时时可见，且十分有用。弱连带可以传递信息、知识，而强连带可以传递影响力、信任和情感支持。信息、知识、影响力、信任和情感支持的传递正是"关系"最重要的正面功能。关系管理的稳定性指既要建立一定的强连带的关系，又要有广泛分布的弱连带关系。中国人最喜欢搞关系，但却最拙于关系管理。搞关系是指中国人喜欢搞短线的、工具性质的关系，但又希望这种临时有用才找来的关系变成有情感的强连带，形成小团体，好走后门，弄特权，而这种工具性关系根本无法带来信任。搞关系的人都带有特殊目的，凡事始以利始，难以义终。这种关系也会破坏人的整体关系网络，其他人知道了你喜欢搞小圈子，就减少了弱连带的广泛分布，被归类为某某派系会使关系网络无法扩大。抄短线搞关系也许能建立关系、促成合作，但无法建立信任，无法维持长期而稳定的关系，留下关系网络随时崩解的隐患。

3. NQ 包含的五种能力

（1）了解资源流通渠道的能力

绝大部分组织都有正式的组织流程，但除此之外组织资源通常还有非正式的流通渠道，这些非正式的渠道有时更为直接与有效。关系管理首先必须是了解资源（或信息）会在什么样的关系网络中流动。了解公司里的关系网络及其中个体的相互关系是关系管理的基础。在一家公司里，一般存在三种关系网络，分别为咨询网络、情感网络和情报网络，它们分别传递着不同的资源。[①] 如果员工业务上遇到问题向另一员工请教，他们的这一关系就会出现在咨询网络上。咨询网络是与日常例行性工作相关的网络，传递的是知识与技术性问题。情感网络传递的资源是精神上的相互支持，有情感关系的人往往有影响力，这正是非正式权力的基础。情报网络传递的是信息与资讯本身。关系管理首先就要了解这些网络的分布情况，从而了解组织内的资源是通过什么渠道流动的。

（2）了解资源流通结构的能力

也就是了解在资源流通网络中，谁是一个团体的中心，谁是几个团体间的协调者。有时候，资源能否顺利流动，关系网络是否稳定，就取决于资源流通网络中的几个人，即团体中心或团体间的协调者。因此，关系管理能力中的一个重要方面就是了解资源流通结构的能力。

（3）掌握策略关键点

所谓策略关键点也就是能影响整个网络资源的流动的人。策略点通常有两种，一种是网络的中心点，一种是几个团体之间的中介者（协调者）。一个组织可能有很多成员，但其中影响到组织决策形成的不会太多。作为经纪人来说，掌握策略关键点是非常重要的。对经纪组织内部，掌握策略关键点有利于组织的高效运行，组织内资源的合理配置；在对外交往中，掌握其他企业的策略关键点可以是经纪人在寻找业务机会、与合作伙伴进行洽谈时做到有的放矢。

（4）与关键点建立关系并长期保持关系的能力

找到关键点之后，就要采取措施与关键点建立关系，这种关系可能是强连带，也

---

① 罗家德. NQ 风暴：关系管理的智慧［M］. 北京：社会科学文献出版社，2002：64.

可能是弱连带的。这种能力对于经纪人来说是尤为重要的。要做到建立广泛的弱连带关系，而与关键点建立更进一步的强连带关系，经纪人应当在本着诚实信用原则的基础上，加强社交能力。

信用是任何从事经济活动的单位和个人应具备的最基本素质，是促成和履行经济合同最重要的品质反映。所以，"背信弃义"的行为历来为人类所不齿。尽管人们用"无商不奸"来形容商人有些偏颇，但同时也使我们看到从古到今确实有些商人不讲信用、敲诈勒索消费者，给商人脸上抹了黑。所以作为一名优秀的商人，尤其是经纪人，应当以"无信不商"作为自己的座右铭。建立信用应该注意以下几个问题：

①善交际言谈而不吹牛

作为一名优秀的经纪人，语言的表达和传递是其成功的重要法宝。一位稳健的商人会在几分钟之内通过与一名经纪人的谈话判断出经纪人的素养、水平和信用程度。所以，经纪人在同客户交谈时既要凭"三寸不烂之舌"招徕客户，又要注意实事求是。讲话要声音清晰明朗，咬字准确，声音大小适当，用词要浅显易懂，不用或少用方言，同时，讲话速度要适当，逻辑性和重点性要突出。少说废话，不能说谎，也不能吹牛拍马。要保持礼貌、诚恳与轻松、自然。经纪人也要形成良好的倾听习惯，克服与客户沟通过程中的障碍，这就要求经纪人认真地听取，注意重点，要理解客户的意图，并尽量用书面形式加以记忆。如果经纪人听力不佳，思想开小差，就不可能达到有效理解和记忆。

②工作负责，态度公正

经纪人要对自己所从事物工作有一种责任感，时刻将自己的工作与整个社会的利益联系在一起，做社会的公仆。这样经纪人的工作热情就会高涨，每做成一笔生意会产生一种荣誉感或成就感，从而使自己不至于堕为唯利是图，只顾赚取经纪佣金的势利小人。另外，经纪人在经纪活动中要有计划、有实践力并保持同客户的经常联系。要重友谊而不偏袒，讲法规而不徇私情。作为经纪人而言，在一开始同顾客交往时，彼此是陌生的，但是随着交往的增多，经纪人就会同老客户建立友谊，为这些老朋友尽职尽责地开展经纪活动无疑是应该的。但经纪人必须时刻注意为了生存与发展就必须结交许多新朋友，招徕更多的客户，这时在处理新老客户的关系时，就必须把握公平对待双方当事人的原则，不能因一方利益而伤害对方利益，更不能在背后说长道短，乱发牢骚。

③公开、合理地收取佣金

佣金要合理是指经纪人在与双方当事人协商佣金标准及支付方式时不能提出过高的要求，要在国家规定或商业惯例范围内确定最后支付的数额及方式。有的经纪人要求佣金比例在标的额的20%到30%，甚至有的高达50%，这是不符合有关规定和商业惯例的，久而久之就会使经纪人丧失良好的信用。

（5）整体性思考的能力

整体性思考的能力是出于关系管理的整体性要求，为了保持整个关系网络的长期融洽而必须具备的能力。NQ的前四个能力主要都是一个人为出发点，思考个人如何透过NQ取得资源，然而，个人资源的取得并不能保证总体利益的取得，甚至在某些情况下会使总体利益受到极大的损失，例如，一个社会人人都互信、互惠，可以在人际合作中大大降低交易成本。然而信任和互惠如果集中在各自的小团体内，并以此相互对抗，则损失难以估计，社会学家称这种现象为"巴尔干化"，也就是说像巴尔干半岛内一样，天天打内战，当集团各自的内部信任愈强，外部互信愈弱时，双方的战争就愈激烈。整体性思考能力的重要性在于，一个组织中每个人、每个小团体的关系管理都可能做得不错，整个组织的关系网络却可能处于分裂的状态。因而处理关系网络，要格外关注其整体和谐。

【案例解析】

洞察顾客心理，提升服务技巧

有一位很有钱的大老板，在酒店宴请几个生意上的朋友。本来大家吃得很开心，当服务员端上鲍鱼羹时，每人一份，大家没有提出什么意义，而请客的大老板吃了一口，就表示不满，抱怨说："我吃过上百次鲍鱼了，你们的鲍鱼做得不好，又硬又没有口感，你们的厨师是怎么做的？"

服务员见客户脸色严肃，说话也很重，吓得大气不敢出，赶紧去找经理前来应付。酒店经理走了过来，笑容可掬，故意放大音量说："老板真不愧是吃鲍鱼的行家。今天的鲍鱼在泡发和火工上确实稍缺一点点时间，这点小差别您一口就尝出来，不愧为美食家。"经理招手把服务员叫过来，站到了大老板傍边又接着说："鲍鱼不满意，老板你看，是换还是取消？取消的话，损失当然我们承担，您不用支付分文。"

大老板受到经理的称赞，心里很是得意，也不想为难他们，就说："这次就算了，以后可要注意质量。你们蒙混别人可以，骗我是骗不过去的。"大老板又趁机向生意上的朋友炫耀了一下自己。

经理见他已经消气，不加计较了，于是更加"欲擒故纵"，说："老板，您真的宽宏大量，我看就给您打八折吧。为了保证质量，我叫厨师出来向您道歉，并扣他当月工资。"

经理这么说，大老板反而又开始显示自己的大度和阔气了，说："难道我是为了省这20%的钱吗？实话跟你说，就是再多10倍的钱我也是不在乎的。厨师一个月赚不了多少钱，就不要为这点小事为难他了！"

【解析】本案例中的大老板无非就是想在生意上的朋友面前炫耀自己，显示自己的尊贵和品位，而并非真正想要为难厨师和酒店经理。酒店经理摸透了大老板的心理，他根本不去调查鲍鱼是不是真的不好吃，而是先把大老板夸赞一番，并且将责任全部归于店方，给足了大老板面子，既彰显了他做人的尊贵，又炫耀了他对美食的讲究。经理的明智做法让大老板的心理得到了超出自己期望的满足，于是他不会在计较什么了。如果经理不明事理，坚持鲍鱼没有问题而和大老板据理力争，那么不但让彼此伤了和气，还会影响酒店的声誉，那样损失就大了。

【实训】 制造闲聊话题

一、实训目标：通过本实训掌握与客户闲聊的基本要领。

二、实训知识要点：经纪人在选择闲聊话题时要选择对方感兴趣的话题，而不是自己感兴趣的话题。在闲聊时，如果与业务无关的话题，经纪人可以放开一点，如插科打诨（当然要注意场合），这样气氛会活跃起来；如果你想回到业务方面的话题，就要谨慎一些，不要说得太多，要在不经意间把业务问题提出来，让对方知道你关心的问题。

三、实训背景：小王是第一次到客户公司拜访，主要想同客户建立良好的关系。客户对小王的经纪公司也想多了解了解。

四、实训内容：小王到客户公司向总经理作了自我介绍后，刚好总经理稍有闲暇，就同总经理聊起来，相互感觉不错，都想相互加强合作。

五、实训要求：实训分组进行，可以6人一组，其中一人扮演小王，一人扮演总经理。其他人进行监督和评价。每个人都要轮流演小王和总经理。每个同学在演练过程中一定要严肃认真，言行符合规范。

【思考题】

1. 经纪人的分类标准有哪些？
2. 文化经纪人的基本特点有哪些？
3. 个体经纪人的执业要求有哪些？
4. 什么是经纪人的知识素质？
5. 你如何理解经纪人的道德素质？
6. 什么叫EQ？与经纪人素质的关系是什么？
7. 什么叫NQ？你如何理解？
8. NQ包含的五种能力有哪些？
9. 关系管理的基本要求有哪些？

第四章　经纪环境

【本章导读】

本章分析了经纪的宏观环境和微观环境的内容和特征，探讨了经纪人同环境之间的相互影响关系。通过本章的学习，学生应掌握经纪环境管理的内涵。并通过环境分析，挖掘经纪活动商机。

经纪环境，泛指一切影响、制约经纪活动的最普遍的因素。任何经纪个体的业务活动都要在一定经纪环境中展开。由于经纪业属于中介服务业，业务活动的开展建立在充分掌握市场信息、了解环境变化的基础之上，这决定了经纪人对经纪环境有很强的依赖性。在某种程度上，经纪组织的经营成败取决于能否了解和掌握经纪环境的变化，并及时作出反应。因此，对经纪环境的分析是经纪人开展经纪业务的基础。

第一节　经纪宏观环境

大量研究表明：经纪行为的改变是经纪行业微观环境因素作用的结果，而行业微观环境的变动受宏观环境因素驱动，同时宏观环境对经纪人的活动也有直接的制约作用。因此在分析把握经纪环境时，首先考察经纪宏观环境。

一、经纪宏观环境的概念与特征

（一）经纪宏观环境的概念

经纪宏观环境是指对经纪人和经纪微观环境具有较大影响力的客观因素的总体。它包括政治法律环境、经济环境、社会文化环境和科技环境，英文缩写为 PEST，由 Politics，Economy，Society 和 Technology 的首位字母组成。这种对宏观环境的分析也称为 PEST 分析法，即：从政治法律、经济、社会文化和科技的角度，分析宏观环境变化对经纪人的影响。

（二）经纪宏观环境的特征

考察经纪宏观环境时，首先要把握它的特征：

（1）客观性：宏观环境是不以经纪人的主观意志为转移的客观存在，经纪人总是在特定的政治、经济、社会和其他外界条件下生存、发展，并受其影响。

（2）相关性：宏观环境不是由某一个单一的因素决定，而是受到一系列相关因素影响的结果。从较长的历史时期对宏观环境进行观察，可见各种宏观因素总是程度不同地相互关联、相互依存和相互制约。比如，一国的政策与法律总是影响该国的经济、科技的发展速度和方向。同样，经济和科技的发展又会促使某些政策、法规发生变更，甚至改变当地的风俗习惯。

（3）差异性：经纪宏观环境的差异性不仅表现在不同业务的经纪人受不同宏观环境因素的影响，而且同一种宏观环境因素的变化对不同的经纪人影响也不相同。例如，当汇率波动时，经营跨国性业务的经纪人会受较大影响；而以本币结算佣金、不涉及国际业务的经纪人可能受影响较小或者不受影响。另外，不同的国家、地区之间在政治法律、经济、人文、科技乃至自然地理等方面存在广泛的差异。这些差异对各种经纪活动的影响显然不同。经纪人分析经纪宏观环境时，需要结合自身业务类型，充分考虑它的差异性。既要全面考虑各种宏观环境因素，又要区分主次关系，制定出有针对性的决策。例如，经纪现货交易的经纪人需要格外关注市场规模等经济环境因素和风俗习惯等社会环境因素对经纪业务的影响，技术经纪人必然重点考察科技环境。

（4）不可控性：构成经纪宏观环境的因素是广泛而复杂多变的，表现为经纪人对宏观环境因素的不可控性。例如一个国家的政治法律制度、人口增长、社会习俗等，经纪人不可能使其改变。

（5）相对稳定性：虽然经纪宏观环境的变化不受单个经纪组织的控制，但总体而言，经纪宏观环境的波动性没有经纪微观环境的波动性大。除了受突发事件的影响，经纪宏观环境在一定时期、一定地域内呈现出较稳定的状态，所以经纪宏观环境是一种影响经纪人的宏观力量、社会力量。

（6）可影响性：经纪组织可以通过内部要素的调整与控制，对微观环境施加一定的影响，最终借助微观环境的变化促使某些宏观环境要素向预期的方向转化。比如，反映我国经纪宏观环境变化的《中华人民共和国证券法》（以下简称《证券法》）的制定与修改，不仅受主管部门的控制，也受到证券公司、证券从业人员、股民、社会公众力量的共同影响。

前三项属于经纪环境的总体特征，是经纪宏观环境和经纪微观环境的共有特点；后三项属于经纪宏观环境的自有特征。

二、政治法律环境

经济是基础，政治是经济的集中表现。政治法律环境直接与国家的体制、宏观经济政策相联系，它不仅规定了整个国家的发展方向、发展速度，也直接关系到社会购买力的提高和市场需求的增长。经纪人的一切市场活动，总要受到政治法律环境的现存的和潜在的制约。政治因素像一只有形之手，调节着经纪人的经纪行为方向，法律则为经纪人规定了经纪活动的行为准则。政治与法律相互联系，共同对经纪人的业务活动发挥影响和作用。因此经纪人首先要关注开展经纪业务的政治法律环境。

经纪宏观环境下的政治法律环境，是指制约和影响经纪人的政治要素和法律系统，及其运行状态，具体包括政治局势、形势与政策、国际关系以及法律法规制度等。

(一) 政治局势

政治局势指国家或地区的政治稳定状况。一个国家的政局稳定与否会给经纪活动带来重大影响。如果政局稳定，人民安居乐业，经纪行业的发展就拥有了良好的宏观环境。相反，政局不稳，社会矛盾尖锐，秩序混乱，意味着经纪人处于恶劣的经纪宏观环境中，经纪业的生存与发展都面临极大威胁。如：战争、暴乱、罢工、政权更替等政治事件，都势必给经纪行业造成负面效应。因此，开展经纪活动时，特别是对外的经纪活动中，经纪人一定要考虑东道国的政治局势。例如在巴以冲突地区，面临随时可能出现的武装冲突，经纪人很难拓展新的业务。

(二) 形势与政策

各个国家在不同时期，根据不同的形势需要，颁布不同的政策，制定不同的发展战略，例如人口政策、能源政策、物价政策、货币政策等。从对本国企业的影响来看，国家制定的发展战略与各种政策，企业都必须执行，即按照国家的规定，生产或经营国家允许的产品或行业；执行结果必然影响市场需求，改变资源供给，从而扶持和促进某些行业的发展、限制另一些行业的发展。因此，经纪人所在国家或地区的政治形势；执政党的路线、方针和政策是影响经纪业发展的一股重要政治力量。

以我国为例，1956年社会主义改造完成后，政策上严格管制乃至禁止经纪活动，使得经纪人销声匿迹，经纪业陷于停顿。改革开放以后，随着社会主义市场经济体制的确立，各地陆续制定条例、规章，明确经纪人的法律地位，保护其合法权益，并对经纪人进行监督管理，引导经纪业健康发展，经纪人的发展速度日益加快、组织化程度不断加深、经纪水平稳步提高。

由此可见，形势与政策对经纪人的生存和发展具有重要意义。为了顺应形势发展的需要，经纪人必须遵守国家的方针政策，当政策发生改变时，经纪人的经营目标和策略也势必要做相应调整。

(三) 国际关系

国际关系是指国家之间的政治、经济、文化、军事等关系。随着经济全球化的进一步加深，发展国际间的经济合作和贸易关系是社会经济发展的趋势。经纪业是为媒介交易而独立发展起来的一个行业，随着我国对外交流的扩大，经纪人参与国际业务的机会将越来越多。跨国经纪业务必然受国际关系影响，经纪人需要密切关注所在国与业务对象国之间的关系，特别是经贸关系。例如，2003年11月17日，美国商务部宣布，美国纺织品协议执行委员会在美国纺织业提出申诉以后，对来自中国的针织布料、睡袍以及胸罩采取了特别保护条款，具体的措施包括征收关税、配额或对进口量实行限制，最终美国希望明年把进口增长控制在7.5%以内。这种限制理所当然引起了中国的抗议，中国商务部、中国纺织品进出口商会先后发表讲话或者申明，对美国的贸易限制表示了批评。美方此次对中国三类纺织品设限，还可能引起我国针对美国的其他进口产品采取限制的报复性措施。中美两国有关纺织品的最新贸易纠纷，必然威胁为中美之间纺织品的进出口提供代理服务的经纪机构的利益，甚至波及其他行业经纪人的利益。

（四）法律法规

对经纪人来说，法律是评判经纪活动的准则，只有依法从事的经纪业务，才能受到国家法律的有效保护。首先，经纪人要依照法律规定，具备从业资格、从业条件，才能开展经纪业务。其次，经纪活动要符合法律规定，包括经纪人经营对象的合法和经纪人行为的合法两方面。

经纪人开展市场活动，不仅需要掌握从业规范——《经纪人管理办法》，还必须了解并遵守经纪服务可能涉及的有关法律、法规。如在我国，有《产品质量法》、《消费者权益保护法》、《合同法》、《反不正当竞争法》、《广告法》、《知识产权法》等。随着社会主义市场经济体制的确立，法制建设日益加强，主要表现为法律体系越来越完善。面对规范的法制环境，经纪人需要随时关注现行法规的修订和新条例的出台。例如，由于证券市场在我国的发展时间不长，相关立法还不完善，成功加入世界贸易组织后，针对证券市场的各项管理法规将日渐规范、严格，证券经纪人在掌握有关证券交易管理法规的同时，如《证券交易法》、《证券发行与交易管理法》、《证券交易所营业细则》，还要随时关注它们的修订和新行业条例的颁布。

经纪人知法守法，既要自觉用法律来规范自己的经营行为、运用法律武器维护自己的合法权益，也要自觉接受执法部门的管理和监督。在我国，除了公检法以外，涉及经纪业务的管理机构比较多，主要有工商行政管理局、税务局、物价局等机构，分别从各个方面对经纪人的业务进行监督和控制，保护合法经营，取缔非法经营，保护正当交易和公平竞争，维护委托方利益，促进经纪市场有序运行和经纪业的健康发展。

三、经济环境

经济环境是指构成经纪人生存和发展的社会经济状况。考察经济环境时，必须考察该国或地区所处的经济发展阶段、市场规模、经济特征等因素。

（一）经济发展阶段

经纪人的业务活动要受到其所在国家或地区的整体经济发展水平的制约。经济发展阶段不同，居民的收入不同，委托方和相关方对经纪产品的需求层次也不一样，从而在一定程度上影响经纪人的经营策略。以保险经纪市场为例，在经济发展阶段高的美国，保险经纪人往往注重售后服务，非价格竞争比价格竞争更有优势；而在经济发展阶段较低的国家，价格竞争在保险经纪市场占有明显的优势地位。经纪人对经济发展阶段不同的国家或地区要采取不同的经营策略。根据美国学者罗斯托（Rostow）的"经济成长阶段理论"，可以将世界各国的经济发展归纳为五种类型：传统经济社会；经济起飞前的准备阶段；经济起飞阶段；迈向经济成熟阶段；大量消费阶段。

处于前三个阶段的国家被称为发展中国家，后两个阶段的国家被认为是发达国家。若用该理论来衡量我国经济发展现状，目前我们还处于第二个阶段——经济起飞前的准备阶段。随着社会主义市场经济的发展，到2015年前后，我国将进入经济起飞阶段。届时，市场规模进一步扩大；投资机会增多；市场交换成为企业的根本活动；信息竞争将成为市场竞争的焦点。经纪行业必然蓬勃发展。因此，经纪人应当注意经济起飞阶段市场中的变化，把握时机，主动迎接市场的挑战，制定适合我国经济环境的运营策略。

(二) 市场规模

在经济环境中，影响市场规模的因素主要是人口和收入。人口是构成市场的第一位要素。从营销学的角度看，人口的多少直接决定市场的潜在容量，人口越多，市场规模越大。人口的年龄结构、性别结构、增长率、流动性等人口特性，对市场格局也产生深刻影响。但是只有人口，没有收入，并不形成实际的市场。收入状况决定了购买力水平，所以统计有购买能力的人口并且分析它的变化，才具有衡量市场规模及其质量的意义。经纪人对经纪市场规模的预测与分析必须建立在对经纪产品有需求的人口基础上，尤其是对具备支付能力的经纪市场人口特性的分析。

考察经纪市场规模的意义在于它制约了经纪交易的规模，交易规模又决定了经纪人的规模和经纪活动的规模。例如，北京、上海等城市由于人口流入较多，劳动力供给增加，就业问题突出，在劳动力市场寻求经纪服务的人口数量呈明显上升趋势。这扩大了劳动力经纪市场的规模，增加了劳动力经纪交易的业务量，作为劳动力经纪机构的人才交流中心、职业介绍所，也随之数量增多、规模扩大。反之，劳动力经纪市场的人口减少，则引起劳动力经纪市场的规模缩小，经纪交易规模减小，交易频率降低，劳动力经纪机构数量减少，规模下降。

(三) 经济特征

经济特征是指一个国家或地区的自然经济条件、基础设施和城市化程度等。

（1）自然经济条件。自然经济条件指自然界的实际状况和潜在的财富，如矿藏、水利资源、土地面积、地形和气候等。自然经济条件对经纪市场和经纪活动有直接或间接的影响。例如1998年国家对期货交易所进行治理整顿时，保留了郑州商品交易所的主要原因就在于它接近盛产小麦的中原地区，便于开展小麦的期货经纪交易。我国著名的海滨城市青岛和大连则由于地理环境优越，迎来了20世纪90年代中期房地产业发展的高速膨胀，一时间从事房地产经纪业务的公司如雨后春笋般冒出。这样的局面虽然也与其他环境因素有关，但其优越的自然经济条件，是一个直接诱因。

（2）基础设施。基础设施最直接地反映经济环境，主要包括运输条件、能源供应、通信设施以及商业和金融设施。它们是商品运输、商业信息传递的必备条件，是经纪业务顺利开展的保障。离开了必备的基础设施，经纪人就如折翅之鹰、无水之鱼，寸步难行。一般来说，经济发展水平越高的国家，基础设施越完善，经纪业借助便利的设施发展得越快。

（3）城市化程度。城市化程度是指城市人口占全国总人口的百分比，它是一个国家或地区经济环境的重要特征之一。在我国，由于城市化进程的加快，它成为影响所有经济活动的环境因素之一。目前我国大多数人口集中仍然在农村，农民消费的自给自足程度较高，消费观念较为保守，缺乏对经纪产品、经纪人的认识，乃至呈现不少经纪市场空白的状态。例如，在20世纪八九十年代曾一度出现农民卖粮难的问题，这些问题本可以借助农村经纪人开发销路得以缓解，但由于人们对经纪人的不熟悉、不信任，造成农民有粮，经纪人有销路，粮食却销售不畅的局面。与农村相反，城市商品流通发达，城市居民一般受教育程度高、思维开阔、易接受新生事物，经纪市场易于开发，各种经纪需求日益增多。经纪人拓展业务时，要充分注意经纪观念方面的城乡差别。

四、社会文化环境

影响经纪人活动的社会文化环境是指在一定社会形态下的教育水平、宗教信仰、价值观念以及世代相传的风俗习惯等。社会文化环境是影响人们欲望和行为的重要因素。生活在不同文化背景下的人，建立的观念和信仰不同、遵循的行为规范亦不同，因而具有的购买理念和购买行为也不同。开化进步的社会文化环境促使经纪行业繁荣发展，保守闭塞的环境可能使经纪市场陷于低迷，造成经纪人转行、另谋生路。

(一) 教育水平

教育是按照一定要求，对受教育者施以影响的一种有计划的活动，是传授生产经验和生活经验的必要手段，反映并影响着一定的社会生产力、生产关系和经济状况。教育水平是影响经纪市场的重要因素。它的影响反映在以下两个方面：

(1) 对经纪人选择目标市场的影响。不同教育水平的国家或地区，对经纪产品的需求必然不同。例如，依据城市和农村居民对保险和保险经纪业务的熟悉程度，保险经纪人对目标市场做出取舍。城市居民教育文化程度普遍高于农民，对财产、人身健康等有保险意识，存在保险需求，易于接受保险经纪人的服务。而在农村地区，由于农民受教育水平低、意识落后，造成农民没有保险意识，没有保险经纪需求的情况。据此，保险经纪人可能做出舍农村取城市的市场取向，追根溯源，这反映了地区之间教育水平的差异。

(2) 对经纪人所经纪的商品或服务的影响。教育水平不同的国家、地区的居民或企业，对经纪交易所涉及的具体商品或服务的品质、附加功能的要求都有差异。通常在某项教育上具备明显优势地区的居民或企业，对该教育所影响的商品或服务的品质会提出较高要求。例如，由于足球运动在欧洲的悠久历史和广泛普及，使欧洲不仅拥有代表世界最高足球水平的五大超级联赛和众多知名俱乐部，而且培养了一大批高水平的运动员和教练员。这种优越的足球文化背景和高水准的足球比赛，使处于欧洲的俱乐部，特别是五大联赛所在国家的俱乐部，往往对经纪人为他们所寻找或推荐的运动员提出了很高的要求。

(二) 价值观念

价值观念是指人们对社会生活中各种事物的态度和看法。不同的文化背景下，人们的价值观念相差很大；同样的文化背景，由于所处时代不同，价值观念也不同。在不同的价值观念下，经纪人的生存空间不同，经纪行业的发展前景也不同。例如，改革开放以前，由于中国传统观念的影响，认为经纪人是"跑合"、"说媒拉纤"的，是投机倒把的"捌客"，因此，很长一段时间，经纪人在我国的社会地位低下，经纪行业发展缓慢。进入20世纪80年代以来，我国社会文化环境发生深刻变化，人们的价值观念有了巨大转变，经纪行业日渐得到恢复，经纪机构增多，经纪人的地位逐步得到提高，经纪人的队伍壮大，尤其是证券、期货、保险、房地产等行业的经纪人队伍已经形成一定规模。不少院校开始为培养经纪人开设专业课程，满足市场需要。

（三）风俗习惯

风俗是指世代相袭固化而成的一种风尚；习惯则是指由于重复或练习而巩固下来，并变成需要的行动方式。风俗习惯对人们的消费行为、消费方式具有长远而重大的影响。不同的习俗，就会产生不同的商品和服务需要。了解经纪市场的习俗、伦理，不但有利于经纪人提供经纪服务，而且有利于经纪人正确、主动地引导健康的经纪消费理念。例如，文艺演出经纪人开拓异地演出市场时，若结合地方习俗，安排演员表演一些符合当地民俗的节目，更能引起观众的共鸣。

五、科技环境

科技是第一生产力，科技水平不仅是经济发展水平的集中反映，而且影响着经济建设的未来。科技环境作为经纪宏观环境的一部分，已经逐渐成为影响经纪行业发展的最受人关注的因素。由于新技术、新材料的出现，给经纪人带来机会，也带来挑战。随着技术进步，旧的经纪服务形式被淘汰，新的经纪服务模式应运而生，整个经纪行业随之改变。所以"创新理论"的代表人物熊彼特，称技术是"创造性的毁灭"。

（一）优越的科技环境铸就经纪业的现代化

科学技术是推动社会经济发展的最新和最活跃的因素，离开科技的支持，经济的发展不可能持续保持高质高速。整体占优的技术水平和宽松的科技发展政策形成优越的科技环境，为经纪业的现代化奠定基础。证券、期货等经纪行业的现代化就是伴随通讯技术的日新月异而得以实现。美国的科技环境优势十分明显，特别是互联网技术的深度开发和广泛使用，使其证券经纪市场的网上交易量远远超过其他国家。与传统的证券经纪相比，网上交易打破了时空的限制，降低了经营成本与经营风险，提供了快速、方便的信息服务。互联网的便利性和低成本，又进一步扩大了交易总额，因此，美国的证券市场成为当今世界交易最频繁，最受券商和股民关注的市场，并且引导国际证券市场发展潮流。

（二）科技环境的改变带来机遇

每一次科技变革对经纪人而言，意味着获得了为经纪市场重新洗牌的历史性机遇。特别是以互联网为代表的信息技术对证券经纪市场的影响充分说明了这一点。

在我国的证券市场，因为技术原因而导致证券经纪业最明显的变化就是服务模式的改变：我国未引入网上交易以前（1997年以前），券商的服务主要表现在服务硬件设施上，如营业部的多少、营业面积的大小、电话委托中继线的多少等。对大量的场外交易客户只有基本的交易委托服务，没能体现证券经纪服务的真正价值。互联网技术在证券业的应用，使服务的上升空间有了质的飞跃，竞争从基础硬件设施跨越到软件上。券商利用数据仓库和智能检索技术，迅速搜索出客户所关注的个股信息，再通过互联网送达客户；数据库技术则通过对客户交易情况的分析，自动完成对客户的分类，如"短线投机"或"长线投资"；再根据投资者的偏好自动筛选出符合其风格的投资品种。个性化软件的使用，为客户及时、有效地传送有针对性的信息和理财指导，极大地节约了投资者的时间和精力，提高了投资水准和投资效率，从而达到资产增值的最终目标。

新技术促使客户的消费行为出现变化，越来越多的投资者转向互联网等新型手段获取资讯或委托交易，以客户为导向的个性化产品将成为未来券商竞争的主旋律，并将带动我国的证券市场由"大众市场消费需求"向"细分市场消费需求"的过渡，而消费市场需求特性的变化必然引发整个行业运营模式和销售渠道体系的深刻变革。此外，我国证券经纪业在过去十几年的发展中，营业部的多寡往往决定了券商的市场份额，而国家关于营业部设立的批准制度又使竞争的游戏规则表现得并非公平。但伴随证券业底层技术平台的革命，中国证券市场竞争的游戏规则在悄然发生改变，寄希望于网络重写市场版图的新生代券商已初露峥嵘。

（三）科技环境改变带来挑战

面对科技进步，经纪人要作好迎接机遇与挑战的两手准备。尤其是现代通信技术使信息更加透明，沟通方式更加便捷，处于买卖双方中介的经纪人工作难度更大，竞争更为激烈。经纪人只有顺应科技发展趋势，充分利用先进的技术条件，对经纪组织的管理、经纪业务的运营方式不断创新，使业务渠道多样化、便捷化，降低成本、提高效率，借科技增强自身的竞争力，才能从容面对挑战，继续占据经纪市场的一席之地。例如，互联网以无时间地域局限的特性及其巨大的成本效益优势对我国证券业以传统营业部为主体的运营模式提出了质疑。虽然证券业传统的运营模式在国内还占据主要地位，但与网络运营相比，其弱势十分明显。许多具有长远眼光的券商并未固守眼前利益，纷纷改造公司内部的硬件设施，招募专业人才，搭建网络技术平台，积极准备应对证券交易网络化的冲击，以防被未来的证券经纪市场淘汰。于是以演示厅或技术服务站为招牌的新型"营业部"在国内的一些城市悄然落地，这种"营业部"面积不到传统营业部的十分之一，人员只有三到四个，投入成本仅为传统营业部的五十分之一，但它提供服务的潜力不可限量，充分适应技术升级的需要。

第二节　经纪微观环境

经纪人要顺利地开展经纪业务，实现经纪收入——收取佣金，不仅要顺应经纪环境中宏观因素的变化，还要适应经纪微观环境因素的变化。从某种意义上说，经纪微观环境的变动对经纪人的活动具有更为直接的影响。

一、经纪微观环境的概念与特征

（一）经纪微观环境的概念

经纪微观环境，又称为经纪人的行业环境，是指与经纪活动有密切联系，对经纪人的业务构成直接影响的各种因素和力量的集合。经纪微观环境包括经纪人自身、委托方、竞争者、其他利益群体（众多潜在相关方）。他们直接地影响经纪人提供经纪服务的能力。

（二）经纪微观环境的特征

经纪微观环境与经纪宏观环境一起构成了经纪环境，作为经纪环境的总体特征——客观性、相关性、差异性，经纪微观环境也具备；但它还有与宏观环境截然不同的其他特征。

（1）客观性：经纪人的生存和发展离不开宏观环境，同样也离不开微观环境。没有委托方、没有可供选择相关方的其他利益群体，经纪人将失去存在的意义；没有竞争者，经纪市场是不健全的。无论经纪人愿意与否，承认与否，经纪微观环境都是客观存在的，是从事经纪活动所必须面对的环境条件，也必然受它的影响和制约。

（2）相关性：经纪微观环境是一个紧密相连的体系，在这体系中，各种因素相互较量又相互依存，共同维系经纪行业的发展。每个微观环境因素都是这个体系中的一个环节，任何一个环节的缺失，都会使这个体系不完整，破坏整个行业的良性运转。经纪微观环境的体系可用图4-1表示，并以此说明各因素之间的关系。

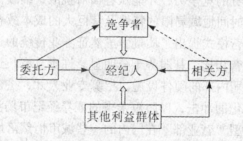

图4-1　经纪微观环境的体系

实线箭头表示微观环境因素之间的直接关联性，即经纪活动是经纪人与委托方、相关方之间的直接关联活动，三者缺一不可。与委托方实际交易的相关方来自其他利益群体，因此其他利益群体与相关方之间属于包容关系，也具有直接关联性。没有选定相关方以前，经纪人面对的是其他利益群体；同时还面对与之有竞争关系的同行竞争者，这两个因素是微观经纪环境中影响经纪交易的非直接关联者图中用空心箭头表示经纪人与其他利益群体、竞争者之间的间接关联性。竞争者与委托方和相关方之间的虚线箭头表示他们之间的潜在关系，即竞争者有可能替代经纪人，成为委托方和相关方的交易中介人。在这种可能性实际成立以前，我们把它视作一种虚拟的关联性，所以用虚线连接。经纪微观环境因素之间的互为相关充分说明成功的经纪活动是一系列微观因素相互作用的结果。

（3）差异性：与其他行业不同，经纪行业涉及众多业务领域，同样的微观环境因素，在不同领域发挥的影响力不尽相同，即便同处一个业务领域，不同的经纪人，经纪微观环境对其制约也不同。例如，在证券、期货等发展程度较高的经纪行业里，由于各经纪公司之间实力差距较大，他们受委托方的制约、受竞争者的干扰程度全然不同。

（4）受调控性：经纪微观环境的受调控性，表现为宏观环境因素对它的调控和制约作用。最明显的例证就是国家可借助政策、法规的调整，达到对经纪行业微观环境规划治理的目的。当然其他宏观环境因素对微观环境的调控作用也不容忽视，如科技环境的改变势必引起技术经纪人的微观环境变化。

（5）相对大的波动性：环境总处于不断的发展变化之中，与经纪宏观环境相比，经纪微观环境表现为易波动性。因为微观环境处于宏观环境和经纪人之间，受两者的影响，所以微观环境因素的波动性相对更大。因此，经纪人更要重视对微观环境的认识，加强适应能力。

（6）与经纪人间的相互影响性：微观环境对企业的影响是直接影响，宏观环境更多地通过微观环境发挥间接影响，但任何作用都是相互的，在微观环境因素对经纪人产生直接影响时，也必然受到它的反作用。因此经纪微观环境与经纪人之间拥有最直接的相互影响性。

二、行业结构与经纪组织内部要素

掌握了经纪微观环境的特征，就要在此基础上对经纪人的微观环境因素逐个剖析。所有经纪微观环境因素中，最重要的是经纪人自身，没有他们的存在，其他微观因素就不具备影响效力，整个行业也因为缺失了行业主体而不复存在。当把经纪人作为一项微观环境因素加以研究时，我们主要是针对组织形态的经纪人展开。作为组织形态的经纪人安排经纪组织内部要素的组合，是根据经纪人所处的具体行业结构。因此，分析经纪组织以前，需要对行业结构进行简单了解。

（一）行业结构

行业是指提供高度替代性产品或服务的一群企业。决定企业盈利能力的首要因素是该行业的吸引力，而行业结构中的各种力量及其竞争强度决定了行业吸引力的大小。美国哈佛商学院教授迈克尔·波特（M F Porter）在其著作《竞争战略》（Competitive Strategy）一书中，建立了行业结构分析模型，指出企业通常受到来自行业的诸多"力"的压迫，其中最主要的五种压力分别为供应方讨价还价的压力、买方讨价还价的压力、替代品的威胁（替代性产品或服务是指满足同样顾客需求的提供物）、潜在进入者的威胁、同行业中竞争者的竞争压力。这五种基本的竞争力量影响了产品和服务的价格、成本，进而决定企业在该行业中的盈利能力。波特教授设计的行业结构分析模型，也被称为竞争力模型（见图4-2），为行业分析提供了有效的借鉴。

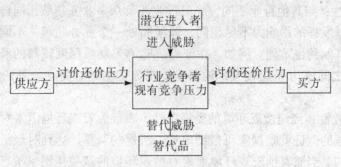

图 4-2 竞争力模型

依据波特教授的行业结构模型，经纪人可对所在行业展开行业结构分析。但必须注意，经纪企业处于买卖双方的中间位置，不参与实际交易，不同于一般的生产型或服务型企业，因此，对经纪行业结构的分析必须建立在其特殊的行业环境基础上，即参照图 4-1，构建经纪人的行业结构模型（见图 4-3）：

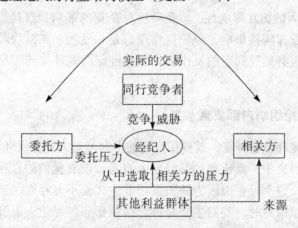

图 4-3 经纪人的行业结构模型

图 4-3 是经纪人所面临的行业结构，其实质是对经纪微观环境的图形描述。即：经纪活动中，实际交易的是委托方和相关方；相关方来自可能参与实际交易的其他利益群体；经纪人面临的是与委托方签约后的委托压力、从其他利益群体中选取相关方的压力及同行竞争对手的竞争威胁。

（二）经纪组织内部要素分析

经纪微观环境中的每个因素对经纪业务都产生影响，经纪人可以通过对内部要素的调整，应对来自各方面的压力与威胁。特别是占据本行业领先地位的经纪企业可以借助自身实力发挥对本行业的影响力，改善行业结构，进一步提升自身的行业竞争力。决定经纪组织参与行业竞争能力的内部要素主要有人力要素、财力要素、技术要素、信誉要素等。

（1）人力要素：如果经纪组织拥有高素质的经营管理人员、经纪市场分析人员、经纪产品开发人员、经纪业务操作人员，就意味着它具有重要的内在优势，适应经纪环境的内部能力必定很强，善于捕捉机会、防范风险；否则很可能是错失良机或者遭遇险情。

（2）财力要素：现代企业经营管理中，企业的财务状况经常被当作衡量企业竞争力的首选目标。财力要素对经纪企业的重要性也不例外。财力要素中除了资金以外，经纪组织或个体经纪人在理财方面的能力也关系到他们的兴衰成败，因为经纪企业并非生产型企业，经纪人在财务管理方面的优劣势，极大程度上反映了他们在组织管理、市场开发、业务运作方面的能力。能做到节约经纪成本，提升经纪利润的经纪人，必定拥有较高的竞争力。

（3）技术要素：经纪人依靠对市场信息的把握谋求生存和发展，由于科技进步，市场进一步透明化，信息沟通日益便捷化，如何立足于信息时代，适应科技环境的变化？如何应对不断提升的需求、不断加剧的竞争？唯一的答案就是重视对技术要素的投入，包括技术装备、技术人才的投入两方面。技术人才不一定直接参与经纪业务，但他们是技术装备发挥作用的工程师。因此近年来，各大证券、期货、保险经纪公司普遍加大对通信专业人才的招募。

（4）信誉要素：古往今来，任何企业要谋求持续发展都需要良好的信誉做支撑。对提供中介服务的经纪人来说，信誉的珍贵程度不亚于钻石。这源于经纪企业与生产型企业不同。经纪企业无法向委托客户展现真实的产品，委托人要想对其服务能力作出判断，通常只能借助于了解经纪企业过去的业绩。在了解过程中，经纪人的信誉好坏起到了至关重要的作用。往往过去客户的一句好评，就可能促成当前委托人与经纪人的签约。因此，信誉被认为是经纪人的立业之本，是他们的重要资产之一。不同于前三项要素，信誉的培养和改善无法通过直接的有形投入实现，只有依靠企业文化的树立和诚信教育，通过不断加强从业经纪人的信誉观念，在经纪活动中逐步建立和维护企业信誉。

三、委托方

经纪人的委托方是与经纪人形成委托代理关系的委托人。他们可能是某种商品或服务的供应者，委托经纪人寻找销路；也可能是某种商品或服务的需求者，委托经纪人寻找货源或服务提供者。即经纪人面对的委托方来自买卖双向。例如：人才中介服务机构，既有可能面对个体求职者寻找工作的委托，也有可能面对招聘单位招募人才的委托。房地产经纪人，买房卖房双方及出租与承租客户都有可能成为自己的委托方。

四、竞争者

竞争是市场经济的基本特性，只要存在生产和交换，就必然存在竞争。任何企业或个人从事市场活动，都不可避免地要遭遇竞争对手的挑战。如果一个企业是本行业的先导，竞争对手就只能尾随其后，先导企业的竞争压力相对较小。如果有几个同等实力的企业在争夺行业的领先地位，那么压力相对就大。多数情况下，行业竞争可能引起价格大战，导致全行业亏损，如前两年中国的彩电行业。经纪市场也不例外，许多经纪行业都面临越来越多的竞争者，竞争程度日益加剧。如：证券经纪业的佣金标准在全球都呈明显下降趋势，有的证券公司甚至提出"零佣金"的概念，体现了证券经纪业恶性竞争的一面。

经纪行业内部竞争的激烈程度由一些结构性的因素决定，如竞争者密度、产品及服务的差异化程度以及市场进入难度。

（一）竞争者密度

经纪人的竞争者密度是指同一个行业内经纪组织的数量和规模。竞争者密度会影响竞争的激烈程度和市场份额的分配。一般来说，从事同种经纪业务的经纪组织越多，竞争者密度就越大，竞争越激烈，市场份额的平均占有率低；若一个行业的经纪组织数量不多，但规模都很大，而且各组织之间处于势均力敌的地位，也会导致残酷竞争，但各竞争者都享有较高的市场份额；若经纪人所处的行业高度集中，但行业内各组织的规模、实力有相当大的差距，则该行业的竞争者密度小，竞争并不激烈，市场份额分配呈两极分化。

不同类型的经纪行业，竞争者密度有很大区别。同种经纪业务因为所在国家和地区不同，竞争者密度也不同，而且随着经纪宏观环境的变化，竞争者密度还会发生变化。比如，由于政策环境的限制，我国期货经纪市场同欧美发达国家相比，竞争者密度呈现由大变小的趋势。1995 年，我国拥有 15 家期货交易所，那段时间经营期货交易的经纪公司纷纷涌现，多达数百家，期货经纪业的竞争者密度较高。1998 年，政府对期货交易市场的进行清理整顿，将原有的 15 家期货交易所撤销合并为 3 家，即：上海期货交易所、郑州商品交易所和大连商品交易所，并且对交易品种作出规定，仅限于铜、铝、大豆、小麦等 12 个品种。鉴于交易所数量有限、交易品种偏少的形势，期货经纪公司在国内增长迟缓，甚至实力弱小的经纪公司退出该行业，竞争者密度越来越小。而同期，国外的期货交易市场仍然不断扩大规模，竞争者密度继续攀升。目前，全世界约有 50 余家期货交易所，其中大部分分布在美国和欧洲。

（二）经纪产品差异

了解竞争者密度是对竞争对手的宏观认识。对竞争者的微观区分则体现在经纪产品差异性分析上。经纪产品差异指同一经纪行业中，不同的经纪组织提供同类经纪产品的差异程度。经纪产品的差异是影响经纪人竞争力大小的决定性因素，经纪产品差异愈小，竞争愈激烈；反之，愈差。经纪人要争取有利的竞争位置，就要力图形成与竞争对手在经纪产品上的差异优势。

由于经纪行业的特殊性，经纪产品的差异性并非表现在商品或服务的包装等外在因素上，而主要表现在经纪人提供的信息、交易机会和收取的佣金三个方面。

经纪产品是由经纪中介提供，能够满足委托方或相关方需求的信息、关系、交易机会和服务的统称。作为经纪产品的内容之一，经纪人为委托方提供的交易信息是造成经纪产品差异的一个重要因素。信息提供得越准确、越完备、越及时，越有利于委托方和相关方实际成交；反之，越不利于促成实际交易。信息提供的准确、及时与否，反映了经纪人综合实力的强弱，形成了经纪人的知名度差距。

除了为委托方提供交易信息，经纪服务的内容还包括经纪人为相关方提供了交易机会。经纪人提供的交易机会是否真实有效、能否达成相关方的交易意愿，也构成了经纪产品的差异。相关方若能利用经纪人提供的交易机会，顺利地与委托方订约成交，最终实现经纪服务的三方共赢，可以增添相关方对经纪人的信赖，继续参与经纪交易，并且使经纪人占据有利的竞争位置。相反，相关方可能失去对经纪人的信赖，使经纪人处于不利的竞争地位。

反映经纪服务价格的佣金，也是衡量经纪产品差异的标准之一。值得注意的是，经纪人佣金的制定并非越低越好，从高质高价的理念出发，竞争者采取高价策略不一定失去市场份额，低价策略也不一定取得良好的市场反映。例如，著名的美林证券公司，一向收取高昂的佣金，号称"贵族模式"，却丝毫不影响其客户，特别是大客户的拥有量。

（三）市场进入难度

经纪市场的进入难度是指新加入者试图加入某个经纪行业时所遇到的困难程度。进入难度越小，则经纪人面对的竞争越激烈；反之，越差。经纪市场的进入难度往往为经纪宏观环境所左右，例如，我国对从事出国留学中介服务的企业有严格的审批规定，1999 年年底规定，从事海外留学中介服务的合法机构，必须设有 100 万元人民币的留学保证金，通过教育部、公安部，以及工商管理部门经营范围登记许可的认证。近年来，出国留学中介市场的进入难度又有所提高，少有新机构出现在这个领域。也就意味着，该行业内的经纪企业面对的竞争多来自于现有对手，而源自新加入者的威胁较小，相对而言竞争和缓，易维持已有的市场份额。

在垄断型的市场中，几个超大企业可以联合，借助对市场的垄断能力限制外来者的进入，提高市场进入难度，维持行业内的低竞争和各自的高市场份额。如近 20 年来，全球的民用飞机制造业几乎被美国波音公司和欧洲空中客车公司所垄断，新加入者可谓凤毛麟角。但对提供中介服务的经纪人来说，这种情况实属罕见。因为在通信技术改变人类整体进程的时代，信息沟通渠道多样、便捷、高效，经纪人很难做到对信息的垄断。

五、其他利益群体

（一）其他利益群体的概念

经纪微观环境下的其他利益群体是指所有受经纪人关注的，可能与委托方实际交易的组织和个人。其他利益群体的重要性在于它是经纪交易中相关方的来源。其他利益群体对经纪人的生存和发展产生巨大影响：这个群体越广泛，才越有助于经纪人完成委托协议；反之，越不利于经纪人履约。这个群体的普遍素质越高，经纪交易的实际成功率才越高；反之，交易成功率越低。

（二）其他利益群体的特征和影响

对于其他利益群体，必须要注意的是，他们同经纪人的委托方一样，具有双向性，即他们可能是某一项商品或服务的供给群体，也可能是需求群体。

经纪人与其他利益群体的关系可能增强经纪人实现目标的能力，也可能产生妨碍效果。例如，专职操作职业运动员转会事宜的体育经纪人，若与多个国家的众多俱乐部长期保持着密切联系（此处，各俱乐部就是体育经纪人所面对的其他利益群体），对于运动员的成功转会将极为有利。所以，经纪人必须采取积极适当的措施，主动处理好与其他利益群体的关系，在他们中间树立良好的形象，促进经纪活动的顺利开展。当经纪人从中选取相关方后，其他利益群体的余下成员对委托方与相关方的实际交易会存在潜在威胁，即他们与相关方之间有可能存在竞争，妨碍实际交易。比如，体育经纪人为委托他运作转会事项的运动员选定俱乐部后，经纪人联系过的其他俱乐部若对该运动员感兴趣，可能再通过另外的渠道与该运动员取得联系，因而这些俱乐部就与成为相关方的俱乐部产生了竞争。可见，其他利益群体对经纪人和实际交易都具有影响力。

综上所述，经纪人自身、委托方、竞争者、其他利益群体四大因素相互联系、相互作用，共同构成经纪微观环境。经纪人既要全面综合考虑各因素的影响，也要依据业务类型区分重点，才能适应微观环境的易波动性，提高竞争力。

第三节 经纪人与经纪环境

经纪活动的展开离不开一定的经纪环境，经纪环境作为影响经纪活动的重要因素，为越来越多的经纪人所关注，如何认识经纪人与经纪环境之间的关系，如何使经纪人更好地适应环境，是研究经纪环境的意义所在。

一、经纪人与经纪环境的主客体关系

从认识论的角度分析，经纪人与经纪环境是主体与客体的关系。经纪环境是经纪人生存与发展的客观存在，是经纪人需要认识、了解和适应的客体。经纪人作为对经纪环境的认识者、适应者和开发者，是经纪环境的主体。经纪人分析经纪环境的目的，是为了更好地认识环境、适应环境、利用环境，从而谋求与经纪环境的和谐相处，提高经纪效率。经纪人作为主体系统与经纪环境客体系统共同构成了经纪系统，二者的关系可以用图4-4描述：

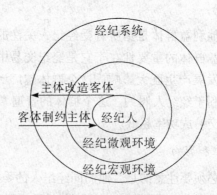

图4-4 主客体关系

（一）经纪环境影响纪人

经纪环境对经纪人的影响表现在两方面：第一，经纪宏观环境影响经纪微观环境；第二，经纪宏观环境与经纪微观环境共同影响经纪人。

经纪微观环境有受经纪宏观环境调控的特性，主要表现在宏观环境对经纪行业具有选择作用，如：一项政策的出台，可能引起了一个经纪行业的繁荣或衰退；宏观环境对经纪行业的存在具有维系作用，如：一个地区的某种习俗长期维系当地的某项经纪需求；宏观环境对经纪行业的发展还有推动作用，如：技术进步对经纪业的促进作用。

经纪宏观环境和经纪微观环境对经纪人的活动都具有影响力，共同决定了经纪人的优胜劣汰。宏观环境涉及政治法律环境、经济环境、社会文化环境、科技环境，微观环境包括经纪人（个体、合伙、公司等各种形态的经纪人）、委托方、竞争对手、其他利益群体。经纪活动实质上是经纪人在宏观环境下，与其他微观环境因素打交道的过程。一般认为，微观环境与经纪人的关系更密切，对经纪人的影响更直接、更迅速。经纪宏观环境具有普遍的制约性，对经纪人也具有直接的影响效力，但相对微观环境而言，经纪宏观环境与经纪人的联系具有间接性，主要借助对微观环境的影响，约束和控制经纪人的行为。

经纪人要取得良好的经纪业绩，就要对经纪环境进行长期观察。当经纪人从个体角度观察经纪环境时，着眼点主要放在微观环境上，因为彼此关系密切，影响直接，反映迅速；当从行业角度考察经纪环境时，重点在宏观环境，因为宏观环境决定微观环境。

（二）经纪人承担营建良好经纪环境的责任

作为经纪系统的主体，经纪人承担着营建良好经纪环境的义务。从行业角度看，恶性竞争、不规范运转的微观环境，不利于经纪人开展经纪活动。经纪人有责任为营建完善合理的经纪微观环境而自觉遵守行业规范，不从事违规经纪。从社会角度看，宽松、开放的经纪宏观环境能促进经纪业的有序、高效发展以及经纪人的实力壮大，从而进一步为社会公众提供便利，间接地创造更多的社会财富。为了创造良性的发展环境，经纪人必须关心经纪活动的效果和产生的副作用。经纪行为的效果是否有利于经纪环境的优化，是经纪人每次开展业务时，都应该考虑的问题。经纪人如果没有对经纪环境的责任意识，为了谋求自身的经济利益，不惜牺牲国家、公众利益的经纪行为，只能造成社会财富的损失，引起政府对该行业发展的限制，经纪环境整体恶化。最终造成经纪组织减少，经纪人队伍萎缩。

二、经纪人与经纪环境的相互作用

（一）经纪人与经纪环境作用与反作用

经纪交易的过程是经纪人与经纪环境各因素之间相互较量、博弈的过程。经纪人开展经纪活动，追求的是"正和博弈"的目标，即一荣俱荣的结果，但经纪人与经纪环境之间也存在一损俱损的"零和博弈",甚至"负和博弈"的结果。经纪人损害经纪环境,必然遭到经纪环境的报复;反之,经纪人自觉维护、优化环境,也必然分享优化环境的利益。经纪人与经纪环境之间互为因果的作用与反作用,往往形成循环效应,即:优者愈优,劣者愈劣;同时形成连带效应,即:经纪人与经纪环境要么皆好,要么皆差。

(二) 相互协调促进经纪市场的发展

能否拥有优良的经纪业绩取决于经纪人与外部环境的协调是否一致。经纪人与经纪环境的相互协调,不仅有助于经纪交易的成功、确保经纪人实现佣金收入;而且激励了经纪人继续从业、刺激了竞争者提高竞争力、鼓励了外来者加入;继而在质和量两个方面壮大了经纪人队伍,增强了行业的整体竞争力。经纪人与经纪环境的相互协调还意味着,经纪人与委托方和其他利益群体建立了良好的关系、为经纪人和经纪行业树立了信誉、提高了社会公众参与经纪交易的频率,增加了经纪市场的容量。行业整体竞争力的提高和市场规模的扩大,标志着经纪市场的良性发展。

三、经纪环境管理

经纪人是经纪系统的主体,受经纪系统客体——经纪环境的制约,但是主体可以超越现实客体,不断打破客体的限定,即经纪人并非是经纪环境的奴隶,只能消极、被动地改变自己以适应环境。经纪人既可以用各种不同的方式增加适应环境的能力,避免来自环境的威胁,也可以在变化的环境中寻找新机会,在一定的条件下转变环境因素。现代市场营销理论特别强调企业对环境的能动性和反作用,认为企业对周围环境的关系,不仅有反应、适应的必要,更有积极创造和控制的可能。因此,我们把经纪人通过各种方法影响和改变经纪环境中某些可能被改变的因素,使其向有利于经纪人的方向变化,从而为自身创造一个良好环境的过程称之为经纪环境管理。对经纪环境的管理,要求经纪人有较强的环境适应能力,能够采取积极的步骤去影响、控制环境中的某些因素以达到优化经纪环境、提高经纪绩效的目的。

(一) 提高经纪人适应经纪环境的能力

"适者生存"既是自然界演化的法则,也是经纪人的法则,如果经纪人不能很好地适应经纪环境的变化,则很可能在竞争中失败,被市场淘汰。提高经纪人的环境适应力主要表现在对经纪人个人能力的强化,以及对经纪组织内部要素的加大投入和战略重组。强化经纪人的个人能力的途径,包括通过进修、培训,完善知识结构、培养法律意识;借助业务实践,锻炼市场把握能力和公关能力;加强经纪人在道德修养和心理素质方面的培养等。

经纪组织内部要素的投入要受资金的制约,在既有资金水平下,经纪人更多地是依靠内部要素的组合,扬长避短,强化对经纪环境的适应能力。例如:技术要素薄弱时,就借助信誉要素,发挥人力、财力要素的优势吸引委托方的关注。如果信誉要素不理想,就强调技术对经纪活动的重要性,突出自身在技术要素方面的强势。

无论是经纪人的个人能力,还是经纪组织的内部要素都属于软性要素,单靠短期投入没有实际效果。所以提高经纪人的环境适应能力是一项长期工程，必须给予足够重视，长抓不放。

（二）优化经纪环境

由于生产力水平的不断提高和科学技术的进步，现代经纪人所处环境的变化速度，远远超过经纪组织内部要素和经纪人个人能力的变化速度。因此经纪人既要适应环境又要设法改变环境。经纪人具备了较高的环境适应力，就不会对环境的变化感到束手无策，而是更积极主动地去适应环境，并且运用经纪人的个人能力和经纪组织的内部要素去影响和改变经纪环境，为经纪人创造一个更有利的活动空间。

经纪环境各因素具有相关性，尤其是经纪微观环境的各因素——经纪人、委托方、竞争者、其他利益群体之间存在着程度不同的关联性。借助各因素之间的关联性，经纪人可以对经纪微观环境因素施加影响，从而改变经纪微观环境。比如，经纪人可以通过自身的信誉优势，敦促相关方与委托方实际成交；也可以通过良好的市场把握能力和道德修养为竞争者提供示范，善意地制止或者影响竞争者的不规范经纪行为；知名的经纪企业还可以利用自身的影响力策划媒体事件，获得对本企业有利的报道，引起其他利益群体的关注。

经纪人对微观环境的改善可以进一步优化经纪宏观环境，这是由经纪宏观环境的可影响性决定的。例如：近年来，我国证券公司纷纷启用互联网技术，不断加大技术投入，使利用互联网进行委托交易的业务量急剧增加，拓展了证券经纪市场。为了配合网上交易的需要，以技术服务站名义出现的新营业部悄然出现，这给原有严格的营业部设立审批制度敲响了警钟。2000 年 4 月，中国证监会颁布了《网上证券委托暂行管理办法》，制度上规范网上交易；2001 年 10 月 8 日，证监会又公布了《证券营业部审批规则》（征求意见稿），实质上是从政策上放开对证券技术服务站设立的限制，也标志对证券公司营业部设立的限制口径放松。可见，证券经纪公司通过内部技术要素的投入，促使整个行业发生变化，引起政府主管部门对行业政策的修改，优化了证券经纪人的宏观环境。

（三）提高经纪绩效

经纪绩效是指经纪人的工作业绩和经济效益。经纪人研究经纪环境，提高对经纪环境的适应能力，实施经纪环境管理的直接目的，就是为了提高经纪绩效。即及时、高效地完成委托任务，按时收取佣金，促成经纪交易实际成交，建立良好信誉，这是所有经纪人开展经纪活动追求的共同目标。只有经纪绩效不断提高，经纪人才可能形成竞争优势，真正立足经纪业。

【案例解析】

十几年前，"早一粒，晚一粒"的康泰克广告曾是国人耳熟能详的医药广告，而康泰克也因为服用频率低、治疗效果好而成为许多人感冒时的首选药物。可自从 2000 年 11 月 17 日，国家药监局下发"关于立即停用和销售所有含有 PPA 的药品制剂的紧急通知"，并将在 11 月 30 日前全面清查生产含有 PPA 药品的厂家。一些消费者平时较常用的感冒药"康泰克"、"康得"、"感冒灵"等因为含 PPA 成为禁药。

中国国家药品不良反应检测中心 2000 年花了几个月的时间对国内含 PPA 药品的临床试用情况进行统计，在结合一些药品生产厂家提交的用药安全记录，发现服用含 PPA 的药品制剂（主要是感冒药）后已出现严重的不良反应，如过敏、心律失调、高血压、急性肾衰、失眠等症状；在一些急于减轻体重的肥胖者（一般是年轻女性）中，由于盲目加大含 PPA 的减肥药的剂量，还出现了胸痛、恶心、呕吐和剧烈头痛。这表明这类药制剂存在不安全的问题，要紧急停药。虽然停药涉及一些常用的感冒药，会对生产厂家不利，但市面上可供选择的感冒药还有很多，对患者不会造成任何影响。

11 月 17 日，天津中美史克制药有限公司的电话几乎被打爆了，总机小姐一遍遍跟打电话的媒体记者解释：公司没人，都在紧急开会。仍有不甘心的，电话打进公司办公室，还真没人接听。这是国家药品监督管理局宣布暂停使用和销售含 PPA 的药品制剂通知的第二天。

这次名列"暂停使用"名单的有 15 种药，但大家只记住了康泰克，原因是"早一粒，晚一粒"的广告非常有名。作为向媒体广泛询问的一种回应，中美史克公司 11 月 20 日在北京召开了记者恳谈会，总经理杨伟强先生宣读了该公司的声明，并请消费者暂停服用这两种药品，能否退货，还要依据国家药监局为此事件作的最后论断再定。他们的这两种产品已进入了停产程序，但他们并没有收到有关康泰克能引起脑中风的副反应的报告。对于自己的两种感冒药——康泰克和康得被禁，杨伟强的回答是：中美史克在中国土地上生活，一切听中国政府的安排。为了方便回答消费者的各种疑问，他们为此专设了一条服务专线。另据分析，康泰克和康得退下的市场份额每年高达 6 亿。不过，杨伟强豪言："我可以丢掉一个产品，但不能丢了一个企业。"

生产不含 PPA 感冒药的厂家，同时面临了天降的机会和诱惑。由于含 PPA 的感冒药被撤下货架，中药感冒药出现热销景象。

中美史克"失意"，三九"得意"，三九医药集团的老总赵新先想借此机会做一个得意明星。赵在接受央视采访时称：三九有意在感冒药市场大展拳脚。赵新先的概念是："化学药物的毒害性和对人体的副作用已越来越引起人们的重视。无论在国内还是国外，中药市场前景非常看好。"三九生产的正是中药感冒药。三九结合中药优势论的舆论，不失时机地推出广告语："关键时刻，表现出色"，颇为引人注目。

在感冒药市场发生 PPA 事件后，谁能引领感冒药市场主流，被业内人士普遍关注。

【解析】本案例深刻表现出经济环境的改变对企业经营活动的深刻影响。在经济环境发生改变时，如果对企业是不利因素，如何作出相应的反应，能尽可能地减少损失，找到新的市场策略。如果对企业是有利的，又如何抓住时机，搏取更多的市场份额。作为经纪人把握经济环境的变化，才能获取更多的商机。

【实训】 观察力培养

一、实训目标：主要检测学生的观察能力，有利于学生对经纪环境的分析时，具有较强的观察能力。

二、实训知识要点：观察力主要包括三方面——对问题的发现；对问题的甄别；对问题的界定。对环境的分析，许多问题是被掩盖在一些假象下面的，很难被察觉。只能从一些细微的异常现象发现问题的演变和严重性。有的问题或者异常现象不一定是我们需要解决的真正问题，所以需要对问题加以甄别，才能发现哪些问题是我们要解决的，哪些是当前不用解决的。对问题的程度要作界定，也就是问题是否很严重，需要在什么时间解决，需要付出多大努力来解决。

三、实训背景：同学近期校园生活状况。

四、实训内容：让2～3位同学向全班同学讲解近一周的学习生活情况，其他同学听完讲解后，识别判断讲解同学在生活学习中的优点和存在的问题。

五、实训要求：讲解的同学要求有一定的书面准备，能比较详细。其他同学要严肃认真听讲，能对讲解的同学一周的学习生活有较详细的评价。

【思考题】

1. 经纪宏观环境的主要特征有哪些？
2. 什么是国际关系？对经纪行业有什么影响？
3. 一个国家或地区的经济特征主要指什么？
4. 结合本地的民俗谈谈风俗习惯对经纪人的影响？
5. 科技环境的改变会为经纪人带来哪些机遇？
6. 试比较经纪宏观环境和微观环境的区别。
7. 决定经纪组织参与行业竞争能力的内部要素主要有哪些？
8. 什么是经纪产品差异？对经纪运作有什么意义？
9. 试分析经纪人和经纪微观环境的关系。
10. 如何开展经纪环境的管理？

第五章　经纪市场开发

【本章导读】

市场是企业的生存空间，市场需求是企业的潜在利润源泉。随着社会主义市场经纪的繁荣，市场概念逐渐扩展深化，新兴市场不断涌现，经纪市场就是我国改革开放以来出现的一个新兴市场。作为在这个新兴市场中从事经纪活动的主体，为了在日益激烈的市场竞争中立足，必须要深刻理解经纪市场的相关知识，才能进行经纪市场开发。

通过本章学习，学生应深刻理解经纪市场概念和特点，了解经纪市场开发的内涵和意义，经纪市场调研的方式、方法和内容，经纪市场信息的内容和特征，经纪市场分析的内涵。学生应掌握经纪市场开发思维转变的内容、经纪市场调研的步骤、经纪市场信息开发和利用的步骤、经纪市场机会分析的方法等。

第一节　经纪市场开发

一、经纪市场概述

1. 市场的概念

市场是社会分工和商品经济发展的必然产物。劳动分工使人们各自的产品互相成为商品，互相成为等价物，使人们互相成为市场；社会分工越细，商品经济越发达，市场的范围和容量就越扩大。同时，市场在其发育和壮大过程中，也推动着社会分工和商品经济的进一步发展。市场通过信息反馈，直接影响着人们生产什么、生产多少以及上市时间、产品销售状况等；联结商品经济发展过程中产、供、销各方，为产、供、销各方提供交换场所、交换时间和其他交换条件，以此实现商品生产者、经营者和消费者各自的经济利益。随着社会生产力的发展，商品交换日益丰富，交换形式越来越复杂。尽管原有的市场形式——商品交换的场所仍然存在，但市场概念已经不再限于原有的时间与空间，而演变为一种范围更广、含义更深的全新市场概念。

首先，市场是全社会各个领域的所有交换关系的总和，它表现为一种总供给与总需求的关系，交换内容可以是有形的，如商品市场、技术市场等；也可以是无形的，如服务市场等。这些由交换过程联结而形成的复杂的各个市场在国民经济中形成了一个国家整体市场。

其次，市场又与企业的营销活动密切相关，形成了某种商品或服务的微观市场。一般来说，企业所面临的市场有两个方面：一是购买市场。在这个市场上，企业是需求者。现代企业为制造商品不仅需要购进大量的原材料、燃料和动力，而且需要大量的劳动力、货币、技术和信息，因此，在购买市场上，企业必须面对诸如此类的生产要素市场。二是销售市场，即出售自己的商品和服务。在这个市场上，企业是供给者。企业通过这个市场，把产品和服务销售给需求者，取得货币，因此，销售市场对企业的生存和发展起直接的影响作用。

最后，现代市场概念的演变使其含义有了更深刻的变化，已不在视市场为"某一特定地点或场所"，而发展为"一定范围的人群，即有能力并且愿意购买有关产品的人群"，当代著名市场营销学家菲利普·科特勒指出市场是由一切具有特定需求或欲求并且愿意和可能从事交换来使需求和欲求得到满足的潜在顾客所组成。新的市场概念的建立，使市场营销人员把关注的目光从"固定的交易场所"转到"流动着的需求者群体"，因而在产品生产之前就开始研究需求者群体的消费需求，取得营销活动的主动权。

因此，从市场营销学角度认识市场，可以把市场定义为：市场是指为了满足某些特定需求而购买或准备购买特定商品或服务的需求者群体。

2. 经纪市场的概念

经纪活动是商品经济发展到一定阶段的产物。它体现了商品交换在时间和空间上的分离，而经纪行为正是联结买卖双方的桥梁。经纪活动所面对的需求者即是对经纪中介所提供的产品和服务有需求的客户，这个客户可以是企业，包括营利性企业和非营利性企业等；也可以个人，如体育明星、著名作家，甚至是普通市民。正是因为有了这些需求，才构成了今天繁荣多样的经纪市场。

经纪市场的概念包括多层次的含义：

首先，经纪市场是指进行经纪产品交换活动的场所，是买卖双方进行经纪产品交换的空间和地点，如重庆江州房地产经纪中心。

其次，经纪市场是指某种特定的经纪产品买者和卖者的集合，即有关这种特定经纪产品的所有交换关系的总和，如文化经纪市场、保险经纪市场等。

随着市场经济的发展和对市场营销认识的深化，把市场概念的主体确定为有需求的消费者群体，对深化经纪市场的概念具有深远的意义。现代营销观念中强调的"以需求者为中心"的营销理念，是界定经纪市场概念的理论基础。

我们在理解市场的基础上理解经纪市场，即：经纪市场是指购买或准备购买经纪中介所提供的信息、关系、交易机会和服务等产品的客户群体。这一含义是指从经纪企业角度看，市场就是客户，就是客户的需求，是由委托方、购买力和购买意向构成的统一体。委托方是构成经纪市场的物质基础，购买意向是购买力得以实现的条件。这三者互相制约，互为条件，缺少一个就不可能成为经纪企业所面对的市场。经纪企业的市场开发活动就是要通过对市场的调研、信息分析，寻找市场机会，把握市场利润点，创造经纪价值。

3. 经纪市场的特点

经纪客户的多样性，决定了经纪需求市场与其他产品和服务所面对的市场相比，有很多独特的性质。了解经纪市场的特质有助于我们将经纪市场同一般的产品和服务的需求市场区分开来，有针对性地制定市场开发策略。经纪市场有以下三个突出特点：

（1）市场大部分需求为衍生需求。衍生性需求是指由一个市场固有的需求引发产生的新的需求。它的存在是为了更好地满足原生需求，并且受其影响和制约。一般来说，经纪市场需求大多数都具有衍生性。

经纪产品所面对的客户是多样的，其产生需求的动机也各不相同。总体来说，促发经纪市场需求的因素主要有两个：非营利性需求和营利性需求。

非营利性需求是指需求方购买经纪产品和服务，单纯是为了进行日常性消费所产生的需求。在这种需求中，经纪产品的性质与一般的个人消费品基本相同，在经纪活动完成之后，不会产生相关的经营性价值增值行为。如房地产的求租方、保险的购买方。

营利性需求是指需求方利用经纪中介所提供的产品和服务，进行以价值增值为目的的生产和经营性活动而产生的需求，如证券经纪市场、期货经纪市场等。为了便于理解，我们可将这种需求的性质视为为卖而买产生的需求。具有营利性需求的经纪客户，他们本身还面对着一个二次出售的需求市场，因此营利性需求应为衍生性需求，其需求容量等市场特征受到另一个市场——二次出售时需求市场的影响。由此可知，在进行经纪市场机会分析时，必须同时考虑二次需求市场的状况。

（2）需求的产品是无形产品。经纪产品是经纪中介所提供的满足需求方需求的信息、关系和交易机会。这种产品是看不见、摸不着的，是一种单纯的服务。这就要求经纪主体在对经纪市场开发时要与一般的产品市场开发区分开来，以服务营销的观点指导经纪企业的市场活动。

（3）需求个性化突出。经纪产品是一种服务性质的产品，经纪中介所提供的服务能否最大限度满足客户的要求，是他们能否在市场竞争中取胜的关键。经纪市场的需求差异化特点较为明显，由于各自动机不同，每个需求客户对经纪产品的要求也不尽相同。在现代服务营销学中，非常强调满足个性化需求的重要性。因此，在进行经纪市场开发时，必须针对不同性质的需求客户加以区分，用不同的产品去满足不同的客户。

由以上分析可以得出，经纪企业要想在市场竞争中获胜，必须深入研究经纪产品的特殊性对企业经济活动的影响，在制定市场策略时，切忌照搬一般产品市场策略，而忽略经纪市场的特殊性。

二、经纪市场开发的内涵

随着改革开发的不断深入，我国市场已经开始由幼稚走向成熟、由卖方市场走向买方市场，市场竞争日益激烈，企业越来越感受到市场对于企业生存的重要性。市场开发的目的是占领市场，争取更多的市场份额，以获得最大的利润空间，市场开发的成败直接影响到一个企业的前途命运，目前越来越多的企业开始重视并且投入更多的精力进行市场开发。经纪市场是随着市场经济发展产生的一个新兴市场。随着竞争的加剧，从事经纪活动的主体开始逐渐意识到经纪市场开发对于发展业务、增强自身竞争力的重要性。

1. 经纪市场开发的内涵

经纪活动面对的市场是经纪需求市场。经纪市场开发是指经纪企业在市场调研的基础上分析经纪客户需求，寻找经纪产品的客户及潜在客户，为他们提供可满足个性化需求的产品和服务。这一概念包括以下几个方面的含义：

（1）以市场需求为导向。传统的经纪市场开发观点认为，经纪需求单纯由委托方产生，委托方在确定其需求之后，寻找经纪主体为其提供经纪产品。在这种开发思维中，经纪主体只是经纪活动被动的接受者，只要委托方有需求，经纪主体必然按照其要求提供相应的产品。然而，随着时代的发展，对经纪产品特性的深入了解，使经纪主体逐渐意识到这种开发方式已经不再适应竞争的要求。现代经纪市场开发观念要求经纪企业不能仅按照委托者的意愿从事经纪业务活动，而必须要以市场需求（这里的市场包括经纪市场和相关方市场，两者同等重要）为导向，主动寻求更多的经纪价值源泉。

（2）以市场调研为前提。经纪市场是一个新兴市场，因而是复杂多变的。经纪市场的需求单凭学识和经验难以确定，必须借助科学的手段来认识、掌握。这就要求经纪企业在进行市场开发之前，必须对市场进行有针对性的调研，研究分析调研所获得的信息资料，全面深入地了解市场状况。

（3）以市场信息为依据。市场信息是进行经纪市场机会分析的基础，指引着经纪企业进行市场开发活动的方向。因此，市场信息对于任何经纪主体来说都是至关重要的。

2. 经纪市场开发思维的转变

传统的经纪市场开发观念是以委托人为导向，一切经纪活动都要遵从委托人的指示。这种观念在改革开放初期可能会为经纪主体提供良好的成功机会，但是在现代日益激烈的竞争中，却会阻碍经纪业务的发展。现代营销观念要求企业的一切经济活动都要以需求者为中心，因此，经纪主体在依据市场需求开展经纪活动时必须从以下几个方面进行思维的转换，真正建立以市场需求为导向的开发观念。

（1）变经纪业务的接受者为经纪需求的开发者。传统的经纪市场开发链条中，经纪主体处于被动接受者的位置，只是经纪产品的制造者。只要有委托方，就按照委托方的旨意为其制定市场开发策略，并执行之。它的前提是委托方知道市场需求以及委托方的市场策略是正确的。在整个经纪活动中，经纪主体丧失了主动性，完全听命于委托人。

而新的市场开发观点指出，经纪市场开发开始于经纪业务企划过程之前，即要先深入市场，发觉需求，然后提供可以满足需求的相关经纪产品和服务。在新的市场开发链条中，经纪主体处于经纪价值发掘的主导地位，企业可以充分发挥积极性，而不单纯以委托人的要求为经济活动的指导，如图5-1、图5-2所示。

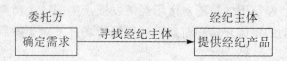

图5-1 传统经纪市场开发链条示意图

图5-2 经纪市场开发新思维链条示意图

图5-1是传统的经纪市场开发链条，委托方在确定需求后，寻找经纪主体，获得经纪产品。此时经纪主体只关注如何更好地满足委托方的要求，而毫不关心市场情况。这种被动接受的地位不利于经纪主体发展业务、扩大市场范围。图5-2所示的开发思维把关注点放在市场需求上，研究市场，努力去发现现存需求的空白点和潜在需求，依此进行经纪活动。

（2）结合相关方市场研究经纪市场需求。经纪产品具有衍生性，经纪产品的需求情况必然受到衍生需求——相关方需求的影响和制约，而且这种制约是具有决定性意义的。因此在进行经纪市场分析时，对相关方市场分析的作用是至关重要的。相关方需求带动经纪需求，经纪需求拉动经纪市场的发展。掌握相关方市场状况，可以预测经纪需求动向，把握经纪市场先机，超前一步提供满足经纪需求的产品。

三、经纪市场开发的步骤

新的经纪市场开发思维的起点是市场需求，因此，在开发中必须全面贯彻、实施需求思维，让经纪企业真正成为以需求为中心的机构。以市场需求为中心的经纪主体必须发展一种让市场需求成为驱动力的文化，而且关键则是建立起一套以经纪需求为中心的开发体系。

1. 经纪信息数据输入

经纪信息数据输入是经纪市场开发的第一步，它的目的是了解经纪需求。至少有十多种不同的方法可以用来了解和衡量经纪需求方的想法、感觉和行动。进行需求方情况调查仅仅是其中一种。在进行客户需求调查中要保证信息资料的全面性和客观性，不但要了解客户说了些什么，还要将他的言论与行为进行反复核对，两者都很重要。

在经纪市场中，需求情况复杂，应将需求信息分类总结，分清哪些是潜在需求，哪些需求可以在短时间内转化为盈利。将价值最大的信息进行整理，以备下一步深入检验处理。

2. 正确性检验整合

在对一些零碎的信息作出判断时，未经过检验的信息往往会误导方向，而且会使市场分析人员作出一些错误决策。调查的结果必须通过市场分析中心小组来进行深入探测。单个数据相对来讲没有意义，必须根据发展趋势进行分析才可用。鉴于每种调查方法都有利弊，所以应从不同来源整合数据资料以增加调查结果的可靠性。

3. 分析、综合

在获得有价值的市场信息之后，要将这些信息结合本企业情况进行综合研究，在研究结果的基础上分析市场机会，寻找市场的利润空间，确定本企业业务发展的方向。

4. 报告

将分析报告提交给企业内部各部门。市场开发策略不仅仅由市场部人员制定，还应让企业各职能部门人员都了解、熟知市场情况，对分析报告作出各自的评价，形成报告流签程序。

5. 决策

根据各部门的意见和建议对调研报告重新进行评估，而后制定市场开发目标和策略。在决策过程中，顾客满意度衡量必须成为规划、设计开发战略、预算和报酬的一个组成部分，并且顾客还必须成为决策制定的主体。只有做到这一点，企业才能坚持以客户为中心的需求链将市场开发计划执行下去。

6. 衡量

如果市场开发战略是根据客户满意程度衡量的方法作出的，它们便具有衡量效果的作用。随着增加客户满意程度的各项措施的采取，结果也随之变得可以衡量，既定目标执行情况亦是如此。顾客满意程度衡量若能被很好地执行，对市场决策就是一个更直接、更灵敏可靠的手段。

经纪市场开发的各个步骤组成了一个有机整体，缺一不可。在激烈的市场竞争中，经纪企业必须坚持市场开发的科学性，贯彻以市场信息为基础，以分析研究结果为依据的原则，才能保证经纪市场分析的正确性。

四、经纪市场开发的意义

对任何一个企业来说，市场都是客观存在的；市场机会公平地对待每一个参与者。因此市场开发对竞争中的企业来说意义重大。

第一，经纪市场开发是经纪业务发展的关键环节。随着市场经济的发展，经纪市场越来越繁荣，随之而来的是无限的商机和经纪业务广阔的发展空间。在经纪活动的发展过程中，市场是根本，市场开发是经纪业务拓展的重要方法。

第二，经纪市场开发战略是使经纪企业能有效扩展市场，增加利润，增强市场竞争力。在残酷的竞争中，经纪企业对市场的争夺异常激烈，要想扩大市场占有率，增加利润，绝不可只固守现有市场。经纪企业必须积极进行市场开发，寻求更多的市场机会参与竞争，分享市场份额。只有不断开拓新的市场，赢得更多新的经纪客户需求，经纪企业才能获得长久的生存空间。

第三，经纪市场开发有利于企业扬长避短，发挥优势。每一个经纪企业的能力和资源都是有限的，所以在进行经纪业务时，经纪企业应对市场进行认真的分析研究，确定最有利于自身优势发挥的目标市场进行开发。

第二节　经纪市场调研

在经纪市场开发中，经纪人首先需要选择恰当的市场目标，寻找适合自己的市场机会。为此，经纪人需要及时获得决策需要的信息。在实践中，提供这种信息的主要渠道之一就是市场调研。市场调研的目的是获得确实可信的市场信息，为市场机会分析提供可靠的数据资料。因此，在经纪人进行经纪活动时，必须充分发挥市场调研的作用，依据规范的程序有计划地开展调研活动，只有这样，才能保证调查数据具有可供参考的实用价值。

一、经纪市场调研概述

1. 市场调研的概念

关于市场调研，美国市场营销协会（American Marketing Association，简称 AMA）的定义是：市场调研是一种通过信息将需求者、顾客和公众与营销者连接起来的职能。这些信息用于识别和确定营销机会问题、产生、提炼和评估营销活动，监督营销绩效，改进人们对营销过程的理解。市场调研规定了解决这些问题所需要的信息，设计搜集信息的方法，管理并实施信息搜集的过程，对结果进行分析，最后要将所得结论及其意义提供给企业管理人员。由此，我们可以看出市场调研是运用科学方法，有目的、有计划地搜集、整理和分析有关供求双方份的各种情报、信息和资料，把握供求现状和发展趋势，为企业进行决策提供正确依据的信息管理活动。简单地说，市场调研是指对与营销决策相关的数据进行计划、搜集和分析，并向管理者沟通的过程。

2. 经纪市场调研的概念及作用

经纪市场调研是指运用科学方法对经纪市场有关供求双方的各种情报、信息和资料进行调查，搜集、整理和分析，把握经纪市场供求现状和发展趋势，为经纪企业进行各种市场决策提供正确依据的信息管理活动。

充分的市场调研是经纪市场开发活动取得成功的必要保证，是获得可靠市场信息的重要途径。经纪企业要扩大经纪业务，增加市场份额，就必须首先进行经纪市场调研。具体来说，经纪市场调研的作用主要体现在以下几个方面：

（1）经纪市场调研是制定经纪市场开发策略的依据。经纪市场开发是经纪主体实现利润和效益的关键环节。经纪市场开发要求企业全面、细致、深入地掌握市场各方面的准确信息，除此以外，还要整合多方面的情况，进行均衡决策。通过有针对性的经纪市场调研活动，可以获得企业要求的一些非大众化的、对企业市场开发起关键作用的信息资料，制订与众不同且具竞争力的市场开发计划，开拓具有广阔发展前景的经纪市场。由此可见，通过经纪市场调研，企业可以了解经纪市场总的供求状况、市场的规模和走势，可以不断发现新需求和新市场，寻找并确立最有利的经纪市场机会。

（2）经纪市场调研是企业有效实施市场开发策略的保证。经纪市场开发是经纪业务的中心环节，有效地实施这个策略除了要求经纪主体充分具备市场运作方面的知识和能力外，还必须有其他相关影响因素的协调配合，如市场开发策略实施过程中所涉及的外部因素和经纪主体的内部因素等，这些因素对策略的态度和反应直接影响到市场开发活动的成败。因此，必须通过经纪市场调研掌握各种影响因素的具体情况，在实施开发策略的过程中学会积极利用相关因素，变有利因素为更有利因素，变相关因素为有利因素，化解不利因素的消极方面。所以，只有通过经纪市场调研，在充分掌握相关因素的情况下，经纪主体才能保证市场开发策略的顺利实施。

（3）经纪市场调研是企业及时调整市场开发策略的依据。经纪市场复杂多变，要求经纪主体随时把握市场动态，依据实际情况及时调整市场活动。在实施市场开发方案的过程中，需要发挥市场调研的作用，及时准确掌握市场最新动态，指导市场人员调整市场开发策略，顺应市场的需求。

二、经纪市场调研的方式和方法

1. 经纪市场调研的方式

经纪市场调查有多种不同的方式，如程度调查和因果调查等。因而，经纪企业应根据不同的调查目标，采取不同的调查方式。经纪市场竞争的特殊性决定了具有针对性的调查数据的重要意义，因而绝大多数经纪主体都采用从程度上进行定义的几种调查方式。

（1）探测性调查。探测性调查是经济主体对面对的经纪市场情况不甚明了或对调查的问题不知从何处寻求突破时所采用的一种方式，其目的是要发现问题的所在，并明确地提示出来，以便确定调查的重点。例如，某现货经纪企业希望选择市场前景较好的化工产品市场作为自己的开发对象，但究竟选择涂料市场还是塑料市场；在这些市场中，选择原料市场还是成品市场，一时难以把握。由于影响经纪人决策的变化因素很多，又不可能逐一调查各个市场，因此，首先选择几个探测性的专题到市场上搜集相关的情报资料，然后从分析中发现问题，以便再作进一步调查。

（2）描述性调查。描述性调查是对已知道的问题做如实的反应和具体的回答。它必须占有大量的市场信息，调查前要有详细的计划和提纲，以保证资料的准确性。描述性调查比探测性调查更细致、具体，为经纪市场机会初步确定提供更为有力的客观数据上的支持。例如，现货经纪人在探测性调查后锁定了涂料市场，就要对涂料市场进行有针对性的调查，了解涂料市场供求双方的力量对比，需求特点等信息，识别经纪市场机会和企业利润所在。

（3）因果性调查。因果性调查是在描述性调查的基础上，进一步分析问题发生的因果关系，并弄清原因和结果之间的数量关系。这一阶段的重点是寻找市场因素之间内在的因果关系，并且以数字的方式解释说明采取一定市场策略给企业带来哪些方面的影响及影响的程度有多大。我们仍以涂料市场为例，在开始实施市场开发策略后要做的是结合相关资料，分析市场中存在的因果性的关系及相关程度，衡量开发策略的有效性。如确定涂料市场开发策略，确定应该与委托方建立何种经纪关系，为委托方开展经纪活动对委托方市场战略和利润的实现有什么影响及影响程度如何；这些影响是否可以与经纪公司的收益挂钩等。

（4）预测性调查。预测性调查是对未来市场经纪需求及市场发展趋势的变化进行的评价和估计。它对经纪企业制定总体的发展目标、长期的市场计划都具有指导性意义，可以使经纪主体紧抓经纪市场脉搏，抢先一步占领市场，获得超前利润空间。

2. 经纪市场调研的方法

市场调研信息一般可以通过两条途径获得：一是通过实地调查获取资料，即通常所说的搜集的第一手资料；二是检索已经存在并已为某种目的而搜集起来的信息资料，即通常所说的查阅二手资料，也称检索文案资料。经纪市场调查要充分利用实地和文案两种调查途径，通过熟练掌握具体的调查方法完成调研任务。

（1）文案调查法。这是一种间接调查方法，基本上以搜集分析第二手资料为主。当所需的一个市场的资料有限而且已经有可靠的文字资料时，文案调查往往是比较有效的调查方法。这是经纪业务人员较常使用的一种方法。在不便进行直接调查的时候，经纪人员可以从报纸刊物、业务简报、会议文件所登载的商业行情、市场信息、科研成果等内容中采集和筛选资料，并将这些资料加以分析研究，从而得出正确的结论。但是，当需要深入了解经纪市场的具体情况时，实地调查是必不可少的。因此，文案调查往往是经纪市场实地调查的基础和前道工序。

（2）询问法。这是实地调查方法之一，它是由调查者事先拟定调查事项，然后向被调查者提出问题，以所得到的答复为调查结果搜集资料的一种方式。例如现货经纪人在对产品进行调查时，可以通过个别交谈、电话询问、请需求者填写调查等方式，获得所需要的资料。

（3）观察法。这是实地调查方法之一，它是调查员通过到现场观察被调查者的行为来搜集市场情况的一种方法。调查人员可直接观察到被调查者对市场的反应，或利用仪器直接记录所需资料。这种方法最大的特点是从侧面观察被调查者的言行和反映，不直接向被调查者提问，被调查者不会感觉到自己正在被调查，故能获取准确性较高的第一手资料。

（4）实验法。这是实地调查法之一，它是指在给定的条件下，通过试验对比来调查市场、产品的一种方法。它与其他实地调查法的不同点在于设定实验用的市场，控制一些自变量以研究一些因变量的反应。至于实验用的方法，可以用询问法，也可以用观察法。

在经纪市场调研中，要细致分析这几种调查方法的利与弊，按照经纪市场调研的内容不同的侧重点，选用不同的调查方法。

三、经纪市场调研的内容

市场调研的目的是为了下一步的市场开发计划提供数据信息支持，其内容应力求全面、客观、真实、准确，而且要有针对性。具体讲，经纪市场调研一般包括以下内容：

1. 一般经济要素调研

一般经济要素调研主要包括宏观环境调查、中观环境调查和微观环境调查（包括经纪市场环境和相关方市场环境），其具体内容本书其他章节有详细论述，此处不作赘述。

2. 特殊经济要素调研

经纪产品的特殊性决定了经纪市场具有特殊性，经纪市场调研除了包括市场调研的一般内容外，还包括一些较为特殊却是调研核心的重要内容。经纪业务的重点是在众多的市场现象中识别、确定经纪市场机会，并以此实施经纪市场的开发计划。因此经纪市场调研的主要内容还应包括哪些市场可以成为经纪人的目标市场，这些市场是否适合自己运作，运作能够带来何种利益等。

只有在确定了市场机会之后，经纪人才有可能去寻找委托方及相关方。例如，一个房地产经纪人面对的有住宅市场、商住市场、写字楼市场、公寓市场和别墅市场，在这些市场中哪些项目是最适宜目前操作的，需要经过调研才能了解；在初步筛选出某几个前景较好的市场后，这些市场自己能否运作，也需要经过调研。这个过程实际上就是识别和确定市场机会的过程，而这些内容也就构成了市场调研的主要内容。

根据对经纪市场的认识，我们可以分析出，经纪市场调研的内容必须具备以下特点：

（1）提供经纪市场细分的依据。经纪市场开发的第一步，是要将一个偌大的经纪市场进行细分，掌握每个细分市场的具体情况。经纪市场细分的因素是多样的，包含诸如地理因素、心理因素、行为因素等不同的细分变量。按照不同的细分要素，经纪市场具有多种细分方法，细分后的每个子市场都是不同的。但是按照什么细分要素进行经纪市场细分才能最大化地满足市场开发的需要；哪种类型的细分市场才具有更为广阔的发展空间；从哪个角度进行细分后的经纪市场才最能体现本企业的优势，可以使其更好地参与到经纪市场的竞争中；经纪市场中可以为本企业所利用的机会究竟在哪里……要解决以上诸多问题，就要求经纪企业所进行的市场调研能够清楚、准确地提供各个细分要素的具体信息及相关情况。因此，市场调研所提供的必须是最为直观的内容。

（2）提供选择目标经纪市场的依据。经纪企业进行市场细分之后，下一步要做的就是依据市场信息，结合本企业情况，选择一个最有利于发挥自身优势的细分市场——即确定适合本企业运作的目标市场。在这一环节中，不仅要掌握反映经纪市场特征的定量数据和非定量数据，使两者充分结合；更要结合自身特点和优势，对确定的细分市场进行综合分析评价，在本企业实力范围内的经纪市场中寻找最适合的利润点定为目标市场。不仅定量和非定量因素要通过经纪市场调研获得，而且经纪主体自身的信息，如市场渠道、员工素质等也要通过经纪市场调研获得。因此，经纪市场调研的内容除了包含外包信息之外，还应包括经纪主体的内部信息。

（3）提供调整经纪市场开发方案的依据。经纪市场的开发非常复杂，不能简单地按照制定好的开发计划进行。在计划实施过程中，不可避免地会产生很多疑问，如市场开发计划是否可行，实行这个计划后会给企业带来多大的盈利空间，市场是否出现了新的发展动态，企业是否需要重新调整开发计划等。这些问题的答案要通过及时对所开发的市场进行调研来获得。在开发方案实施之后，经纪主体应随时掌握市场的动态数据，如经纪市场需求的变化，企业利润额的变动，竞争对手采取的反击措施等。

这些数据信息是处在动态环境中的，需要时时更新，因此经纪市场调研的内容必须注重信息资料的时效性和连续性。

四、经纪市场调研的步骤

市场调研工作复杂而细致，涉及面广，在进行经纪市场调研时要加强调查的组织工作。一般来说，经纪市场调查可按以下步骤进行：

1. 确定调研目标

做市场调查，必须根据本企业的具体情况确定好调查目标。如果调查方向发生错误，则整个调查将徒劳无益。因此，在进行经纪市场调查前，一定要在综合分析的基础上，确定好调研目标，明确调研方向，即要调查什么，调查结束后要达到什么目的。

2. 制订调研计划

首先，要确定资料来源，包括确定一手资料搜集的内容和具体方法，二手资料的来源和文献资料的时间界限；其次，确定调研方法；最后，确定调研费用预算。

3. 实施调研计划

实施调研计划阶段的关键是经纪市场信息数据资料的搜集，这是费用最高、最易出现问题的阶段。搜集信息资料是经纪市场调研的中心环节，必须把所有需要的信息全部搜集到，并且要保证及时、准确，尽量通过各种不同的渠道和办法，以较低的费用取得所需的高质量的市场信息资料。搜集到信息资料后，必须及时进行科学的分析和整理，利用科学的方法进行市场分析。

4. 整理分析资料

通过筛选，首先要将资料去粗取精，去伪存真；然后将资料分类编号，进行归纳、总结，按时间序列或按品种序列加以整理。

5. 提出调研报告

这一阶段的主要工作是通过对所得资料的分析、说明、解释，提出调查报告，研究制定备选的经纪市场开发方案，并且从中确定最终方案。

在经纪市场调研报告中，必须提出从资料分析和解释中发展形成备选措施，然后由决策者选择确定最佳方案。在编写调查报告时必须注意以下原则：突出调查目标；调查内容要客观，且突出重点，抓住核心；文字简练，方案简明易懂；报告结构合理、严谨、完整；计算分析步骤清晰，结论明确；善于利用易于理解的图、表说明问题。

完成了调查报告，并不是经纪市场调研活动的终结，经纪主体还需对调查结果进行追踪，即再次通过市场实践活动，检验报告所反应的问题是否准确，所提建议是否可行，效果如何，并总结经验教训，以提高市场调查的能力和水平。

第三节　经纪信息开发

经纪企业在市场开发之前进行市场调研，目的就是最大限度地获取有效信息。经纪活动是建立在对信息充分掌握的前提下，没有充分的信息，经纪主体就不能在经纪活动中发挥最佳的中介作用，也就失去了其赖以生存的基础。因此，经纪企业必须在现代市场开发观念的指导下，以满足市场需求为中心，运用科学的方法，系统地搜集、记录、整理、分析有关信息，以确保市场开发活动的顺利进行。

一、经纪信息概述

经纪信息是指在一定的时间和条件下，与经纪活动有关的各种信息、情报、知识的总称。经纪主体搜集经纪信息，必须考虑到多角度、多层次和多类型的信息，避免挂一漏万。按照与经纪业务的紧密程度划分，经纪信息通常分为以下两大类：

1. 一般经纪信息

一般经纪信息，也称经纪环境信息。经纪环境信息又可分为国际环境信息和国内环境信息以及竞争信息和自身实力信息（内部环境信息）。了解经纪环境信息有助于经纪主体掌握市场周围宏观和微观的环境条件，指明总体的方向，确保市场开发计划有效执行。这一部分的具体内容本书其他章节有详细论述，此处不作赘述。

2. 经纪市场信息

经纪市场信息是指经纪主体运用各种方法和手段，从多种途径所获得的，为经纪业务服务，对经纪活动起指导作用的信息和资料的总称。经纪市场信息是经纪主体所应掌握的信息资源中最为重要的部分，对经纪主体的市场开发活动具有最为直接的影响，是经纪主体从事经纪活动必不可少的要素。

经纪主体要有效地利用经纪市场信息，就要深刻理解和把握经纪市场信息的特征。经纪市场信息除了具有一般市场信息的特征，如时效性、分散性、系统性等之外，因经纪活动的特殊性，还具有以下重要特征：

（1）不可共享性。经纪市场信息的不可共享性主要是指作为经纪产品一部分的交易机会、交易渠道等信息的不可共享。在现代经纪市场竞争中，产品和服务的差异性和独占性是经纪主体取得竞争优势的关键。因而作为竞争武器的这部分经纪信息是绝对不能具有共享性的，甚至可称为经纪主体的商业机密。

（2）稀缺性。它是指在经纪市场中可供经纪人利用的，可以为其带来价值的信息资源是有限的、稀缺的。稀缺性决定了在竞争中占有稀缺资源越多的经纪人就更有可能获得更多的收益。在经纪市场中，最为重要的生产要素就是经纪商业信息。在进行经纪市场开发时，最先获得市场信息的经纪主体，由于明确经纪市场信息的价值，做好了信息的保密工作，就会增加其他经纪主体获得这个信息的难度，由此便可确保本企业的市场机会不被竞争对手占据，降低竞争的激烈程度。

（3）真实性。与一般市场信息相比，经纪信息的真实性有着更为严格的要求。因为市场信息不仅仅是为经纪主体提供把握总体发展方向的宏观信息，更是经纪主体每一次经纪活动成功进行的基本条件。或者说，大多数经济交易的形成是因为这个经纪主体拥有委托方所需要的关键信息。因此，经纪主体在每一次的交易中，对经纪信息中的时间、地点、事件等经纪活动的要素必须准确无误地掌握，并且要对经纪事件的效果、影响等有较为准确的预测。

二、经纪信息的开发和利用

信息是经纪活动的基础，是经纪人的工具和手段，对于经纪人开展经纪活动非常重要。经纪人必须在复杂多变的市场环境中有目的、有计划地进行经纪信息的搜集，以便获得足够的必要信息，全面了解市场情况和资源配置情况，不断提高自己的竞争能力。经纪信息开发就是对经纪信息进行搜集、提炼，不断为经济主体提供所需要信息的过程。在经纪市场开发过程中，经纪信息的开发和利用工作是第一位的，在进行市场开发之前，必须充分有效地利用信息资源，以指导开发的总体方向。

1. 经纪信息开发和利用的注意事项

（1）时效性。同一条信息，可能此时有用而彼时分文不值。如果利用及时，可能带来巨额盈利；如果采用一条过时的信息，则可能使经纪企业倒闭或一败涂地。

（2）地域性。一条信息，在某一区域内可能具有很大的价值，但在另一区域内就可能价值很小或根本没有价值。经纪主体在利用经纪信息时应结合经纪环节，区别对待。

（3）显隐性。有的信息很明显，有的信息由隐蔽性。比如现货经纪人在从事农产品经纪业务时，某盛产红枣的地区在收获之前突然遭受冰雹，产量锐减。这条信息就间接地告诉现货经纪人——当地的红枣价格肯定要上涨了。如果他们能够看到显性信息背后的隐性信息，就可以抢占市场先机，占领市场，获得收益。

（4）完整性。经纪主体在利用经纪信息前，必须先确定信息是否可以完整采纳，或者是需要分析推理，切不可以点盖面，以偏概全。例如，经纪人获得的有关钢材需求的信息仅笼统地说明供求态势，而未能说明品种、规格和区域状况，经纪人对这样的信息利用起来就要万分谨慎。

2. 经纪信息开发和利用的步骤

所有经纪主体都应建立自己的信息库，用现代化的手段储存、利用掌握的信息，为消费、生产、流通等需求服务。经纪信息的开发和利用应遵循一定的步骤，这些步骤是一个有机整体，共同构成了经纪企业信息系统。

第一步，确定经纪信息需求。

按照对经纪市场开发作用的关联性，可将经纪信息分为经纪基本信息和经纪市场信息两大类。由于这两类信息对于经纪主体的作用和意义不同，因而经纪信息需求确定的方法和要求也不同。

经纪基本信息需求确定。基本经纪信息在经纪主体的经营业务和市场开发活动中起指导性、方向性的作用，因此其需求具有长期性、稳定性、不易改变的特点。这类信息需求具体内容的确定一般由经纪主体所作行业、从事业务、实力大小等特点所决定。

经纪市场信息需求确定。经纪市场信息对经纪主体的市场开发活动具有重要意义，能否正确确定此类信息的需求是关系到能否成功完成经纪交易活动的关键。在确定市场信息需求时，要以本经纪企业所从事的主要经纪业务为依据，结合委托方市场需求情况，分析需求特点，确定所需市场信息。如专门从事房地产置换和租赁业务的经纪公司，其市场需求主要是房地产置换、租赁市场的总需求及其特点，包括房屋置换者、求租者的总数量；需求旺季、淡季的时间；需求的具体要求等。在确定经纪市场需求时，经纪主体应充分发挥自主性，避免受到委托方的过多干预，较为独立地进行信息需求的分析和确定。

第二步，经纪信息的搜集。

经纪市场的调研的目的是搜集经纪信息，除了通过调研的方法获得经纪信息之外，还有几种间接的搜集方式，使经纪主体搜集信息的途径更为多样、全面。

购买法。购买法就是信息搜集者向信息服务单位有偿索取信息的方法。

交换法。交换法是指信息搜集者用本单位或自己搜集、加工整理的信息，与有关地区、部门、单位或个人进行交换。这种方法的好处是：可以互相促进了解、增加见闻、交流经验；对国外进行交换，还可以促进友好合作，加强学术交流，开拓海外市场。对于经纪主体来说，一定要严格区分可以交换和必须保密的经纪信息，不可忽视每一个信息的重要性。如果将关键信息与他人进行交换，就可能被竞争对手加以利用，失掉本属于自己的市场机会。

头脑风暴法。这种方法是现代企业较为常用的、能够发挥集体智慧的一种思维方法。一般做法是以小组方式进行，人数以 5 至 10 人为佳。参加会议的人员应是本市场领域的专家，会议气氛要轻松愉快。与会者要求思想集中，想到什么就提出什么；不要争论，不加评价，不可反驳别人的意见；要联系别人的思路，并结合别人的方案和意见尽量多提方案。这种方法可以增进经纪主体内部人员的合作精神，应受到重视并获得积极的应用。

在经纪信息的开发中，搜集是基础，是正确制定市场开发方案的前提保证。因此在搜集工作完成之后，必须对所拥有的信息进行检验，确保信息的正确性和可用性，避免信息搜集的失误。经纪主体在进行信息开放时，必须认真做好信息的审核工作，提供信息的可利用率和准确率。

3. 加工处理信息，拟定信息研究报告

要想把搜集到的经纪信息转化为开发市场的动力，变为具备盈利能力的生产要素，就需要对其进行加工、整理、分析和筛选。

信息加工、整理是指经纪人搜集到大量原始信息后，对其进行加工、整理、分类、计算、比较等，使其成为有用的信息，并以此来指导经纪人的经营活动。要想使信息转化为现实的财富，经纪人的知识水平、决断能力及其素质是关键问题，只有把有关的信息同各自的经营策略等结合起来，及时采取措施，宝贵的经济资源才能变成巨大财富。

信息分析、筛选是指对加工、整理后的信息进行定性、定量和定时分析，其中定性分析是对信息进行质的分析，定量分析则是从数量关系上对信息进行分析，定时分析是对信息环境条件及发展趋势进行分析。进行信息分析离不开经验判断，进行信息筛选就更是如此，尤其是在信息网络不健全，信息服务尚不发达的今天，筛选和分析还要取决于经纪人自己的经验判断正确与否。

做好以上经纪信息加工处理工作后，要将分析后的可用信息根据信息需求拟定信息报告。这个报告不是象征性的信息搜集工作总结，而是能够对将要进行的经纪市场开发工作有决定性的指导意义，因而研究包括必须具有正确性高、实用性强、便于利用的特点。只有对经纪市场需求信息进行正确分析，才有可能取得市场开发的成功。

4. 传递信息及控制反馈

把握信息、沟通和传递信息是经纪人最基本的职能。经纪人作为一种中介商人是买卖双方信息沟通的桥梁，需要通过信息沟通使买卖双方的交易意图能够得到交流。因为在交易确认之前，买卖双方互不认识，只有经纪人在其间传递信息。因此，经纪人必须诚实、负责。信息沟通不仅指信息的传递，而且包括信息的接收和理解。如果信息已经传递出去，没有被买方或卖方收到，或未被当事人所理解，就说明沟通并未实现。沟通能否成功受到很多因素的影响，其中包括经纪人和双方当事人的素质，语言及文字表达能力，信息发出者的信誉程度和经纪人在公众中的形象等。

控制是指一个系统在接受了外界某种信息之后，促使系统内物质能量、信息的合理流通，实现既定目标的全过程。控制是从接收信息开始的，经纪主体要实现某一经纪目标，必然要经历一个控制过程。若要对经纪过程实现有效的控制，就需要求助于反馈。实际上，控制这个概念是就经济系统的内部而言的，对系统外部环境来说，是不存在控制的，这不是说人们在环境中的作用和力量微不足道，只能任其摆布；而是说，人们通过与环境进行信息交流，并通过反馈机制，不断进行调节，就能够实现与环境的和谐一致，或者说，人们能实现对环境的间接或局部控制。

在经济生活中，经常会遇到这样的情形，原来制订的某个计划，可能在执行中由于外部环境的影响，使该计划不再有效。这时，一个精明的经纪人，就会及时发现新情况，经过研究分析，作出适当调整，最终达到预期效果；而一个不会审时度势的经纪人，则会对出现的新情况视而不见，或者知道了却没有及时调整，最终导致失败。由此可见信息反馈与调整的重要性。

经纪信息是经纪主体进行市场开发的基础，经纪主体只有充分正确地分析、利用现有信息，才能促进经纪业务的有效开展和经营活动的成功进行。

第四节　经纪市场分析

经纪主体进行经纪市场调研，搜集经纪信息，加工整理形成市场调研报告及信息研究报告，其目的是为下一个经纪市场分析提供可参考的定性及定量数据资料，从而制定正确的经纪市场开发计划。由此可见，市场分析是经纪市场开发最为核心的一步，方案正确，就可抢占市场，扩大收益空间；若方案有失误，则可能会导致整个市场活动的失败。现代市场理论强调企业的一切行为要从市场出发，从需求者需求出发。因此，经纪主体必须充分重视经纪市场分析的作用，制定出符合本企业实际情况的市场开发策略以赢得市场。

一、经纪市场分析概述

1. 经纪市场分析内涵

现代经纪市场开发观念要求经纪企业不能仅按照委托者的意愿从事经纪业务活动，而必须要以市场需求为导向，分析市场机会，确定市场开发方向。

经纪市场机会是指经纪市场上存在的尚未满足或者尚未完全满足的需求。例如，近年来我国越来越多的专业作家都在急切呼吁文化经纪人的出现，他们已经逐渐意识到，文化经纪人可以帮助自己解决图书的出版、发行、营销、推广等一系列的问题。专业作家这种未能得到满足的需求就是经纪主体可以大为利用的市场机会，经纪企业可以依据自身的实力，提供文化经纪服务，开拓图书出版代理业务。

经纪市场分析就是要通过对客观环境、市场需求、供给状况等资料的掌握，结合本企业特点进行分析研究，寻找适合企业生产和发展的市场机会和收益空间。

2. 经纪市场分析的步骤

经纪主体在进行经纪市场分析时，必须遵循一定的程序，这些步骤缺一不可。

（1）分析经纪环境，发现市场机会。经纪环境是指与经纪主体有直接或潜在关系的所有外部力量与机构的总和。它是经纪企业运行的约束条件。经纪环境对任何一个经纪主体都会产生巨大影响。因此，经纪市场分析的第一步，就是分析经纪环境，以发现市场机会，避免风险。

（2）评估市场机会，确定经纪目标市场。机会是市场需求的可能性空间，其可行性如何则需要进一步分析，以确定目标市场。目标市场就是具有购买力和购买需求的需求者总体。为了可以进一步确定目标市场，就必须对经纪市场的各个机会进行分析及选择。

（3）目标市场经纪需求分析。经纪市场是有经纪需求的客户群体的总和，确定经纪需求是经纪主体市场开发的核心问题，进行市场分析的目的就是为了要界定目标市场经纪需求的质与量，因此，只有在完成对目标市场的经纪需求分析后，才可以制订具体的市场开发计划。

二、经纪市场机会分析

1. 经纪市场机会的特征

经纪市场机会是在某种特定环境条件下，经纪主体可以通过一定努力创造利益的需求空间。机会越大，意味着空间需求越大，价值也越大。经纪市场作为一种新兴的、特殊的经济市场，其市场机会以其公共性、利益性、针对性和时效性四个特征为标志。

（1）公开性。机会来源于环境变化之中。环境对于每个企业来说是客观的、现实存在的，每个企业都可以去发现和共享。而与经纪企业的特有人才、信息、资源等不同，经纪市场机会是公开化的，可以为整个市场环境中所有经纪主体所共有。经纪主体要抢占先机，一旦发现有利的市场机会，必须立即采取行动，才不会落于人后、错失良机。

（2）利益性。机会意味着盈利。经纪市场机会的利益特性意味着经纪主体在确定市场机会时，必须分析该机会是否能为企业真正带来利益，能带来什么样的利益以及利益的多少。

（3）针对性。特定的环境条件只是对于那些具有内部条件的企业而言的。市场机会是具体企业的机会，因而，经纪主体在市场机会的分析与识别过程中，必须将其与本企业具有的内部资源条件结合起来进行。

（4）时效性。机会是有时间性的，现代社会的发展使得市场机会从产生到消失的过程通常很短；同时，环境条件与企业自身最为合适的状况也不会维持很长时间。在经纪市场中，市场机会从产生到消失这一短短的时间里，其价值也快速经历了一个逐渐增加、再逐渐减少的过程。经纪主体必须深刻把握市场机会的时效性，在发现市场机会后，迅速反应，作出决断，进行市场开发。

经纪市场机会的上述四个特征表明，在经纪市场机会的分析和把握过程中，经纪主体必须结合本企业自身内、外部环境的具体条件，发挥竞争优势，适时、迅速地作出反应，以争取使市场机会为企业带来的利益达到最大。

2. 经纪市场机会的识别与判定

（1）界定经纪主体的机会。经纪主体所面对的机会可以分为环境机会和经纪主体的机会。在环境发生变化的过程中，经纪市场需求也会随之变化，客观上出现各种尚未满足的需求，存在许多市场机会，由于这些市场机会是随着环境变化客观形成的，因此称之为环境机会。环境机会对不同的经纪主体来说，并不一定都是最佳机会。因为它们不一定符合这个经纪主体的经纪目标和固有能力，不一定能取得最大竞争优势。只有符合经纪主体经纪目标与能力，有利于发挥本经纪企业优势的市场机会，才是属于这个企业的市场机会。

我国已经加入世界贸易组织，国内市场与国际市场接轨，面向国际的经纪需求迅速增多，相应地为国内经纪人打开了国际经纪市场的大门，为国内经纪主体提供了一个不可多得的环境机会。但是，对于国内那些实力并不雄厚，运作尚未规范的经纪主体来说，不能简单地将这个环境机会视为本经纪企业的市场机会。只有那些符合环境变化的要求，能够满足新的竞争形式需要的经纪主体，才能充分利用这个市场机会，谋求发展。

（2）挖掘潜在机会。机会可以分为显性机会和隐性机会。在市场机会中，有明显的没有被满足的市场需求，这是显性市场机会；还有一些是隐藏在现有的某种需求后面的未被满足的需求，即潜在市场机会。显性市场机会较容易寻找和识别，识别难度系数较低，这种机会一旦超过了市场的容纳度，就会造成供过于求，未必就能给企业带来机会效益，机会也就失去了它本身的价值。潜在的市场机会不易被发现，识别难度系数较大。因此，一旦把握了这种机会，竞争对手可能要比显性机会的少，机会效益也会比较高。

在经纪市场中，现有委托方产生的现实需求所形成的机会为显性机会。在这个市场机会空间里，竞争者甚多，因而生存较为艰难。经纪人若仅仅守着这一方市场，则会妨碍长远的发展，因此必须深入地分析委托方市场，识别隐藏在表现背后的尚未被满足的市场机会。例如，在保险经纪市场中，明显具有保险服务需求并主动寻求保险经纪代理的客户并不多，保险客户争夺十分激烈，但实际上，具有强烈参保倾向的市民不在少数，只是对保险知识缺乏等诸多由信息不对称造成的结果，这部分保险客户的需求没有明确地显现出来。这种情况下，就要求保险经纪人深入潜在客户群，广泛宣传保险知识，为其提供学习和了解保险产品的机会，由此开发潜在客户，将潜在的市场机会变为现实的、可利用的机会。

（3）关注边缘机会。机会还可以分为行业机会与边缘机会。行业市场机会是指本企业经营领域的机会；边缘机会是指出现在不同领域的交叉点、结合部分的机会。一般来说，企业对行业机会比较重视，因为其识别难度较低，利用行业机会，企业自身优势、经验可以得到很好地发挥，所以它常是企业经营发展的首选目标。但行业机会在行业内部会造成同行之间的激烈竞争，从而失去和减弱机会效益。因此，企业除了重视本行业主要领域的机会，还要关注行业之间的边缘地带出现的机会，这常常是有些企业容易忽视的地方。

经纪市场的竞争激烈，所以在竞争中处于弱势的经纪人可以考虑将业务重点转移到其他对手所忽视的边缘机会上，如金融经纪人可以在自身知识、能力许可的情况下，超越单纯的证券投资、保险服务等经纪行为，而为客户提供整体、全面的家庭理财服务。提供综合的边缘性服务的经纪企业显然不多，然而随着经济的发展，此类需求已呈现出越来越多的趋势，抢先涉足此领域的经纪企业必然会获得巨大的收益。

（4）把握未来机会。机会还可以分为当前的市场机会和未来的市场机会。当前的市场机会指已经出现的市场机会。用发展的眼光去看，还存在一种未来出现的机会。它并未表现出大量需求，而仅仅显露为一种消费意向或极少量的需求。当前市场机会与未来市场机会只是时间上先后顺序的差别，一旦环境的现实客观条件得以满足，未来市场机会即会变成现实市场机会。所以，企业只有提前把握住未来市场机会，方可获得领先优势。

我国经济市场发展迅速，对经纪产品的需求日趋多样化。经纪主体必须时刻关注市场动态，在充分的市场调查基础上，分析推断经纪市场未来的发展，提前应对，将未来机会转变为现实机会。例如，在我国现阶段的现货经纪市场中，从事农产品经纪业务的经纪企业不是很多。但是，随着我国加大对农业政策的扶持力度，农业现代化进程的加快，可以预见，在不久的将来，市场对农产品经纪人的需求将会大大增加，而农产品经纪业务即是经纪人的未来机会。

三、经纪市场需求分析

经纪主体进行市场机会分析，目的就是要对经纪市场需求进行深入、有效的分析。在确定需求的基础上，寻找市场空白点，进行市场开发活动。

1. 经纪市场需求定性分析

（1）充分需求，也称饱和需求。这是指市场上的需求水平、需求时间与企业预期的需求水平、时间基本上一致，供需之间大致趋于平衡的状态。由于产品需求受多种因素的影响，而客观环境在不断变化，再加上竞争的存在，供求水平协调的现象随时都可能被打破，从而出现新的不平衡情况。因此，必须正确判断充分需求，制定防范恶性竞争，保持和稳定甚至进一步扩大需求的相应对策。

随着我国市场经济的发展，作为新兴行业的经纪市场的发展已逐渐步入规范的轨道。但由于正式形成的时间较短，在经纪市场中处于饱和状态的需求较少。

（2）动摇性需求，也称退却性需求。这是指市场上对某种产品或服务的需求逐渐减少，出现了动摇或退却的现象。必须分析动摇性的具体原因，采取措施，在一定程度上扭转或缓和这种局面，从而延长已退却产品的市场寿命。

随着商品经济的发展，人民生活水平的提高，为经纪市场开拓了大量新的需求空间，目前尚未呈现出退却性的经纪需求。

（3）不规则需求，也称波动需求。这是指市场需求量和供应能力之间在时间上或地点上不吻合或不均衡，表现为时超时负、此超彼负的波动现象。一般来说，产品的供给受企业生产能力变化的限制，往往是较均衡的，即与市场需求的平均水平大致相当。但市场需求比较活跃，往往是不均衡的，在不同时期、地点往往出现较大的差别。必须寻找不规则的因素，促使不规则向规则转化。

在房屋代理经纪市场中，租房的需求呈现明显的波动变化。租房淡季时，譬如冬季，租房者通过自己的力量，可以较为容易地租到房屋，因而对租房中介服务的需求会明显减少；而在租房旺季时，求租者多，而出租信息较少，自然会有大量的租房者求助于房屋经纪公司为其提供中介服务，获得相关信息。

（4）过度性需求，也称增长性需求。这是指市场需求超过了企业的供应能力，呈现出供不应求的现象。企业面临超饱和需求，也就等于自己的产品市场出现了"空档"，如果不能及时补充，根据市场竞争规则，别的企业就会瞄准机会打进来，甚至最终取而代之。此时必须扩大或补充产品，巩固产品需求。

经纪主体面对经纪需求数量日益增长，需求种类日益复杂的趋势，应努力增加经纪产品服务的数量和质量，充分满足需求方的要求。

（5）潜在需求，也称潜伏需求。这是指需求者对某些产品或服务的购买欲望尚未表现出来，购买力也尚未得到实现的状况。它表现为需求者有了明确的需求欲望，但没有满足需求的产品；或指有产品，但没有相应的购买力。随着服务市场的发展和人们消费水平的提高，潜在需求的内容和层次将更加丰富。因此，必须发现和了解市场的潜在需求，及时开发新产品，开辟新市场。

2. 经纪市场需求定量分析

市场需求量的分析就是市场定量化，它将确定市场需求的规模数量。其分析对象主要有：

（1）市场潜量。市场潜量是指在一定时间内，在一定水平的行业市场营销力量和一定的环境条件下，一个行业中所有企业可能达到的最大市场空间。

（2）区域潜量。区域潜量是指正在进入或者将要进入的区域，在一定时期内、一定水平的营销力量下，一个行业中所有企业可能达到的市场空间。

（3）企业潜量。企业潜量是在一定的竞争力量和确定的营销努力前提下，该市场上企业所能达到的满足需求的极限能力。

经纪人是完全依靠市场生存的，因此必须要学会分析市场。在市场中，各种情况瞬息万变，如在证券市场中，股票价格时刻在变，经纪人稍有不慎，就会判断错误，可能会导致委托人顷刻间倾家荡产，从而折损经纪人的信任度。商场如战场，尤其是在我国市场经济并不十分完善的情况下，各种不确定性的因素随时会影响市场的正常运转，所以作为经纪人，更应倍加谨慎，在作出经营决策之前，必须充分研究市场，认真分析各种方面的消息，才能立于不败之地。

【案例解析】

志高空调重拳出击乡镇市场

2005 年 5 月 22 日，城市市场阵地巩固的志高空调在其南海总部正式发布了"乡镇总动员令"，宣布首期砸入 1.5 亿元建千家榜样店，以构建城市和农村两大市场空间，目标直指三四级市场。志高空调此次重拳出击乡镇市场，是打了一套漂亮的组合拳。

重拳之一：针对乡镇市场特性，推出针对性的产品

志高空调根据对三四级市场的分析，从两个方面着手推出针对性的产品。其一是针对不同消费群体的高、中、低档全线产品，对于富裕阶层，利用"花好月圆"系列机型，引导个性消费；对于小康阶层，利用"天虹"等机型，全面普及健康、节能空调；对于普通阶层，利用天梭、白马王子全面打造最优性价比空调，并推出特种"奔小康空调"。其二是细分目标市场，选定茶农菜农作为细分对象，特别推出了"茶叶空调"、"蔬菜空调"、"西瓜空调"。志高空调通过调查，发现茶农对空调有特殊的要求，采用一定的技术可以使夏、暑茶达到春、秋茶品质。为此，志高特别推出"茶叶空调"。仅茶叶空调一项，志高集团在福建市场一年的销售就达到 5 万台。在福建安溪，一户茶农平均要用五六台空调，花 1 万元购空调可以收到效益 10 万元，安溪县共有茶农 8 万户，志高正是通过市场分析找到了一块大蛋糕。再如农民的大棚蔬菜，如果采用恒温技术，并特意增大制冷量，可以使大棚蔬菜成长更快。为此，志高专门推出"蔬菜空调"。仅在安远，志高"蔬菜空调"第一批就售出 500 套，而且当地政府正在把经验向其他地区推广。

重拳之二：采用个性化与实用节能技术

广东志高空调营销总监张平认为，乡镇市场非常强调产品的实用性，因此志高进攻乡镇市场最大的利器是从产品用途上细分市场。像志高"花好月圆"系列就是非常个性化的产品。这个系列的空调不仅可以把"全家福"镶嵌在面板里，还可以随心换画，如遇节庆日，可换成吉祥图画，巧妙地把中国乡镇居民最重视的传统文化结合了起来。此外，志高还针对乡镇市场的特性，在电压技术上做足了文章。通常农村的电话不稳定，并且达不到 220 伏的标准电压。志高农业特种空调，采用宽电压启动，即可在 170 伏~260 伏电压范围内正常启动。目前志高农村专用空调每年销售额已超过千万元。

重拳之三：兴隆连锁方便农民消费者

在乡镇市场上服务是空调比较大的问题。志高通过调查分析，认为自己建服务网

点成本过高，于是利用其旗下的兴隆维修作为第三方服务商，以连锁加盟的方式来吸收下级服务店，为迅速开拓乡镇服务网络铺就了一条坦途。这种模式，借助社会资源，通过对乡镇市场上个体维修点的收编，对其进行专业培训，一方面可以降低成本，另一方面也可以赢得农民消费者的口碑，将自己与其他空调企业区分开来。目前兴隆快速向全国扩张，力争在 3 年内将加盟连锁店扩展到 1 000 家，结合目前志高遍布全国的 3 000 家服务网点，志高服务网络会快速渗透到乡镇。不仅如此，乡镇消费者在享受零距离服务的同时，还将享受到志高一、二级市场普遍实行的"零配件终身免费更换"服务，并可享受到"整机三年保修，压缩机六年保修"等贴心服务。这将使乡镇消费者的利益得到切实保护，也极大方便了农民消费者，使得农民消费者可以放心大胆购买志高的空调。

重拳之四：实惠礼品，加强沟通

在乡镇市场上，志高也别出心裁，购机送礼的礼品都是实惠的礼品。智能电话空调遥控器、多功能家庭工具箱、精美刀具十件套等礼品对农民消费者来讲都是十分实用的东西。而且志高也通过"夏日冷战、全面爆发"优惠推广活动加强与农民消费者的沟通，除了乡镇普及空调的横幅到处挂之外，公路旁的墙体也不会放过，另外"彩车巡游"会成游遍大街小巷和各个主要交通干线。

【解析】了解、研究、分析农民消费者的需要与欲求，在原有技术上进行稍微的改进，在卖点上简单明了，使"茶叶空调"、"蔬菜空调"、"西瓜空调"迅速地进入市场，满足乡镇消费者的需求。农民的消费心理跟城里人大不一样，需要企业专门为乡镇市场提供专门的产品，增加实用的东西，减少不必要的功能，增加耐用性，提高产品的性价比。

不能忽视本地生活特色，一、二级市场消费者对家电外观感兴趣，乡镇市场的消费者也不例外。就是在四级市场家电，也不能忽视外观的重要性。由于四级市场消费者文化水平普遍不高，以什么"氧吧"、"清新空气"等卖点宣传，还不如在外观上多下功夫。适合乡镇文化特色的外观设计能吸引本地消费者。

自建渠道，以加盟方式吸引本地的客户商，即利用本地客户的人脉关系，也能快速向四级市场扩张，使以后其他渠道进入的门槛增高，保证了自身品牌的市场占有优势。

赠品要以实用的礼品才能吸引消费者。由于四级市场大众媒体宣传达到率很低，反而是传统的宣传手段更有效。在乡镇市场，最有效的广告方式还是莫过于口碑营销，而口碑的传播者就是一群留守家庭的妇女。麻将桌上以及走亲戚是口碑传播的两大途径，各家产品使用情况都会在这样小型的聚会上进行沟通和表达。（选自爱我售网www.i5so.com）

【实训】制定市场开发的策略

一、实训目标：训练学生根据市场现象作出市场开发的策略，锻炼学生的分析问题、解决问题的能力。

二、实训知识要点：经纪业务的开发是经纪活动的重要组成部分，对市场开发的基本手段不能掌握运用，就不可能很好地开展经纪业务。市场开发必须掌握市场的调研分析方法、市场信息的归纳分析方法和市场开发的思路和方法。

三、实训背景：小明刚和一家花卉种植公司签署了一份蝴蝶兰花销售代理合同，如何开展蝴蝶兰花市场销售，小明积极调研分析，最终形成了市场开发的策略。

蝴蝶兰花简介：

蝴蝶兰属于兰科，学名：Phalaenopsis。蝴蝶兰以花姿似蝴蝶翩翩飞舞而得名，属于单茎类的兰花，但茎极短，被大片的椭圆形叶所遮盖，几乎无法明显看出来，原产地阿萨姆、缅甸、菲律宾、我国台湾等热带亚洲地区。花茎的长短因品种之不同而差异甚大，可有10厘米至百余厘米不等，而花朵的大小也因品种不同有所差异。有花的直径大于15厘米的大花种，也有小于2厘米的小花种。而花色则有越来越多的趋势，纯白、粉红、紫红、黄、绿、黄色带赤斑纹、白色红唇、白底红条纹等，不胜枚举。

蝴蝶兰白色粗大的气根露在叶片周围，能吸收空气中的养分，有的攀附在花盆的外壁，极富天然野趣。新春时节，蝴蝶兰植株从叶腋中抽出长长的花梗，并且开出形如蝴蝶飞舞般的花朵，深受花迷们的青睐，因此被誉为"洋兰王后"。

兰花有君子之风，而蝴蝶兰象征着友谊与爱情纯洁高贵、丰盛快乐、吉祥与长久。蝴蝶兰的花期在春节时节，实为节庆送礼佳品。

四、实训内容：小明为了检验自己的市场开发策略是否符合市场的实际，请市场营销专家对自己的市场开发策略给予鉴定。

五、实训要求：本实训分组进行，每组6人，大家先对蝴蝶兰花的介绍进行分析，并形成书面的市场开发策略意见。轮流由一人扮演小明，向大家阐述自己的蝴蝶兰市场开发策略，其他同学扮演市场营销专家，对其市场开发策略进行评价。待六位同学都提出市场开发策略后，将所有策略进行总结，形成小组的蝴蝶兰市场开发策略。

【思考题】

1. 什么是经纪市场，具有什么特点？

2. 如何理解经纪市场开发？

3. 现代市场营销观念对经纪市场开发有何启示作用？（顾客需求链理论在开发经纪需求市场中如何应用？）

4. 在现代经纪市场调研中，如何更好地利用二手资料？

5. 什么是经纪市场分析？经纪市场分析的基本步骤有哪些？

6. 经纪市场信息的具体内容有哪些？

7. 简述经纪市场机会的含义及特征。

8. 如何识别与判定经纪市场机会？

9. 分析经纪市场需求。

10. 简述本章介绍的几种信息搜集方法，以及它们怎样与信息的市场调研方法有机结合运用。

第六章　经纪市场关系管理

【本章导读】

在经纪市场中有存在两种重要的关系管理，即委托方关系管理和相关方关系管理。委托方是经纪人利润的主要提供方，对经纪人业务的成功具有至关重要的作用。选择好委托方是经纪人业务开端的重要一步，选择成功将为今后的业务开展奠定好的基础；选择失误，则会为以后的业务开展埋下失利的伏笔。因此，经纪人开展业务之前要确定委托方的选择策略。经纪人与委托方签订了明确的、符合法律要件的"委托—代理"合约后，接下来就要寻找符合"委托—代理"合约要求的相关方，推销或购买到委托方需要的产品或服务，从而完成自己的经纪功能，继而收取佣金获利。通过本章学习，学生应了解委托方选择的条件、委托方的价值取向；掌握委托方的确定战略及其实施，相关方的寻找战略、选择战略以及如何进行相关方关系管理。

第一节　委托方关系管理

一、委托方的选择策略

委托方就是委托中介方为其提供订约机会，媒介交易，满足特定需求的当事人。委托方即通常所说的经纪人的主顾、客户和委托人。在此用委托方的概念，是为与其他行业的所谓客户相区分，并与后面的相关方概念相对应，从而使读者对经纪人的业务流程有更清晰的认识。

委托方是经纪人利润的主要提供方，对经纪人业务的成功具有至关重要的作用。选择好委托方是经纪人业务开端的重要一步：选择成功，将为今后的业务开展奠定好的基础；选择失误，则会为以后的业务开展埋下失利的伏笔。因此，经纪人开展业务之前要确定委托方的选择策略。委托方选择策略包括：确定选择委托方的条件、委托方条件的评估和分析委托的价值取向三个步骤。

1. 确定选择委托方的条件

选择委托方，首先要审视自己的业务出发点，根据经纪人业务的特点以及进入行业的情况来确定目标，同时以其他行业或市场中共通的技巧和策略为参考点。

（1）自身业务目标的确定

经纪人在经过对经纪环境的考察和分析以及经纪市场的调研和信息开发后，对于委托方选择来说，首先要明确自身的业务目标。

① 自身业务目标的确定，要建立在精心的市场调查和市场研究之上。自身业务目标的确定是一种奠基工作，千万不可小视，进入自己不熟悉的领域或者与自己特点和能力不适宜的行业打交道，将为今后业务的开展留下隐患，而精心的市场调研无疑会减少不确定性和风险。

② 确定自身的业务目标，要建立合理的投资回报预期和良好的现金流量控制措施。经纪业务千差万别，但是作为市场主体追求利润最大化是理性人的第一反应。因此，不管是金融业的经纪人，还是文化体育经纪人，又或是知识产权经纪人和传统的物品经纪人，对投资回报和利润进行合理预估是业务成功的必要步骤。

③ 用业务目标来指导委托方的选择。开展经纪业务工作要从自身的条件和实力出发，并在所要进入领域中选定潜在的目标对象。所谓知己知彼，百战不殆，对自己情况的考量和掌握，比了解对手更重要。

（2）委托方实力考察

在确定了经纪人自身业务目标的前提之下，对能够进入经纪人自身业务的目标内的委托方进行初步的选择和筛选，建立大名单，并对其中的重点对象进行实力方面的考察。考察应从以下方面入手。

① 对方的经济基础。这包括对单位委托方的资金实力和履约能力等的考察。经纪工作是为对方媒介业务、提供信息的市场行为，获取利润是首先要考虑的因素，因此对对方经济实力的考察至关重要，了解对方的经济实力就可以选择具体的媒介策略和对象，提供信息的针对性也会增强。

② 对方的人员素质。人员素质决定一个企业与个人的发展潜质及前景，也决定经纪业务的成败与否。企业委托方管理人员的文化素质、工作成绩、行业口碑和信誉度；个人委托方的学历背景、业务能力和信誉程度都应成为考察的对象。

③ 对方的品牌价值。品牌价值决定盈利能力，它可以说是一种无形资产，比有形资产更能产生利润，更具备长效性和可再生性。可口可乐总裁曾经说过，如果该厂的有形资产一夜之内化为灰烬，只要给他可口可乐的品牌，他就可以在三天之内再造一个可口可乐。

委托方实力的考察需要严谨和细致的工作，考察的结论不但会影响到委托方的选择，而且会对今后的经纪业务产生直接的作用。

（3）委托方的行业背景

经纪人在开展业务之前，需要对委托方的行业状况、行业背景进行考察调研，这既是对委托方实力考察的补充，也是对行业环境与委托方选择相结合的一个重要环节。

① 委托方入行的时间，包括进入年份和年限，各相关业务开展的时间跨度和连续经营的时间长度。从入行的时间往往可以看出目标委托方的成长性和实力积累。

② 委托方在行业中的地位，包括企业委托方的市场占有量、市场份额、个体委托方在行业内的影响和知名度等。行业地位既是实力的综合反映又是制定经济策略的重要依据。

③ 委托方的上级单位或背景，包括委托方的投资方背景、官方背景，企业单位主

要管理层构成，个体委托方的文化程度与资历等的考察。

根据路径依赖理论，企业的早期经历对其发展轨迹和发展的方向都将起到重要作用，企业的背景对该企业自己的发展，以及抵抗风险的能力都将产生重要影响，而详细的背景考察，将相应减少经济业务的不确定性和风险性。

（4）潜在委托方与我方利益的契合点

在对选定对象进行考察的同时，要注意不能忽略暂时不想涉足但具有较大潜质的潜在委托方，根据委托方资质结合经纪人业务目标，积极寻找利益契合点。必要时，对其作为委托方的候补梯队给以留意和观察，并记录在册，一旦时机成熟就发展成为自己重要的委托方客户。

经过以上几个步骤的考察，委托方的选择原则基本确定，接下来需要按照既定的方针，根据上面描述的变量建立参数，利用严格、科学的手段对委托方进行数量化评估，使委托方的选择工作做到科学有据。

2．分析委托方的价值取向

经纪人对委托方的选择，除了硬件方面的考察与评估，委托方价值取向也对经纪人业务产生的是潜移默化的作用。分析委托方的价值取向，有利于经纪人业务的开展。

（1）委托方价值取向与业务开展的关系

价值取向是指在遵循市场游戏规则和市场伦理的前提下，委托方对市场某种价值观念的认同。委托方的价值取向与业务开展有着直接关系。

委托方与经纪人在价值取向上的共同点，将为双方关系的稳定提供保证。首先，双方会在行为方式上互相认可，合作起来更有默契；其次，可最大程度地减少双方对事物评价的分歧，使合作关系更加稳定。

而委托方与经纪人在价值观上存在差异，即使双方暂时有着共同的利益，也会因为环境、条件的变化最后分道扬镳，此类事例不胜枚举。从这个意义上讲，经纪代理关系应该也是一种人际关系，善于处理人际关系的人，从事经纪业务也可能会如鱼得水。经纪人如果开始不善于交往，经过专业的培训，也能得到提高，关键看对经纪业务的热爱程度。总之，在经纪人选择委托方时，对对方的价值取向不可一无所知，必须考察和了解。

（2）委托方的几种重要价值取向

市场上有不同的价值取向，如利益导向、渠道导向和品牌导向等。经纪人只有了解了委托方的价值取向，才能有的放矢。

① 利益导向型。有的委托方比较看重经济利益，作为市场活动当然是无可厚非的，经纪人面对这类委托方，可针对对方要求，做事直奔主题，让对方看到自己是委托方争取最大利益，同时又要规避对方可能要求的一些不合规范的手段，违反原则的要求。

② 情感导向型。有的委托方如公司企业的决策者和个人委托方，比较重视情感体验，同经纪人的合作中，重情轻利。对待此类委托方，经纪人要注重情感投资，满足委托方的情感需求，与委托方做朋友。

③ 品牌导向型。委托方在盈亏平衡的基础上，注重社会的知名度和品牌效应，而并不十分看重眼前经济效益，如许多大公司和公众度较高的企业对待一些市场机会，

更着眼于品牌的塑造而不是短期利益。

④ 渠道导向型。这类委托方注重建立渠道关系和挖掘潜在的市场机会，尤其是一些新型企业或进入新兴市场、陌生地域市场的企业。例如，一些外国企业进入中国，外地企业进入重庆市场，看重的不是眼前的利益，而是如何通过经纪人建立渠道、建立关系，为未来更大的发展作准备。

⑤ 责任导向型。有的委托方一身正气，喜欢对人对事负责，社会责任感强。这样的委托方不会因为利益或者感情因素而改变原则。经纪人需要检点自己的行为，让对方感觉自己行事磊落，手段正当，避免流于世俗，引起对方的反感。

（3）为价值链增值

经纪活动的价值链是指以经纪人为价值中枢，通过合理的委托人选择，确定委托方并接受委托方委托，为委托方创造最大价值的活动链条。经纪活动创造的价值产生于一系列的活动之中，这些活动的有机联系，就形成经纪业务的整个过程。价值链中每一个成员就是一个价值节点。根据价值链管理的思想，经纪人与处于上端的委托方以及下游的相关方之间，存在价值上的传递与增加。每一个活动，包括选择客户与开拓市场，都由各方之间的相互依赖、相互作用而构成，并由信息流、技术流、价值流在整条链条上流动。委托方的选择作为价值链上的前端活动，对整个经济活动的合理流动起着基础作用，一个环节的缺失将会导致整个链条的中断。委托方选择一定要做到为价值链增值。

二、委托方关系的确定战略

确定委托方的选择策略是经纪人与委托方关系链条锻造的第一步，稳定的委托方关系会使这条链条更加顺畅与牢靠。经纪人，不管是商品现货经纪人、证券期货经纪人，还是房地产经纪人、技术经纪人、文体经纪人或产权经纪人，与委托方关系只有在稳定、牢固之后方能创造更大价值和保证整个经纪人业务的顺利进行。

1. 确立委托代理关系

建立委托代理关系，首先是双方的接触和洽谈以及意向的达成，接下来就要在遵循国家法规和市场规则的基础上，按照公平合理、双方自愿的原则签订委托代理合同，最后是合同达成后的履行和监督。

（1）双方的洽谈。经纪人与委托方的洽商谈判是合作的前提，经纪人要作好充分准备，既要为洽谈提供充足的资料，使委托方了解合作的背景和利益前景；又要注意谈判技巧，引导委托方的思路到双方有利的道路上来。

（2）达成合作意向。在初步的接触了解以及商洽之后，如果双方的利益一致，共同点大于分歧，就可以进一步的商讨，在化解分歧后达成合作意向。

（3）签订经纪合同。有了合作意向后，双方可以签订委托代理合同来规范双方的权利义务关系，形成具有法律意义的关系。正式签约前，经纪人要认真审查委托人是否具备法人资格、营业执照或其他形式的合法法人。经纪人要注意不能给吊销营业执照的企业组织进行经纪，他们没有签订经济合同的权力。合同签订后，要注意遵守合同的约定为双方的业务谋取最大利益，同时也要根据新的情况或突发事件，及时与双方沟通，商定合同中的未尽事宜，合理划分剩余收益权的归属。

在签订正式的委托代理合同后，经纪人业务中的委托代理关系在法律上得到明确。但是，确定委托代理关系，还要在具体工作中按部就班，从一点一滴做起。

2. 经纪人的权利与义务

正确实施委托方关系的确定需要明确经纪人与委托方的权利义务关系，同时权利、义务的划分也可以明确经纪人的工作职责与范围。

（1）经纪人具有以下权利

第一，经纪人有依据相关协议进行中介的权利。委托代理关系建立之后，经纪人就有根据委托方授权权限进行业务开拓的权利。经纪人行业对市场的发展与完善，为交易的活跃起到有效润滑、积极促进的重要作用。市场与监管，既要排除对经纪人行业的偏见，又要采取相关鼓励措施，使经纪人的合法活动得到法律的保护和政策上的扶持。

第二，经纪人有要求对方支付成本费用的权利。经纪人在为委托方进行中介活动中，有些成本费用不包含在佣金内，如商品的保管费用、检验检疫费用，调研报告的撰写费用等，这些费用需要向委托方征讨。

第三，经纪人有获得合理佣金的权利。佣金是经纪人的主要收入来源，也是应该得到的劳动报酬，委托方应该按照合同的约定及时支付经纪人的佣金。佣金的支付方式是比较敏感的问题，如果在事后支付的话，如果委托方与相关方在达成交易后却摆脱经纪人，经纪人就得不到佣金收益；如果是事前支付，则交易成功与否不可知，对经纪人的业绩无法评估。有的经纪合同规定，委托方在某一阶段的所有交易，经纪人都可以提取佣金，这样的实力往往发生在以经纪人推介为主要成交方式的委托方交易中。至于佣金的抽取比例，不同的行业有不同的标准，其中以国际贸易中的经纪业务佣金比例最为规范。

（2）经纪人应当承担的义务

第一，经纪人需遵纪守法，遵守社会公德。经纪人在接受委托方委托后开展工作的过程中不得损害社会公共利益，不得扰乱市场经济秩序。例如，经纪人要有环保意识，不能把有污染的项目推荐给委托方。

第二，经纪人又维护委托方利益的义务。经纪人在开展经济业务时，要从委托方获利的前提考虑，不能为获取佣金而把不合理的业务推荐给委托方使委托方遭受损失。经纪人要为委托方保守商业秘密，防止泄密给委托方带来损失，否则经纪人要承担法律责任。

第三，经纪人开展经纪业务不得超越委托权限。经纪人在从事经纪活动时，不能因为有利可图就从事合同中没有约定的产品或服务的经纪活动，因违反协议造成的损失只能由经纪人承担。

3. 委托方的权利与义务

委托方同样享有相关的权利与义务，明确确定委托方的权利和义务是委托方关系战略实施的一部分。

（1）委托方享有的权利

第一，从经纪人的中介中获益的权利。经纪人与委托人建立起委托代理关系后，就是要为委托方的业务开展中介工作，委托方有从经纪人的中介工作后获取合法利益的权利。

第二，获取业务进展信息的权利，也就是知情权。委托方有知悉经纪人业务进展的权利，经纪人业务开展的相关情况要对委托方做到真实透明。委托方可以了解整个进程，并采取有针对性的措施。

第三，考评评价经纪人的权利。经纪人的报酬往往通过收取佣金的方式获取，不需通过考核经纪人的业绩作为支付报酬的依据，但是委托方同样有考核评价经纪人的权利。有的经纪人为了达成交易不注重方式方法，可能给委托方其他业务的开展或者在业界的名声带来不利影响。委托方须总体考核经纪人的工作，作为奖励或者评定的依据。

第四，出现法定事由时，依法解除合同的权利。当出现经纪人违约或者不可抗力等法定事由时，委托方有解除合同以避免自身利益进一步损失的权利。

（2）委托方应当承担的义务

第一，为经纪人开展业务提供相关条件的义务。经纪人为委托方进行中介业务，需要了解经纪人产品或业务的背景资料等。委托方应该积极配合经纪人提供相关手续和资料，比如，营业执照、专利证书或者其他相关的证明文件等，现货经纪人还需要相关的产品技术资料等。

第二，支付佣金的义务。委托方从经纪人的中介业务中获益，就要为经纪人的中介活动支付佣金。佣金是经纪人的合法劳动所得，按时足额的支付给经纪人应得佣金才能维护委托方关系的稳固可靠。

第三，遵守行规，尊重经纪人权益的义务。委托方与经纪人合作须注意遵守约定俗成的行规，比如，要尊重经纪人业务经营的自主权，不要轻易干涉经纪人的工作，使之束手束脚，难以开展工作。破坏行规会带来声誉的下降和长远利益的损失。

总之，委托方的确定需要统筹安排，稳步实施，保证整个经纪人工作的顺利进行。

三、委托方关系管理

委托方关系管理是指在委托—代理关系的基础上，维护渠道关系，促进与委托方关系发展的沟通、协调和服务。委托方关系是经纪人需要重点处理的关系之一，既要从经济理论角度探讨这种关系管理的性质，还要从法律角度熟悉国家法律对经纪行为的约束，从而使委托方关系管理以至整个经纪人行业的管理走上符合经济发展规律和法律规范的道路。

1. 经纪人业务中的委托—代理问题

研究经纪人与委托方的关系，不能不提到委托—代理理论。委托—代理理论最初研究的是企业管理中所有权与经营权相分离的情况下，委托方对代理人的激励与监控问题。随着新的经济理论的发展，委托—代理问题本身成为一门成熟的学问，它研究分析合作中的不道德行为和监督的问题。经纪人的委托方关系同样存在着委托—代理问题，用委托—代理理论解释经纪人的委托方关系不失为一种全新的尝试。委托—代理理论，主要是从委托方的角度出发来研究问题的解决。在信息占有不平衡的情况下，占有信息优势的一方为谋取自身更大的利益使另一方的利益受到损害，这种行为就称为道德风险和逆向选择。签订合同前产生的属逆向选择，签订合同后产生的是道德风险。针对道德风险与逆向选择行为而采取的监督与激励问题是委托—代理理论研究的核心内容。委托方可以通过激励使经纪人的行动符合委托方的愿望，问题是委托方如何平衡激励成本与收益最大化的经济动机。委托—代理理论从整体上已经达到很高的水平，委托—代理研究也成为一门成熟的学问。也许有人认为经纪人领域用不到这么高深的理论，其实恰恰相反，委托—代理理论最初就是从旧车市场、保险市场、劳动市场等常见经济现象为研究的起点，然后抽象出其中蕴藏的经济本质。经纪人行为的研究也需要对经济本质进行认识，把握经济规律，在社会经济发展中，使经纪人行业成熟壮大。

（1）委托—代理关系中的道德风险与逆向选择

道德风险与逆向选择问题是委托—代理关系中研究的重要起点，研究委托—代理关系中的道德风险与逆向选择问题，就是为了厘清经纪人业务中的委托方关系所存在的问题。

① 委托—代理中的道德风险。道德风险的经典案例来自于保险市场，投保人在签订保险合同后，从事一些高风险的活动而损害保险人的利益。在委托—代理关系中，代理人的道德风险存在于签订合同后产生的与委托方的信息不对称。对合同的履行经纪人拥有更多的私人信息，委托方不能监督到代理人的所有活动，导致代理人的行为可能逃脱责任。委托方的道德风险存在于业绩评价方面，有的经纪人与委托方订立的是收入分成合同，但有关委托方收入的信息更多掌握在委托方手中，委托方就有机会利用这种收入信息的不对称，谎报收入，减少经纪人的分成。

② 委托—代理中的逆向选择。逆向选择的典型案例就是旧车市场问题。在旧车市场上，买房双方存在着关于旧车质量的信息不对称。卖方知道旧车的真实质量，而买者不知道该旧车的质量，却能知道旧车的平均质量，买者只愿意根据平均质量支付价格，因此，质量高的旧车的卖者就会退出市场，市场里留下的是质量低的旧车。买者愿意支付的价格进一步下降，也就有更多的高质量的车退出市场。保险市场上逆向选择的存在，在于保险公司事前不知道投保人的风险偏好程度，就假定所有投保人都具有较高的风险偏好，收取较高保费，结果导致风险高的人把风险低的人驱逐出保险市场，就如借贷市场上银行逆向选择，提高利率，最终把风险低的贷款人驱逐出市场。

（2）委托方关系中的委托—代理问题

经纪人与委托方的关系中，信息不对称的情况经常发生，例如，商品现货经纪人所了解的委托方提供的货品信息就会少于委托方所了解的，在双方签订合约后就存在着道德风险问题。委托方把质量不过硬的商品让经纪人来打理，这是来自委托方的道德风险。另外，还有来自经纪人的道德风险，如拳击明星泰森就不知道签订合约后他的经纪人是否会侵吞他的出场费。委托方关系中存在的委托—代理问题同前面文字中单纯提到的诚信问题有所不同，我们要用理论研究中取得的成果来解决经纪人与委托方关系中可能存在的问题，探讨委托方关系中的这些问题应该怎样避免，应该采取怎样的对策才能实现双方的最大利益。

① 委托方关系中的道德风险问题。经纪活动中，经纪人可能受到较大利益的诱惑而利用信息上的优势，作出有损委托方的行为。针对经纪人的道德风险问题，委托方有权要求经纪人按自己的利益要求行事，尽管存在信息不对称和代理人有自己的目标，但是委托方的否决权会使代理人改变初衷。同样针对委托方的道德风险问题，经纪人也可以通过信号传递的方式告诉委托方自己是可信的，避免对方出现逆向选择问题。经纪人或委托方可以展示自己的学历与经历，使自己的诚信形象得以确立，降低因为道德风险与逆向选择所带来的效率损失和交易成本。

② 委托方关系中的逆向选择问题。委托方关系中的逆向选择表现在，委托方认为经纪人热衷的项目是有利可图的项目，从而把最小盈利可能性的业务交给经纪人，能够产生利润的部分留给自己处理。例如，农产品经纪，委托方把滞销农产品委托给经纪人打理，最畅销的产品则由自己来经销。

解决委托—代理问题就要有一个好的合同约定，尽量在合约中明确双方的权利与义务，规定应该有哪一方享有合同未尽事宜中的剩余收益权和剩余控制权，用合约来规范和约束委托人与经纪人的行为。另外就是重视信号的传递作用，通过行为信息传递或是通过观察对方所传达出的信号来判断决策。例如，如果对方在合作中显得漠不关心，显然是对关系质量的不满；如果在交流中，一方开始常常心不在焉，可能他已经准备放弃合作等。经纪人要注意委托—代理问题的把握，妥善处理好委托方关系。

2. 维护委托方关系的技巧

具体工作中，维护委托方关系需要利用人际关系上的技巧和经纪人成熟的运作手段。没有好的维护措施，委托方关系也可能招致不良后果。经纪人需要懂得维护双方关系的技巧。

（1）与委托方的沟通技巧

经纪人平常注意双方思想观念的协调沟通，注意揣摩对方心理，不卑不亢，有理有节，把握细节，就会为良好的合作打下基础，具体的技巧包括掌握对方心理、注意相处交谈技巧和营造和谐气氛等。

① 掌握委托方心理。掌握对方的心理，是关系建立与维护中的重要内容。不理解委托方的心理，就不能知晓对方行为背后隐含的内容。掌握委托方心理，首先要了解对方的需求、对方的动机与目的，注意不同人群的心理特点。只有这样，在与委托方的沟通中才能做到有的放矢。

② 相处与交谈。与委托方相处，要注意相处与交谈的技巧。相处技巧包括：会面时，注意礼节周到、大方得体，共同出现在公共场合，要注意突出对方，满足对方的尊严或虚荣心；遇到宴会、舞会等场合需注意着装和相关礼仪，并提前为突发事件作好准备。交谈技巧包括：谈话中，语言清晰有力，语气亲切谦和，在交谈中尽量眼睛看着对方，而不是东张西望，显得心不在焉。

③ 营造和谐气氛。和谐气氛的营造对双方沟通交流以及业务合作都极有帮助。营造和谐气氛，要注意从大处着眼，从小处着手。大处着眼，就是要认识到和谐气氛对

委托方关系的重要性，从小处着手，就是从一些小的事情做起。有些小的技巧就颇为奏效，例如，时机恰当的问候是维护委托方关系不可少的手段，经纪人不妨留心委托人的生日或其他一些重要节假日，适当问候会给对方留下良好的印象。另外，要养成定期向委托方汇报工作进展的习惯，使对方感到一切有条不紊，尽在掌握，减少对方的不信任感和对信息不对称产生的担心。时日一久，和谐气氛自然形成，双方的沟通就会更加愉快。

经纪人平常可留意委托方的习惯、兴趣爱好，同时也要培养自己的兴趣，丰富各方面的知识，从而能够方便地与具有不同兴趣爱好的委托方融洽相处，减少矛盾和冲突。

（2）化解矛盾的技巧

经纪人与委托方的合作不可能总是一帆风顺，发生矛盾也在所难免。有了矛盾时，经纪人要注意巧妙化解，不可使小矛盾影响大事业。

① 迅速寻找潜在威胁、及时消除隐患。市场变幻莫测，经纪人的业务中同样存在种种风险。面对同一个委托方，经纪人可能也面临其他经纪人的竞争；也可能双方的摩擦威胁到合作关系，经纪人要具备迅速察觉问题的能力，及时消除合作中的隐患。

② 巧妙委婉处理异议。经纪人与委托方的观点发生分歧是难免的。出现分歧，经纪人要注意技巧，巧妙委婉地作出解释，使委托方化解忧虑，坚定信心。分歧如果处理不当，则可能导致问题激化，造成不可挽回的损失。

③ 不断排除委托方退出的风险。委托方可能因为自己经营方向的改变，或者对未来市场的悲观预测产生退出的念头。这时，经纪人要能够及时觉察到委托方的变化，规劝委托方采取理性决策，切不可因一时冲动致使前功尽弃。另外，委托方可能对经纪人业务产生不满，导致产生退出念头。对于这种情况，经纪人更应该经常检讨自己的工作，察觉疏漏，及时弥补损失。如果是对方产生误解，应巧妙向对方澄清事实。只有不断排除委托方退出的风险，才不会给经纪人业务造成中断，带来不必要损失。

总之，统筹有方的委托方关系管理不但将保证经纪人事业顺利发展，更能为经纪人带来丰厚利润。处理好委托方关系是经纪人业务的重要内容。

第二节　相关方关系管理

一、寻找相关方战略

经纪人要找到合适的相关方，首先需要对自己所处的市场现状有一个清晰、客观、科学的分析，这样才能因地制宜地制定出寻找相关方的切实战略。

1. 市场现状分析

市场现状分析是指经纪人对委托方所委托经纪的产品、所处的市场格局和市场集中度、委托方以及经纪人自身的市场竞争力所作的整体分析与评估。其目的是要据此制定出科学而准确的相关方寻找和选择战略。

（1）市场格局分析

市场格局分析是指对委托方所委托经纪的产品市场供求态势的分析，即经纪人所代理的产品是处于卖方市场还是买方市场。

① 卖方市场、买方市场的含义。卖方市场是指市场商品供不应求的情况；而买方市场则恰恰相反，是指市场商品供过于求的情况。

一般来说，在卖方市场上，由于商品供不应求，消费者往往对所购买商品的数量、价格和品质没有太多选择权，处于被动接受的地位；商品的生产者或销售者在市场上处于主导地位，对市场有相对的支配权。而在买方市场上，由于商品供过于求，消费者面对众多商品有充分的选择余地，反而在市场上处于主导地位，有相对的支配权。通常情况下，处于卖方市场的产品是需求弹性较小的商品，而买方市场的产品往往是需求弹性较大的商品。

② 市场格局分析的意义。经纪人清楚地了解自己及委托方所面临的市场格局，可以从市场格局出发，有针对性地制定相关方寻找与选择战略，合理地利用自己手中的资源，以最小的成本实现最大的收益。

经纪人所代理的项目或产品如果是处于卖方市场的态势，就应做好信息的搜集、加工、发布和沟通，充分挖掘委托方产品的市场潜质，从而制订出一套完整的市场开发与运作计划，尽最大可能为委托方争取到最大的利益。尤其是文化或体育经纪人，他们代理的产品往往是仅此一件的艺术品或者是某个具体的人，比如，大卫·贝克汉姆的经纪人，其委托人是世上绝无仅有的拥有无与伦比球技和个人魅力的巨星，在市场上有巨大的号召力。对任何想利用他们个人能力或商业价值的公司来说，他们面对的都是一个卖方市场。

如果所代理的项目或产品是处于买方市场的态势，经纪人则需要深入分析该产品的市场集中度，继而寻找出自己的目标市场，通过准确的市场定位和优质的服务营销寻找适合自己的相关方。比如，保险经纪人在代理财产险或人寿险等产品时，他会面对众多保险公司提供的同类产品的竞争，投保人有充分的选择余地，这是经纪人面临的就是买方市场。只有深入分析自己所代理的保险产品有多少同类竞争对手，适用于什么样的目标细分市场后，经纪人才可能寻找到合适的投保人。这种市场格局往往是大多数商品所面临的市场常态。

需要注意的是，所谓卖方市场和买方市场的划分并非绝对，二者在一定条件下可以相互转化。一方面是因为任何产品都有其生命周期，由于技术进步或消费者行为、习惯的改变，原本处于卖方市场的产品可以转化为买方市场态势；另一方面，通过产品差异化或服务差异化，在原本是买方市场的格局中，可人为地将自己的产品转为卖方市场态势。优秀的经纪人必须能够预料到这种转化，并通过自己的努力延迟向不利于自己经纪产品的市场格局的转化，加速向有利于自己的市场格局转化。

（2）市场集中度分析

市场集中度是反映行业竞争状况的一个指标。经济学家根据市场上竞争与垄断的程度把现实中的市场分为四种类型：完全竞争市场、垄断竞争市场、寡头垄断市场和完全垄断市场。在这四种不同的市场结构下，生产厂商面临着程度不同的竞争状况，因而要制定不同的竞争战略。

① 完全竞争市场是指竞争充分而不受任何阻碍和干扰的一种市场结构。其主要特征有：第一，市场上有众多的生产者和消费者，任何一个生产者或消费者都不能影响市场价格，市场价格是由整个市场的供求关系决定的，所以，他们都只能是市场既定价格的接受者，而不是市场价格的决定者。第二，企业生产的产品具有同质性，不存在差别。第三，每个厂商都可根据自己的意愿自由进入或退出某个行业。第四，市场信息是畅通的。

② 完全垄断市场，一般简称垄断市场，是指整个行业的市场完全处于一家厂商所控制的状态，即某一家厂商控制了某种产品的全部市场供给。形成完全垄断的条件主要有：第一，政府借助于政权对某一行业进行完全垄断；第二，政府特许的私人完全垄断；第三，某些产品市场需求很小，只有一家厂商生产即可满足全部需求；第四，某些厂商控制了某些特殊的自然资源或矿藏，从而对用这些资源和矿藏生产的产品实行完全垄断；第五，垄断厂商控制了生产某些产品的特殊技术，从而通过实行价格歧视获得超额利润。

③ 垄断竞争市场，是一种既垄断又竞争，既不是完全垄断和又不是完全竞争的市场。垄断竞争的主要特征是：第一，产品差别的存在。同一种产品在质量、包装、牌号和销售条件等方面的差别，这种差别可以满足不同消费者的偏好。第二，存在较多的厂商，这些厂商努力创造自己产品的特色，以形成垄断，而这些产品之间又存在竞争，这就使某些厂商处于垄断竞争之中。

④ 寡头垄断市场，又称寡头市场，是指少数企业控制某一行业整个市场，他们供应的商品占这个市场最大最主要的份额。该市场的典型特征是厂商之间的行为相互影响，以至于厂商的决策要考虑竞争对手的反应。

通过市场集中度的分析，经纪人可以判别其代理的产品所要进入市场的结构，了解这一市场中的竞争态势，进而决定采取怎样的营销战略来选择合适的相关方。例如，作为一个产权交易市场的经纪人，当他为委托方代理产权买卖时，他面对的就是一个垄断竞争的市场，即在产权市场中有着众多的交易者。经纪人如果想顺利地找到自己的相关方，就一定要突出自己所代理经纪产品与其他商品的差异性，这样才能取得与众不同的竞争优势，占据市场先机。

（3）委托方与经纪人自身核心竞争力分析

核心竞争力，又称核心能力，是指建立在企业核心资源基础上，能够超越其他竞争对手的智力、技术、产品、管理、文化的综合能力。

委托方和经纪人，都可能通过一两次良机而赢得暂时优势。但是在过剩经济和激烈竞争的新形势下，无论谁都想在市场竞争中长期获胜，都必须依靠核心竞争力。如果委托方具有强大的核心竞争力，经纪人在代理他的产品时就会有更强的竞争优势。比如，可口可乐公司的经纪人可以轻而易举地实现其委托人的委托意图。同时，经纪人如果具备了核心竞争力，也有助于委托方在激烈竞争中立于不败之地。比如，作为麦肯锡的委托方，他的经纪产品则会更多地借助于麦肯锡在管理以及营销方面的实力得到推广。

① 委托方企业核心竞争力的评估。委托方企业的核心竞争力体现在委托方的整体运营中，主要包括委托方的决策能力、市场能力和创造能力。

委托方的决策能力是由企业的决策制度体系、企业的管理能力、企业的组织结构竞争能力三个相互关系的要素构成的。企业的决策制度（包括企业之外为企业决策的体制）是否具有竞争力的关键因素，是企业决策者的决策方法是否科学，是否按照企业决策应该遵循的一般策划规划和程序进行。企业的管理者一般是企业的决策者，所以企业管理者的能力水平与企业的决策能力水平是直接相关的。企业的组织结构体系与企业内部信息传递的范围和层次以及决策信息和反馈信息传递的效率息息相通，不同的组织结构会对企业决策的准确性、决策的执行情况产生不同的影响。这三个要素之间又是相通的，现代企业决策的准确性不可能只由企业管理者个人来保证，企业的制度和组织结构是保证管理者正确决策、约束管理者独断专行的有效工具，企业的决策制度具体体现在企业的组织结构中。

委托方的市场能力分为委托方的规模竞争力、市场传统优势能力（如品牌和文化优势）和企业适应市场的能力。委托方的规模竞争力是针对实力雄厚的大企业而言，它们具有相当的规模，可以形成规模优势，增加抗风险的能力。企业的市场传统优势主要包括委托方的整体信誉、产品品牌、员工人格名誉等，企业凭借这些市场优势可以很好地维护、发展自己的核心。企业适应市场的能力一般来说是小公司、小企业的优势所在，但目前，这已成为所有公司在不断变化的当代社会共同追求的一种核心竞争力。

在现代社会，尤其是知识经济时代，相对于前两个要素而言，创造能力具有更为重要的意义。委托方的创造能力包含的主要内容有企业的科学技术竞争力和人才竞争力。只有掌握先进的科学技术，才能使企业的核心产品（核心产业）具有市场竞争力。人才的强大竞争力是现代社会一切企业核心竞争力的核心部分，这是因为，企业的一切活动都是通过人的行为实现，从这个意义上说，优秀人才是企业最终的、最重要的宝贵资源。

委托方在企业决策能力、市场能力以及创造能力方面是否具有优势，直接决定了经纪产品在同类市场上的竞争能力，经纪人只有清楚委托方在这些能力上的优劣，才能做到知己知彼，从而制定出合理的营销战略。

② 经纪人的核心竞争力的评估。由于经纪人自身并不生产产品，而是通过自身的服务来创造价值，因此经纪人的核心竞争力主要体现在捕捉机遇的能力、组织领导能力、公共能力和创新能力上。

捕捉机遇的能力是指及时发现和捕捉外部环境呈现的发展机遇，制定正确的竞争和发展战略，有效组织内外部资源，充分利用这种机遇的能力。这种能力对一个企业的持续生存和发展具有决定性的影响。这种能力不是天生的，可通过学习、思考和实践而获得。

组织领导能力是指能按照既定战略，通过领导、组织、奖惩以及文化建设等手段，围绕关键成功要素，发展出超越竞争对手的专有技能的组织领导能力。

公关能力是指经纪人运用传播等手段使自己与委托方、相关方以及社会公众之间相互理解、相互适应的一种管理职能。它可以使经纪人在激烈的竞争中获取及时、准确、充分的信息，开拓市场，协调各方关系，并与委托方和相关方在竞争中形成"多赢"的局面。

创新能力是指上述活动所产生的专有技能，如管理的创新能力、提供高品质服务的能力、控制成本的能力、对顾客需求迅速反应的能力。

经纪人可以根据以下标准判断自己的核心竞争力：

第一，核心竞争力是能带来高价值的竞争能力。核心竞争力必须是那些能增加经纪人外部环境中的机会或减少威胁的竞争能力，它能够帮助经纪人在激烈的市场竞争中保持长期的竞争优势。

第二，核心竞争力是稀有的竞争能力。核心竞争力是经纪人独一无二的、没有被当前和潜在的竞争对手所拥有的竞争能力。即使一种竞争能力很有价值，但是如果可以被许多竞争对手所拥有，它产生的则只能是竞争均势而不是优势。

第三，核心竞争力是难以模仿和学习的竞争能力。核心竞争能力必须是不易被其他企业模仿和学习的，并且模仿和学习的成本很高。

2. 寻找相关方

经纪人在对自己和委托方所处的市场现状进行深入分析后，可以有针对性地制定开发与寻找相关方的战略。

（1）相关方的开发

相关方的开发是指经纪人根据委托方的需求，在特定的市场态势和竞争格局下，通过对经纪目标市场细分和定位，寻找能与委托方达成交易的目标相关方的活动的总称。

经纪人如果面对是一个卖方市场，那么他在委托方的寻找与选择上都会占有主动权。经纪人如果面对的是一个处于垄断竞争结构的买方市场，他则会面临更加挑剔的消费者和更加激烈的竞争。经纪人只有通过精确的市场细分，准确的市场定位才能满足消费者的各种需求，最终使其成为自己的相关方。

① 代理产品目标市场的细分。市场细分是指根据整个市场消费需求的差异性，以影响消费者需求和欲望的某些特定因素为依据，将这个市场划分为两个或两个以上的消费群体，每一个需求特点相类似的消费群体构成一个细分市场即子市场。其中任何一个子市场都是一个有类似的欲望和需求的购买者群，都可能是企业的目标市场。在各个不同的细分市场，消费者需求有较大的差异，但同一细分市场需求基本类似。

企业通过市场细分，可以了解各个不同群体的需求情况和目前满足的程度，从而发现哪些群体的需要没有得到满足或没有得到充分满足。在满足程度较低的市场部分，就可能存在着最好的市场机会。

② 经纪目标市场的定位。在做了市场细分后，就要进行市场定位，即经纪人决定选择哪个细分市场进入。市场定位方法可大致分为以下几种：

第一，区域定位。在制定相关方的选择战略时，经纪人应当为经纪产品确立前景市场区域，选择进入国际市场、全国市场还是某个地区市场。只有找准产品适用的市场，相关方的寻找才能成功。

第二，规模定位。按照需求群体经营规模的不同，可以对需求群体进行不同规模的划分。针对其规模的不同，确定其需求，从而确定相关方开发战略，经纪人可以达到事半功倍的成效。

第三，特殊定位需求。特殊定位需求是考虑把自己代理的产品配置给有特殊需求的对象。每个企业都有自己特殊的需求，经纪人代理的产品无法满足所有相关企业的全部需求。因此，经纪人可以选择一部分特殊需求与自己代理产品相适应的企业作为自己定位目标，针对他们的特殊需求实施相关战略。

需要指出的是，在实践过程中，这几种定位方法往往结合在一起使用。

（2）委托方产品和经纪目标市场的偏差及修正

① 委托方产品和经纪目标市场的偏差。很多时候，经纪人通过市场调查发现，委托方最初期望经纪人进入的目标细分市场并非最佳，与经纪产品真正适合或对应的目标市场出现了偏差，这表明委托方的市场地位不够准确。市场定位出现偏差可能由以下原因造成：

第一，委托方掌握的信息不够全面。委托方作为商品或劳务的提供者，往往把更多的精力放在如何提高自身产品质量，如何降低自身的成本或如何提高自身的素质上。虽然有较强的市场观念，但由于社会分工的不同，他们获得的市场信息往往不及经纪人全面，或者要滞后于经纪人所获得的市场信息，造成双方的信息不对称，而这也正是委托方为什么要寻找经纪人的原因之一。对市场信息把握不准确，容易造成委托方市场地位的偏差。

第二，委托方的期望过高，导致市场定位过高。每一个委托方都要追求利润的最大化，因此委托方期望自己提供的产品或服务能够获得高收益是合理的。但有些委托方处于追求短期效应的目的，或对经纪人能力的预期过高，盲目追求高投入高回报，这往往与市场需求不符。委托方非理性的出发点导致了其所追求的目标市场出现了偏差。

② 经纪人对委托人目标市场的修正包括以下两方面：

第一，签订"委托—代理"合同时对委托方目标市场的修正。如果经纪人对委托方委托的产品及其市场很熟悉，在签订"委托—代理"合同时，就能及时发现委托方所要求的目标市场的定位与其委托的产品的目标市场定位存在偏差。在这种情况下，经纪人应及时向委托方提出修改建议。一方面可以减少今后营销过程中出现不应有的人力、物力浪费；另一方面可以降低委托方过高的心理预期，避免今后对合约提出疑义，从而维持双方良好的合作关系。

第二，签订"委托—代理"合同后对委托方目标市场的修正。如果经纪人本身对委托方所委托经纪产品并不很熟悉，经过调查后发现两者出现错位，可以在履行委托方合同时提出修正。这既能减少经纪人今后的营销成本，又能最大限度地实现委托方的价值和利益。如果这样做会引起合同条款纠纷，经纪人应本着追求长远利益的考虑出发，适当作出让步。这样既可更好地履行合同，又能挽留住客户。

经纪人经过上述开发过程，可以将欲确定的相关方锁定在一个非常小的目标范围内，从而转入相关方选择阶段。

二、相关方选择策略

在经纪目标市场上，不同类型的相关方有不同的需求。经纪人对相关方所属类型作出明确的划分，便于分析其需求特点，从而制定有针对性的选择策略。

1. 相关方类型

相关方按经营类型不同可以大致划分为以下三种类型：

（1）生产型

生产型相关方是指以有形产品的生产加工作为其经营方式的相关方，主要指一般的工商企业。生产型相关方对委托方产品的需求通常是为了满足生产的需要，有着派生性的特点。同时，生产型相关方往往安排有专职的采购人员，注重成本收益分析，但决策相对较慢。

（2）服务型

服务型相关方可分为营利型和非营利型两种。服务营利型相关方是指通过提供服务满足客户的需求，进而获取收益的相关方，比如，餐饮、旅游、出版、娱乐等行业的企业。营利型机构的购买特征类似于工商企业，比较注重成本和利润的控制。服务非营利型相关方，是指通过提供服务来履行本机构或组织对其特定服务对象的义务，例如，学校、医院等。非营利型机构的采购受到公众的关注和有关法律及本组织财务预算的制约。政府是非营利服务型相关方当中比较特殊的一类，其对于委托方产品的购买必须在各级财政的监督下，以法定的方式、方法和程序，通过公开招标、公平竞争来实现。

（3）金融投资型

金融投资型相关方主要指在各类金融市场上进行投资的个人、企业或机构。按照在金融市场投资相关方对风险的承受能力不同，可将其分为风险厌恶型、风险中立型和风险偏好型三种。风险厌恶型相关方指那些不喜欢价格波动的投资者，在期望收益率相等的情况下，风险厌恶者宁愿选择价格波动性较小的投资。为使风险厌恶者交易委托方的金融资产，必须以更高的期望收益率来补偿他们。风险中立型相关方指对价格的波动不太关心的投资者，这类投资者只考虑期望收益率。风险偏好型相关方是指为了能得到可能的高收益，甘愿承担风险的投资者。经纪人对相关方关于收益和风险的态度了解得越明确，越有助于促成其与委托方的交易。

2. 相关方需求类型及特点分析

（1）利益型需求

无论是个人还是组织类相关方，都会有为维系自身正常运转、更新和发展需要而产生的需求。由此引发的需求的最大特点是对于经纪人提供的委托方产品或服务，相关方全部自己消费而不再留作他用。这一类需求有如下特点：

① 需求的扩展性。相关方的需求不会永远停留在一个水平上。马斯洛需求理论把人的需求分为五个层次：生理的需要、安全的需要、社会交往的需要、尊重的需要和自我实现的需要。当低层次的需要被满足后，人们就会对高层次的需要产生满足的动

机，从而由低层次的需求向高层次的需求扩展。例如，随着市场竞争的加剧，组织类相关方为了提升自己的竞争优势，对高技术和先进设备的需求会越来越多。

② 需求的复杂多变性。相关方群体种类众多，差异性很大，由于各种因素的影响，对不同商品或同类商品不同品种、规格、性能、式样、服务、价格等方面会有多种多样的需求。

③ 需求的可诱导性。需求的产生，有些是本能生而有之的，但大部分是与外界的刺激诱导有关。经济政策的变动、营销活动的影响、社会交际的启示等都会使需求产生变化或转移。潜在的需求可以变为现实的需求，微弱的欲望可以变成强烈的购买欲。这为经纪人营销运作提供了前提和充分的发展空间。

④ 需求的基础性。由于相关方对满足利益型需求的产品全部留作自己消费，不再作其他用途，故而利益型需求又是一种终极消费型需求。终极消费型需求是其他各类需求的基础，没有终极消费需求的满足也不会有其他需求的产生。

（2）派生型需求

派生型需求是指由满足最终消费需求而产生一种需求，是间接的和引致的需求。即相关方对经纪人提供的委托方的产品或服务需求是为了满足生产的需要而产生的，而这种生产又是为了制造最终消费者需要的产品而进行的。比如，为了生产一套大型设备，对专用工具及半成品的需求即属于这类派生型需求。

（3）业务拓展型需求

业务拓展型需求是指相关方不拘泥于眼前的利益，从业务的长远发展出发，依据拓展需要引发的需求。这类需求的特点是：

① 战略性。战略性意味着拓展业务不注重一城一池的得失，而是从全局性视野来考虑问题。比如，很多跨国公司在中国寻找合作项目时，为了能打入中国这个巨大的市场，他们可以降低收益预期，甚至可以接受初期亏损运营的操作方案，以获得项目机会，而这种暂时的利益损失，换来的却是更广阔的市场空间。这样的需求就带有明显的战略性。

② 附加条件性。业务拓展型需求在放弃一些短期的、显而易见的利益的同时，往往会附带其他一些从长远考虑的条件作为回报和补偿，而这些条件可能对委托方的长远利益造成侵害，经纪人在考虑满足这类需求时，应当全面综合衡量委托方的利益得失。

③ 复杂性。业务拓展型需求是一种战略性需求，但不意味着目标相关方对短期利益的完全放弃。拥有这种需求的相关方往往会在长期和短期战略之间寻找一种平衡，从而形成其需求的复杂性，并造成委托方与相关方利益分配的复杂性。

（4）规避风险型需求

规避风险型需求是指相关方为了规避资产减值、交易成本过高或预期收益波动过大等风险而产生的需求。譬如，相关方为了规避在现货市场上的风险，会在期货市场上进行套期保值，这就是一种风险规避型需求。这一类需求的最大特点是：

① 风险承受能力低。由于相关方的资产规模较小、资金来源较窄或对资金流动性需求较高，导致相关方的风险承受能力相对较低。

② 收入预期较稳定。由于相关方对风险的承受能力较低，在确定方案时，相关方会选择未来收益预期相对比较稳定的项目，作为自己的需求。

（5）投机盈利型需求

投机盈利型需求是指相关方为了获取更高的投资收入而产生的寻找投机机会的需求。股票和期货市场上很大一部分投资者为了追求高利益，对于股票和期货价格的变化进行投机，这部分需求即为投机盈利型需求。这一类需求的最大特点是：

① 利益预期高。这部分需求产生的动机就是为了追求高利益，较高的未来收入预期是对其所承担风险的补偿。

② 风险度高。高收益的投资机会通常存在于涉足者较少或发展不太成熟的领域中，因而不确定性较大，相应的风险也比较高。

③ 信息量要求高。相关方风险承受能力强，并不是说相关方一点不关心风险。相反，相关方为了将风险锁定在承受的范围之内，需要获取大量的信息。通过对信息的加工、整理和分析，相关方可以对自己即将面临的风险程度有相对清楚的认知，进而作出正确的决定。这也为经纪人通过提供信息服务来赢得相关方创造了机会。

在确定了相关方类型，并对相关方的基本条件和需求作出有针对性的分析后，可以将相关方锁定在具体的对象上。经纪公司经过对相关方的开发、选择后，最终将目标锁定在某一个或几个客户上。但这些客户是否最终能够成为与委托方交易的对象，还面临如何赢得相关方的问题。

三、相关方关系管理

相关方关系管理是指通过为相关方提供差异化服务，搞好公共关系，促使交易成功的推介、协调、服务等活动。

经纪人要想通过为相关方提供差异化服务，促使其与委托方交易成功，首先要确定竞争者。竞争者是指能够满足相关方交易需求的组织和个人，包括能够与相关方成交的交易对象，或能够媒介交易的经纪人。在影响经纪人业务的开展和营销计划实施的诸多外部因素中，竞争者的影响是最直接和最重要的。竞争对手的竞争战略将直接影响经纪人营销战略的制定、实施和调整，所以经纪人必须认真地分析和比较在开展经纪业务中所面临的竞争对手。

1. 确定竞争对手

确定竞争对手，首先要对竞争者进行市场细分。

（1）竞争者市场细分

① 现有竞争者。现有竞争者专指已进入经纪人代理的经纪产品市场，能够提供给相关方同类或相似的商品及服务，并占有一定相关方市场份额的竞争者。从竞争者本身的特性考虑，现有竞争者分为两类：一类是直接为相关方提供其所需求产品的生产商或服务商，另一类是媒介相关方与生产商或服务商的经纪人。两者或直接或间接，都对经纪人所代理的委托方产品构成威胁。

② 潜在竞争者。潜在竞争者是指随时能进入经纪人所代理产品的领域，对经纪人及其委托方构成威胁的竞争者。成为经纪人相关方的潜在竞争者须具有一定的条件：

第一，行业相近。行业相近指潜在竞争者所从事的行业与经纪人所代理的委托方产品非常近似，当他发现相关方有利可图时，可以花费最小的成本迅速从原有行业转化过来，从而对经纪人及其委托方构成威胁。

第二，市场门类相同。例如，同是运动产品生产厂家，假设经纪人代理专为老年人设计的运动鞋，其他生产商或经纪人如果发现这一细分市场利润丰厚，他们马上就可以投入到老年人运动鞋的设计、生产和销售中来，与经纪人争夺现有市场。

第三，有一定的知识与技能准备。随着社会分工的不断深入与细化，各个行业或领域都有着各自不同的特点与知识、技能要求，当竞争者一旦具有一定的相关知识和技能准备后，就会形成对委托方或经纪人的潜在威胁。

③ 替代产品提供者。所有行业都面临替代的威胁。替代是一种过程，通过此过程，一种商品或服务取代了另一种商品或服务，为客户实现一种或几种特定需求。由于替代产品提供者的出现，相关方就会面临更多的选择，这对于经纪人实现其对委托方的经纪目标构成很大的冲击，经纪人可能会面临失去相关方以及淘汰出市场的可能。因此，经纪人对于替代产品的提供者尤其要加以关注。

相关方是否接纳替代产品，主要考虑的因素是替代产品或服务的性价比，即在提供同样性能产品的竞争者中选择价格更低的；在提供同样价格产品的竞争者中选择性能更优越的。因此，经纪人在面对替代产品竞争者时，一方面要促使委托方降低自己的成本，另一方面要使其不断提高产品的性能，这样才能从根本上应对替代产品竞争者的挑战。

处于完全竞争或垄断竞争市场的产品所面临的替代产品提供者可能会比较多。因为这时产品的异质性很小，其他竞争者可以很容易地开发出与该产品相近或相似的产品与现有产品进行竞争。经纪人只能通过不断与委托方沟通，促使其提高产品的质量与性能并不断开发适应性强的新产品，同时为相关方提供差异化的服务来应对替代者的竞争。

（2）竞争者分析

分析竞争对手的目的是了解每个为相关方提供相同经纪产品的竞争对手所可能采取的行动及其成功的概率；了解各竞争对手对经纪人在计划范围内的行动可能作出的反应；知晓当市场中有新的机会出现时，竞争者的关注程度和参与深度，从而制定出有针对性的战略，更好地维护与相关方的关系。对竞争者的分析主要从以下四个方面展开。

① 竞争者现状。首先，经纪人要在竞争者细分的基础上，分析相关方竞争市场上的竞争对手，包括对现有竞争者的数量，潜在竞争者进入的难易程度以及替代产品提供者出现的可能性。其次，经纪人要分析竞争对手的竞争战略，包括目标定位、战略方针和竞争策略等。对竞争对手现状的了解有助于经纪人预测竞争对手的类型，同时也有助于解释竞争对手所采取的竞争战略和强度。

② 竞争者能力。对竞争者能力主要从以下几个方面进行考察：

第一，核心能力，即竞争者对相关方的业务开展情况如何，其长处与短处有哪些，竞争者如何达到战略一致性的要求，随着竞争者的成熟这些方面能力的变化等。

第二，增长能力，即竞争者提升自身竞争能力，竞争者能力增长表现在人员素质提升、相关方市场份额的扩大，以及对相关方公共能力的增强等方面。

第三，应变能力，即竞争者是否适应服务竞争以及市场活动的逐步升级，对外界事件的反应如何等。例如，竞争者能否应付持续的高强度竞争情况，是否面临退出的障碍，这些障碍的影响程度。

③ 竞争者对自己和其他对手的估计和判断。每个竞争者都对自己的情形有所估计。例如，他可能把自己看成行业内知名的公司、行业领导者等，这种估计将指导他的行动方式和对事态的反应方式。同时，每个竞争者也会对他所面对的竞争对手的实力进行估计。竞争者的估计可能正确也可能不正确。如果这些竞争者过高或过低估计了其自身以及竞争对手的持久力、资源和公共实力，就可造成经纪人的可趁之机，争夺到相关方资源。

④ 竞争者目标。识别竞争对手的未来目标，是对竞争对手进行分析的非常重要的因素。经纪人制定营销战略的方法之一，是在市场中找到既能达到目的又不威胁其他竞争者的位置。了解竞争对手的未来目标，就有可能找到各方相对满意的市场位置。当然达到各方满意的状态只能是相对的，当经纪人不得不迫使竞争对手让步以实现自己的目标时，经纪人就需要找到一种战略，利用明显的优势抵御现有竞争对手。识别竞争对手目标，通常应包括对市场位置目标、资源占有目标和社会活动目标等定性因素的分析。

根据以上分析，可以基本掌握竞争对手的状况，对竞争对手的可能行动与反应作出判断。

（3）竞争双方优劣势比较

① 产品。经纪人所代理的产品是在夺取相关方的竞争中最核心的要素。能提供满足相关方需求的产品是争夺到相关方的基本点，其他所有的营销活动都是围绕着产品而展开。因此，经纪人面对细化后的相关方目标市场，首先要将自己所代理的委托方产品与其他竞争对手提供给相关方的产品进行比较，总结优势与不足，继而扬长避短，缩小差距，打败竞争对手。

产品是一个整体概念，主要包括三个层次：一是核心产品，即商品或服务给相关方带来的效用和价格；二是形式产品，包括商品的质量、式样、特色、包装、商标、服务的提供方式等；三是扩增产品，主要是指产品的品牌以及售后服务等。经纪人比较产品的竞争优势，主要是比较委托方与竞争者的产品在这三个层次上的竞争能力，以及能否根据相关方的需要和企业自身条件不断改进和变换这些因素，实现它们之间的最佳组合。

② 成本。主要从两个方面进行考察：一是委托方产品的成本是否有优势，二是经纪人自身在代理过程中的成本是否有优势。

委托方产品的成本优势直接决定了经纪人与竞争者在争夺相关方时的价格优势，同时委托方产品的成本优势也直接决定了其能否根据经纪人所提供的相关方变化了的需求信息，迅速、高效地提供改进产品，使得经纪人能够与相关方保持长期的业务合作关系。

经纪人的代理成本与委托方产品成本不同，经纪人提供的主要是无形的服务，其成本的计算与控制很难量化，如果经纪人能把自身的成本控制在最低限度，就可以在相同的成本水平上为相关方提供更多的服务，从而在竞争中战胜对手。

③ 业务开发能力。业务开发能力主要是指经纪人与竞争者争夺相关方资源的公关促销能力，即经纪人与竞争者相比有更大的能力获得相关资源，完成对委托方的代理业务。这一能力的大小主要与经纪人的综合实力有关，比如，经纪人的业务种类、服务质量、服务方式和手段等。业务开发能力强的经纪人将迅速占领市场份额，日益发展壮大，取得一定的竞争优势。

④ 各种社会资源拥有量。这里所说的社会资源是指与社会各界的关系和网络，包括政府关系、与上级主管部门的关系、公共媒体关系等。社会资源的拥有量，则指经纪人或竞争者拥有这些社会关系和资源网络的广度和深度。经纪人作为中介服务机构，在社会中的地位就是社会网络的一个节点，他所拥有的社会资源越多，连接的社会关系越广，信息来源就越广泛，代理业务开展就越顺畅。社会资源拥有量较多的经纪人为相关方提供的产品和服务相对深入和广泛，必将获得相关方的信任，取得竞争优势。

⑤ 形象与信誉。形象与信誉主要是指委托方与经纪人二者的形象与信誉。如果委托方或其产品是名牌，经纪人在业内有着良好的信誉，则会增加相关方的信任感与认可度。反之，如果与竞争对手相比，委托方在业内没有什么名气，经纪人又名声欠佳，就不利于相关方作出有利于经纪人的决定。

总之，通过确定可能面对的竞争对手，分析竞争对手能力及战略，比较竞争双方的优劣，经纪人就可以明确自己在争取相关方时可能面临的困难，并制定有针对性的策略，从而达成与相关方的交易。

2. 提供差异化服务

（1）差异化服务概念

服务的"差异化"，就是在经纪业务中强调相关方细分化、服务过程（或服务链）的差异化定位、服务创新、特色服务、服务差价、经纪人的应变能力和灵活性等。在经纪行业竞争中，提供差异化服务是打败竞争对手，赢取相关方的决定性因素。

（2）如何提供差异化服务

① 产品差异化。成功的相关方目标市场细分是实施产品差异化的关键。通过提供针对相关方某一需求的专门产品，满足相关方特殊的、个性化的需求，从而体现出经纪人所代理产品的与众不同，是打动相关方的有效方法。实施产品差异化战略时，经纪人需要完成两方面的工作：一是把相关方目标市场所需要的细分产品要求传达给委托方，使其能按照相关方的需求来提供目标产品；二是通过经纪人营销，如产品定价、产品包装、广告宣传、市场推广等强化其所代理产品所区别于其他竞争者的特色，将产品差异化的信息成功地传递给相关方。

② 价格差异化。价格差异化是指经纪人在面对竞争对手争夺相关方时，采取与竞争对手显著差异的价格来赢取相关方，并达成交易。价格差异化主要有两个方式：

第一，显著产品定价。如果是同质产品，经纪人在获得委托方授权后，在成本许可的范围内，可以采取明显低于竞争对手的价格来争夺相关方；如果委托方产品的性能和价值显著优于竞争对手，经纪人在获得委托方授权后，可采取适当高于竞争对手的定价，从而凸显其代理产品与众不同的质量与品质，获得相关方的好感与认可。

第二，基于销售折扣与销售折让的差别定价。根据支付现金、销售季节、购买数量等的不同而给与相关方的价格优惠，这是最常见也是最通用的价格差异化手段。

③ 与市场领先的相关方建立共生关系。如果经纪人所提供的产品是相关方产品的主要部件或子系统，并且该部件或系统是构成相关方产品区别于其他产品的一个重要原因，那么经纪人最好与相关方特别是处于市场领先地位的相关方建立共生关系。所谓共生关系，是指经纪人及其委托方与相关方建立基于产品的战略联盟，完全根据相关方产品需求的变化来决定自己的产品规格、服务标准和产品数量，与相关方一损俱损，一荣俱荣。相关方依靠经纪人提供的量身订做的专门产品或系统，在其市场上取得竞争优势，而经纪人及其委托方凭借相关方强大的实力获得生存和发展。

④ 特色服务。提供特色服务是指经纪人为相关方提供的有针对性的服务，从而赢得相关方的服务活动，包括：

第一，提供信息服务。即通过电话、传真、电子邮件、手机短信甚至为相关方建立专门的网页等方式，为其提供经过加工的行业分类、经营咨询、市场机会等信息，建立与相关方的良好的合作关系。

第二，谈判服务。经纪人在委托方与相关方的谈判过程中，可以发挥中介的独特作用即谈判服务。经纪人通过引导谈判趋势、控制谈判节奏、协调谈判进程等有意识的活动，消除委托方与相关方在谈判中的障碍，弥合双方在谈判中的分歧，最终促成相关方与委托方达成协议。

除了通过差异化的服务来争取相关方外，对相关方的公共活动也是在相关方关系管理中的一个重要环节。

3. 相关方公共关系

公共关系是一门社会科学，针对相关方的公关活动是经纪人在相关方营销工作中极为重要的组成部分。经纪人在公关活动中，通过信息的传播和交流，沟通与相关方的联系，树立良好的信誉，为实现委托方的委托目标提供有利条件。

（1）对相关方公关的作用

经纪人对相关方的公关活动有以下作用：

① 信息的传播与沟通。经纪业务的开展是一个不断与相关方沟通交流的过程，在这个过程中，经纪人向相关方传递的信息包括：

第一，产品服务信息。经纪人提供的产品与服务只有和相关方的需求相吻合时，相关方才有可能选择购买。比如，作为证券经纪商，经纪人应向相关方展示其代理证券买卖的手续费用情况，证券托管事宜，开户与销户程序，是否能提供网上交易、电话交易服务，是否能及时、快捷地为相关方提供证券实时行情和信息咨询等方面的情况。提供恰当的产品服务信息既方便相关方选择，又可争取潜在客户。

第二，经纪人内部消息。经纪人应向相关方传递有关自身经营状况的信息，让相关方全面了解经纪人的经营宗旨及其在同行业中的规模、地位和实力，让相关方对经纪人产生信任感，成为其忠实客户。

第三，社会评价信息。一般而言，经纪人为自己以及自己所代理产品所作的宣传往往有自夸之嫌，向相关方展示社会公众对经纪人及其代理产品的评价，则有很大的说服力。比如，公开经纪人在各类社会活动如竞赛、评比中的获奖情况，公布业内权威机构对经纪人所代理产品的评级情况和业内排名，公开政府及有关职能部门对委托方及其产品的测评结果，都将有利于争取相关方对经纪人的信任和支持。

第四，咨询建议信息。相关方对经纪人提供的产品或对委托方的了解有时是不全面、不透彻的，他们需要专业人士为其提供真实、可靠的信息，以便作出合理的判断和决策。如果经纪人能及时满足相关方的这种要求，为他们提供诚恳、切实可行的建议，相关方将对经纪人产生良好的第一印象。

相关方向经纪人提供的信息主要是：相关方对经纪人的忠诚度、对产品和服务的满意度以及其他反馈情况。经纪人据此可作出相应决策。同时，经纪人还可获得有关竞争对手的信息，了解其战略计划、市场动态、差异化服务特征，有的放矢地调整自身的服务战略，提高经纪人自身的服务水平。

通过这种信息的双向传播，经纪人与相关方不断沟通交流，有利于经纪人准确预测相关方需求的发展和未来的市场动向，同时对保持与相关方的长期合作关系起到重要作用。

② 形象的塑造与维护。经纪人形象是相关方对其行为的整体印象和评价，由许多要素组成，如员工形象、领导形象及管理形象等。经纪人形象是一笔无形财富，塑造和维护经纪人形象不仅是相关方公关的一项基本作用，而且也是经纪人的工作目的。

经纪人形象是由相互独立又紧密相连的两方面构成的，即塑造与维护。前者是基础，在形象没有塑造好之前，无所谓形象维护；后者是保证，良好的形象需要长期的维护，否则原有的良好形象就会丧失，二者相辅相成，缺一不可。

③ 促使相关方作出有利于经纪人的决策。处理好与相关方的公共关系，将对促使相关方作出有助于经纪人的决策提供有益的帮助。及时的信息传递、良好的形象、优质的服务，都会从感情及心理上拉近相关方与经纪人的距离，使其在作出决定时有意无意地向有利于经纪人的立场靠拢。

（2）公关活动的基本原则

① 真实性原则。真实性原则是指经纪人在对相关方的公关活动中，应当坚持实事求是的科学态度，以准确可靠的信息与相关方进行沟通。心理学研究证明，最容易伤害对方感情者，莫过于对他进行欺骗。贯彻真实性原则的基本方法主要有：坚持实事求是的科学态度；排除先入为主的心理定势；尽量减少信息传递的环节；重视身临其境的原始材料。

② 互利性原则。互利性原则是指经纪人在对相关方的公关活动中，必须从不损害社会公众及相关方的利益的立场出发，坚持互惠互利、共存共荣的公关原则，决不以牺牲社会公众及相关方的利益来谋求自身的发展。经纪人与相关方任何一方的需求得不到满足，二者之间的关系就失去了赖以存在的基础，因此双方是一种共存的关系，不可采取杀鸡取卵、饮鸩止渴的短视行为。

③ 远景性原则。远景性原则是指经纪人在对相关方的公关活动中，要善于从长远

和发展的角度去考虑问题，能够有效地防止和克服急功近利的经营行为，从而使经纪人的公共决策建立在科学的基础上。为此，要做到着眼于未来，制定宏观战略构想；着眼发展，切莫以小而不为。

④ 渐进性原则。渐进性原则是指经纪人在对相关方的公关活动中，要善于根据自己的宏观目标，制订出周密而具体的行动计划，从而使自身的公关工作有条不紊地向着新的水平和新的高度前进。

⑤ 协调性原则。协调性原则指经纪人在对相关方的公关活动中，必须注意提高全体员工的公关意识，做到各部门统一思想、互相配合、共同努力，才能完成既定目标。

⑥ 信誉性原则。信誉性原则是指经纪人在对相关方的公关活动中，要讲究信誉，自觉维护并不断完善自身形象。在与相关方发生交往或交易的过程中，绝不能因为某些暂时的局部利益，使自身的形象和信誉蒙受损失。

⑦ 感情性原则。感情性原则是指经纪人在对相关方的公关活动中，要注意感情投资，即通过与相关方的交往和沟通，达到感情交流、增加友谊的目的，从而借助双方的感情因素促进公关活动的成功。积极的情感具有增力性，可以提高人的活动能力，推动人们去追求某种事物。经纪人在公关活动中注入感情因素，在赢得相关方好感的同时，可以完成自己的既定目标。

⑧ 时机性原则。时机性原则是指经纪人在对相关方的公关活动中，要善于审时度势，注意发现和选择有利于协调关系的时空因素，抓住时机、乘机而上，以求双方关系的飞跃和升华。

（3）对相关方公关的主要方式

① 提供咨询服务。利用经纪人在信息搜集和分析领域的优势，为相关方提供市场信息以及经营管理等方面的咨询服务，密切与相关方的联系，加强与相关方的感情沟通。

② 多渠道沟通。广泛利用各种通信手段和媒介听取、搜集相关方的意见和态度。利用登门拜访、新闻宣传、记者招待会、展示会等各种方式向相关方提供一致和有说服力的信息。

③ 社会资源整合。经纪人通过与相关方业务渠道的对接和业务关系的交流，为相关方介绍各种政府关系、社会关系，拓展相关方的人脉，增加其交易机会，进而实现自身社会资源与相关方资源的有效整合，为巩固与相关方长久的业务关系打下良好基础。

④ 搞好人际关系。要注意搞好经纪人与相关方、委托方与相关方、经纪人与委托方三方之间的人际关系。培训专职人员，对任何来信、来访、来电的人都要给予迅速、有礼、准确、友好的接待和处理；建立与相关方定期与不定期的联系制度，答复相关方对经纪人、委托方及其产品的询问；协助委托方及时调整经营策略、经营方法和产品结构，以适应相关方及市场的变化；建立危机应急处理制度，应对由于各种意外情况导致的相关方与经纪人的关系危机。

相关方是经纪人能否实现对委托方代理义务的决定性因素，经纪人通过制定经纪营销策略、实施相关方选择战略以及相关方关系管理，寻找、甄别出目标相关方，并通过差异化服务和公关活动打败其他竞争对手，维护好双方关系，最终才能实现委托方与相关方长期、稳定的交易关系。

【案例解析】

日本的一家化妆品公司设在人口百万的大都市里，而这座城市每年的高中毕业生相当多，该公司的老板灵机一动，想出了一个好点子，从此，他们的生意蒸蒸日上。这座城市中的学校，每年都送出许多即将步入黄金时代的少女。这些刚毕业的女学生，无论是就业或深造，都将开始一个崭新的生活，她们脱掉学生制服，开始学习修饰和装扮自己。这家公司的老板了解了这个情况后，每一年都为女学生们举办一次服装表演会，聘请知名度较高的明星或模特儿现身说法，教她们一些美容的技巧。在招待她们欣赏、学习的同时，老板自己也利用这一机会宣传自己的产品，表演会结束后，他还不失时机的向女学生们赠送一份精美的礼物。这些应邀参加的少女，除了可以观赏到精彩的服装表演之外，还可以学到不少美容的知识，又能个个中奖，人人有份，满载而归，真是皆大欢喜。因此许多人都对这家化妆品公司颇有好感。这些女学生事先都收到公司寄来的请柬，这请柬也设计得相当精巧有趣，令人一看卡片就目眩神迷，哪有不去的道理？因而大部分人都会寄回报名单，公司根据这些报名单准备一切事务。据说每年参加的人数，约占全市女性应届毕业生的90%以上。在她们所得的纪念品中，附有一张申请表。上面写着：如果您愿意成为本公司产品的使用者，请填好申请表，亲自交回本公司的服务台，你就可以享受到公司的许多优待。其中包括各种表演会和联欢会，以及购买产品时的优惠价等等。大部分女学生都会响应这个活动，纷纷填表交回，该公司就把这些申请表一一加以登记装订，以便事后联系或提供服务。事实上，她们在交回申请表时，或多或少都会买些化妆品回去。如此一来，对该公司而言，真是一举多得。不仅吸收了新顾客，也达到了把顾客忠诚化的目的。

【解析】孙子兵法说："攻心为上，攻城为下"，"上兵伐谋"。日本这家公司的老板正是一位高明的"攻心为上"术的使用者。他牢牢抓住了那些即将毕业的女学生们的心理：脱掉学生制服之后，希望通过装扮和修饰自己能创造一个不同于以往的形象，能更漂亮、更出众，但却不会装扮又不知该向哪儿咨询。公司老板的服装展示会和美容教学进一步激发了这些少女的爱美的欲望，让她们在学习的同时，也熟悉并接受本公司的产品。经纪企业要想获得忠诚的顾客，也应改被动"等待"为主动"培养"，将传统的被动"吸引"及"等待"改为主动"拉拢"和"培养"。正如这家日本公司所做的，它先是针对即将毕业的少女这个目标顾客群，通过服装展示会及美容教学等方法主动将其拉向自己，然后利用申请表收集新顾客的信息以便提供更优质的产品及服务，通过公司的各种优待将顾客牢牢"锁住"，耐心地将其培养成为企业的忠诚顾客。

【实训】客户识别

一、实训目标：培养学生识别客户的能力

二、实训知识要点：客户的购买行为或接受经纪的决策，都不是明确表现出来的，经纪人在客户管理时，要善于识别具有需求的客户，能够将潜在客户转化为现实的客户。要求经纪人具有较强的观察判断能力。

三、实训背景：

场景一：医院门口，一人拿着药，另一人拿着脸盆，两人同时要车，出租司机应该选择哪一个客人？

场景二：人民广场，中午12:45，三个人在前面招手要车。一个年轻女子，拿着小包，刚买完东西。还有一对青年男女，一看就是逛街的。第三个是个里面穿绒衬衫的、外面羽绒服的男子，拿着笔记本包。出租司机应该选择哪一个客人？

四、实训内容：学生看完上述情景的材料后，判断应该选择那位客户，理由是什么？

五、实训要求：全班同学一起或分组讨论，要尽量多的学生发言，特别要说明自己选择客户的理由。

【思考题】

1. 如何理解自身业务目标的确定是选择委托方的首要工作？

2. 委托方关系渠道有哪些优势？

3. 怎样理解委托方关系中的委托—代理关系？

4. 如何维护委托方关系？

5. 根据市场竞争与垄断的程度，现实中的市场可以分为哪几种类型？每种类型例举一到两个有代表性的行业？

6. 请分析委托方与经纪人的核心竞争力。

7. 如果你是一名房地产经纪人，任选择本地一房地产公司开发的某项目进行代理，你将如何进行市场细分，确定目标市场？

8. 接上题，确定目标市场之后，你将采取什么样的营销策略？尝试制订一套营销战略方案。

9. 面对不同类型的相关方，经纪人的服务重点有何不同？

10. 目前，我国存在200多家证券公司，每家公司均开展证券经纪业务，对于相关方的争夺日益激烈。假设你是一家证券公司主管经纪业务的经理，请从相关方关系管理的角度提出如何拓展本公司经纪业务的战略计划。

第七章 经纪风险和防范

【本章导读】

20世纪90年代中期，是我国市场经济及各行各业快速发展的时期，在竞争和利益的双重驱动下，经纪人制度在国内悄然兴起，这种自发形成的经纪人制度既促进了各个行业自身的发展，又给投资者或委托人和经纪公司本身造成了一些不良后果。近年来，经纪人制度在空前发展的同时积累了巨大的风险，经纪人相关纠纷不断出现，其中大部分都与经纪公司中的经纪风险相关。经纪风险产生的原因是多层次和多方面的，深入了解风险产生的根源是经纪公司实施风险控制和管理的前提条件。我国经纪风险形成的原因包括两个层次：第一层次主要包括企业外部环境、企业内部"软件"环境、企业内部"硬件"环境、风险管理技术方法等技术发展方面，第二层次主要包括国家法律体系建设落后、企业体制落后及国家支持力度不够等制度方面。

本章从实际情况出发，充分研究并揭示了我国经纪人制度发展中普遍存在的经纪风险及其成因，特别注重了法律地位模糊、法律责任界定不明等凸显的现实问题，最后从不同的角度提出了防范和管理风险的措施。

第一节 经纪风险的种类

风险是一种客观存在，无处不有，无时不在：既包括地震、洪水、雷电、火山爆发等自然风险，又包括战争、暴力、经济危机以及人的行为过失等社会风险。对于特定的事物而言，人们对自己是否会遭遇到不幸事件，受到多大的损失，处于一种不确定的状态。于是，特定的事物对于特定的人们，就构成了风险。

对于任何一个企业来讲，风险都是客观存在、不可避免的，不过在一定条件下具有某些规律性，人们能利用这些规律把风险缩减到最小的程度，但不可能将其完全消除。因此，对于企业的经营及管理团队来说，其永恒不变的使命是不断把握商机并防范风险。把握商机是要利用市场机遇和企业的资源，尽可能地巩固和拓展业务，从而保证创造利润的能力。这是一个企业生存与发展的基础。但是，仅仅把握商机还不能保障企业的成功与发展，因为企业在追求商业利益的过程中，还必须承担相应的风险。因此只有对风险进行有效的防范与管理，才能避免失败，取得成功与发展。

一、风险的一般概念与类型

广义上的风险是指未来结果的不确定性，可分为如下三类：

第一类称为收益风险，即只产生收益而不导致损失的可能性，如接受教育的风险就是一种典型的收益风险。

第二类称为纯粹风险，即只带来损失而不会带来收益的可能性，如地震、洪涝、火灾等。

第三类称为投机风险，即既可能带来损失又可能带来收益的可能性，如房地产投资、股票投资等。

风险和危险在经济学中是两个不同的概念，风险主要是指第三类风险，而纯粹风险被称为危险。经济学中不讨论纯粹风险和收益风险，以下所讲的风险也是指第三类风险。概念上，风险是指人们对未来行为的决策和客观条件的不确定性可能引起的后果与预期目标发生负偏离的综合。这一定义包含了以下含义：

（1）风险是客观存在的，风险的大小取决于实际结果与预期结果偏差的程度，可以用风险程度来度量，它与该事件发生的概率及产生的损失有关。

（2）客观环境和条件的不确定性是风险的重要成因。

（3）风险伴随着人类的活动的开展而存在。

风险的分类是有关风险研究的一个复杂的问题，学术界对风险的分类多种多样，经常相互交叉。一般是按风险成因、风险来源的不同来划分，也有根据风险范围、风险层次、风险特征的不同划分。如主观风险和客观风险、纯粹风险和投机风险、个体风险和总体风险、系统性风险和非系统性风险、可分散风险与不可分散风险、市场风险和信用风险等。在证券行业中，1994年国际证券事务委员会及巴塞尔委员会所发表的一份联合报告就把与衍生工具相关风险分为六类，即市场风险、信用风险、流动性风险、操作风险、结算风险和法律风险。对风险的合理区分，有助于人们深刻认识并采取针对性措施控制风险。

二、经纪风险的种类

经纪业务是各经纪公司如现货经纪公司、期货经纪公司、房地产经纪公司、证券经纪公司等最基本的业务活动，经纪业务的收入成为公司收入的主要来源。经纪业务涉及的主体比较多，环节复杂，因而风险来源多、发生频繁、影响巨大。

经纪公司经纪代理业务有其特殊性，本书将经纪风险作如下四类划分：信用风险、代理业务过程中的风险、公司制度缺陷带来的风险及政策与法律风险。公司面临的其他风险如期货经纪业务将受到影响的市场风险或系统风险，不在本书的考察范围内，此处的经纪风险是狭义的，仅指与经纪公司经纪代理业务过程密切相关的风险。

1. 信用风险

信用风险又称违约风险是指交易一方发生违约，或无法完全依照约定条款履约而导致另一方产生损失的可能性。交易主体主要由客户与经纪人或经纪公司组成，因不同交易主体发生的信用问题而产生不同的信用风险，由于客户的原因导致的信用风险通常被称作经纪伙伴风险，而由经纪人或经纪公司的信用问题导致的风险本书将其统称为经纪信用风险。

（1）经纪伙伴风险

经纪伙伴风险是产生于经纪活动中的一种特殊风险。在经纪活动中，经纪人并不是一种可以完全独立的角色，它需要与合作伙伴一起来配合实施相关的交易行为。"经纪伙伴"是在经纪业务中为了共同利益而合作的参与者。合作双方形成"委托—代理"关系，合作伙伴自然就是委托方与代理人。这里说的经纪伙伴风险特指在经纪伙伴所形成的战略联盟中，由一方的自利行为给另一方甚至双方造成危害的可能性，尤其是指因委托方的机会主义行为使得经纪人利益减少，甚至蒙受巨大损失的可能性。

研究经纪伙伴风险关系到经纪人最终利益的实现。经纪人的活动是为买卖或交易双方提供中介服务。经纪行为的全过程有许多的付出，它要运用经纪人的知识、智慧、精力、财力，包括动用各种社会资源。可以说经纪活动本质上是在生产一种具有价值的无形产品或劳务。作为权益，经纪人理应获得相应的报酬。通常是按照事前约定，从委托方取得一定数额的佣金；也有可能是非现金的形式，如获得一定时期或一定范围内从事某种经纪业务的权利。与任何投资行为一样，经纪活动的成败是以付出一定成本后最终能否得到预期回报为标志的。经纪伙伴风险对经纪人的上述活动会带来什么影响呢？

比如，某公司（委托方）在一个大型建设项目中中标，由此产生了对上亿元钢材与水泥的需求。为了取得理想的产品供应条件，它找到了某经纪公司。经过多个回合的交往，双方确定了"委托—代理"关系。随后，经纪人动用自己的人力资源和市场关系，寻求到符合委托方要求的供货商（相关方）。委托方得到经纪人提供的有利信息后，提出与供货商见面，理由是要直接询问产品的技术细节问题。此时，经纪人该怎么办？如果没有任何防备，就有发生风险的可能。因为委托方在与相关方接触后，完全可能找出种种借口甩开经纪人而与相关方单独交易。由此使得经纪人的劳动前功尽弃，这种情况叫做"甩佣"。

经纪伙伴风险主要表现在委托人的"甩佣"行为。另外，当市场行情（价格和产品的相关条件）发生了对委托方不利的局面时，委托方以恶意违约来损害经纪人的利益；或者它在遭受经纪环境（政策、法规）的调整后，将自己的损失转嫁给经纪人；还有当整个经纪活动结束时，委托方找出种种理由克扣、拖欠或拒付应兑现给经纪人的佣金等。在期货经纪活动中，则通常表现为客户非理性交易的风险与客户恶意透支交易的风险。客户非理性交易的风险，指某些客户投机心理浓重，赌性极强，往往不听劝阻，满仓交易，遇极端行情，致使期货公司来不及斩仓，造成公司风险。客户恶意透支交易的风险，指个别客户利用期货公司管理上的漏洞，恶意透支交易。事后方向正确则向经纪公司入金，以示合理所得；事后亏损，则一走了之，给公司带来损失。

（2）经纪信用风险

在客户与经纪人或经纪公司交易过程中，由于经纪人或经纪公司信用问题而使客户或投资者蒙受损失的风险。经纪公司由于它的特殊性容易发生市场失灵并带来一系列信用风险。一般有经纪公司欺诈与经纪人欺骗行为两种情况。

①经纪人欺骗行为。员工的思想意识和行为是否正确，直接关系到经纪公司的风险和风险大小。如果员工的个人品德欠佳（道德风险），势必导致风险丛生。

以期货经纪公司为例，因经纪人欺骗客户造成的纠纷占投诉的一大部分。引入期货经纪人虽然是禁止的，但一些公司依然以某种形式允许其存在，并且运作中存在很多不规范、不理智行为，形成诸多风险隐患。某些期货公司允许经纪人对所掌控的多个客户进行混码交易，超量下单，造成巨额穿仓损失。不仅要对客户进行赔偿，又给公司带来严重损失。虽然出发点是为了吸引客户，但最终会使公司失去信誉，遭受经济损失。

②经纪公司欺诈行为。欺诈导致的损失是投资者更为直接关注的问题，比如，在期货经纪公司，一些经纪商在经营过程中可能会欺诈。他们可能告知投资者交易不是冒险的，但事实却不是这样；或者他们说不会为自己的账户交易，事实上暗地里从事了这种交易；或者他们说将客户保证金与自有资金分开管理，事实上却挪用了客户保证金。

在房地产经纪公司也存在同样的欺诈情况，必须要求售房（出租）人对所出售（出租）的房产具有合法处分权且产权无瑕疵。如果购（租）房人没有到房屋所在地房地产管理部门查询有关房地产权属登记信息，没有了解所购买（承租）的房屋产权有无抵押、查封等权利限制，以及出售（出租）该房产的人是否为房屋产权人，则可能出现因"一房多卖（租）"、交易人对交易标的房屋无处分权以及房屋存在权利限制等问题引发矛盾纠纷，导致不能正常达成交易而蒙受经济和精神损失。另外，因未慎审订立房地产经纪合同也常引发这类欺诈风险。合同订立是一种民事行为，签约各方应对生效合同产生的相应法律后果负责，交易当事人应当审慎签订房地产经纪合同。一是交易当事人未采用房地产管理部门、行业组织制定的房地产经纪合同推荐文本或者借助熟悉房地产法律法规的专业人士签订合同；二是交易当事人轻信某些房地产经纪机构和经纪人员的口头承诺，未把所有的约定落实为书面合同条款；三是交易当事人对于合同条款含义模糊、有失公平，或者认为条款不完善的，没有坚持要求对有关合同内容进行细化、改进或完善。

如果欺诈未被察觉，而违约又不存在的话，很显然投资者或客户就会处于风险之中。在这种情况下，本应由经纪公司承担的风险就转嫁到客户身上，当违约情况发生时，要察觉欺诈自不在话下，但是经纪公司由于资金的短缺，不能完全补偿客户，从而形成成本，即使经纪公司完全补偿了投资者或客户，也会因交易的中断带来干扰。

2. 经纪业务过程中的风险

（1）操作风险

操作失误引发的风险，这类风险包括执行具体的代理经纪业务时，在不存在欺诈的情况下，因操作失误发生了违约从而给客户或投资者带来成本。这种情况下，客户会遭受损失。例如，期货经纪活动中，股市行情好的时候，交易柜台前挤满了下单的客户，操作人员往往可能忙中出错，发生操作失误、反向操作或委托内容不全等事故，产生业务纠纷，给证券公司造成损失。由于经纪公司的疏忽造成了一个比较大的代理业务失误可能会导致违约结果，客户就未能获得完全的收益或者可能要支付一笔较大的费用，而这笔费用在不存在这种失误时本可以避免的。这种情况时有发生，期货经纪公司的下单员在期价上涨时将做多误做空，并且延迟做相反交易以规避风险就是其中一个例子，那么有可能出现经纪公司违约拒绝给予客户适当补偿，或者出现诉讼问题，带来诉讼成本。

操作不规范引起的风险。目前，经纪人在开展经纪业务时，由于许多具体的操作由经办人直接办理，许多操作无法集中处理，因而存在不少由于不规范的业务操作引起的风险事故，如虚报成交价、乱收费、伪造客户签名等，这些不规范的操作容易与客户发生纠纷，从而给中介公司带来经济或名誉上的损失。

承诺不当引起的风险。经纪人对客户进行承诺时，如果没有把握好分寸，一味地迎合客户的心理，作出无法兑现或其他不适当的承诺，就容易引起纠纷，有时甚至会带来不必要的经济损失，也给中介公司的形象带来损害。在房地产经纪业务开展过程中，容易出现承诺不当现象的环节有：房源的保管、协议的签定等。

另外，操作软件系统或电脑也常引发风险、比如，券商经纪活动所需的电脑处理系统是营业部的核心枢纽，这个系统不仅要向客户提供及时的数据传输，而且还要和总公司保持联系，有的还直接同深沪证券交易所保持联系，进行指令传送、交易回报等实时数据处理。电脑系统一旦出现故障，可能引起交易瘫痪，造成的损失是难以估量的。

（2）经营管理疏漏造成的风险

公司对合同管理不严，致使签了字的空白合同被人盗用，引起纠纷后公司要面对诉讼。典型的例子是海南某期货公司北京营业部一案，由于其营业部前任经理离开后又私设了一个点，且在任时利用公司对合同管理不严的漏洞，将已签字盖章的合同带走，并以营业部名义吸纳了几百万保证金后潜逃，而客户是对总公司提起诉讼，导致公司面临诉讼且名誉受到很大损失，某客户以自己手中的合同与公司不符为名同时起诉几家公司，不认可其交易结果，使几家公司卷进诉讼，且面临败诉风险。因此合同的签署和管理是非常重要的环节，不可轻视。

产权纠纷引起的风险。产权风险就是指买卖双方签定买卖合同甚至交付房款后才发现，由于房屋产权的种种问题，房屋无法交易，也无法过户。每个经纪人都必须意识到产权确认在二手房交易中的重要性。这些在交易签约前未做产权确认而引发的纠纷大量出现，不仅浪费了经纪方、买卖双方大量的时间和精力，甚至给客户造成了经济损失，同时也给中介公司带来经济或名誉上的损失，影响了二手房市场的健康发展。

目前，我国的不动产交易采取的是登记要件主义，即房屋必须经过房地产产权登记部门的过户登记，房地产权利才发生转移。所以，经纪人在促成买卖双方签定了房地产买卖合同后，应立即协助买卖双方到房屋所在地的房地产权登记部门办理产权过户手续；假如买卖双方发生房屋买卖纠纷，应尽快向法院提出诉前财产保全或诉讼财产保全，将房屋查封，防止房屋被转移。

（3）信息欠缺引发的风险

现代市场经济是信息经济，快速、准确、可靠地掌握市场供求及变化趋势，发掘信息的时间价值是经纪人应对市场竞争的必然选择。

以房地产经纪公司为例，信息欠缺是指房地产经纪公司或经纪人因客观条件的限制或一些主观上的原因，对房源的相关信息掌握不全面。较常见的是房屋的质量、产权、上市许可证等问题，因为这些问题往往需要深入调查才能了解清楚，而一般的房地产经纪公司很难组织人力对每一套房源进行深入地调查。

在房源欠缺的情况下开展经纪业务，有些经纪人会凭自己的"推理"对有些信息加以补充，如当客户问房源的质量情况时，经纪人觉得自己看到的该房源的质量好像没什么问题，于是就随口回答"没有问题"。而若客户成交后发现该房源存在某些质量隐患，就极有可能与经纪人或经纪公司发生纠纷，从而引发风险事故。

因此，经纪人应尽可能全面地掌握房源的相关信息，对于某些不清楚的方面，当客户询问时要如实告知，以免引起不必要的纠纷。

同样，农村经纪人所经营的农产品中，有很大一部分是蔬菜水果等易腐烂变质的初级产品。由于目前农村信息网络建设滞后，农村经纪人无法及时地获取市场信息；产供销行情不明，极易造成产品品种落后、供销脱节、经营效益低下等问题。因而信息缺失就意味着经济损失风险。市场信息是农村经纪人不可或缺的生存条件，对经纪活动具有导向作用，只有适销对路的农产品才能经得起市场风险考验。可见，提高信息效益是对抗信息风险的必由路径。

3. 源于制度缺陷的风险

许多风险难以消除事实上是源于制度的缺陷，只有建立和完善内部制度，尤其是独立的风险管理制度，从制度上约束和规范公司的经营行为和员工的业务行为，才能有效地控制风险。

源于制度缺陷的风险主要体现为期货经纪公司保证金监控风险。期货经纪公司不能如期满足客户提取期货交易保证金或不能如期偿还流动负债而导致的财务风险。例如，有的期货公司允许客户透支，有的公司则将资金抽出投向其他金融工具，有的公司在期货公司盈利的情况下，大股东任意调拨和占用盈利资金。这些都潜伏着较大的流动性风险。具体表现在以下几个方面：

股东抽逃资本金等造成的公司资产不实，引发期货公司占用客户保证金，进而引起支付危机等风险。造成这种情况的主要原因是股东虽然对期货经纪公司进行了投入，但又不是全力支持期货公司，而是想利用期货公司这块牌子赚钱，对闲置在期货公司的资金随意挪动，一般表现为控股股东随意抽逃期货公司资本金从事其他经营或填补股东本身资金缺口，致使期货公司自有资金紧张，抵御风险能力下降，典型的案例是"青岛双飞龙事件"。青岛双飞龙期货公司的控股股东是一家民营企业，其董事长兼任青岛双飞龙期货公司的董事长。由于缺乏现代企业经营理念，股东随意动用期货公司的资本金，并由于股东公司经营不善导致进一步占用了期货公司的保证金，进而影响到客户下单和出金，公司不能正常运转，客户的保证金也不能如数退还，最终爆发危机，使客户蒙受损失。这是典型的公司股东任意挪用公司资金，导致公司及其所属营业部均受连累，造成支付危机。同时也给社会造成不安定因素，造成客户集体投诉，要求索赔，而公司及股东均无力偿还，只有靠政府出面，协调各方力量变卖股东的部分资产，才得以安抚客户。

期货公司占用客户保证金用于其他投资发生亏损导致客户权益受损的风险。占用客户保证金一般分为主动占用和被动占用两类。主动占用者往往是将自有资金用于其他投资而将客户保证金用于日常周转，使客户下单等受到影响；被动占用则往往是对客户风险控制不力造成的，或是公司自有资金已消耗殆尽，只能用客户的保证金维持运转，且不断消耗，致使客户保证金周转不开，影响客户下单和出金，从而影响了客户的权益，其中，相当一部分是公司自营交易严重亏损导致的占用。无论是主动还是被动占用均是违规行为，其后果是直接影响客户权益，是产生风险的一大根源。像青岛双飞龙就是严重占用客户保证金而被关闭，这样的例子还有很多，产生的后果较为严重。

期货公司允许客户透支，客户穿仓后无力偿还，造成公司亏损的风险。为了吸引客户等原因，少数期货公司存在为客户提供透支，或因追加保证金不及时客户发生穿仓后追补保证金困难等问题。有些老公司曾有过这方面的教训，由此造成的数百万标的的官司至今没有结果，或是胜诉后仍难以执行，反映了透支风险的严重性。去年以来个别公司仍有因透支导致公司损失惨重，不仅客户的保证金全部亏损，甚至连公司的自有资金也搭了进去，并且由于经营不规范，还造成客户纠纷，股东为此还要再拿出资金赔偿客户，由此造成的损失极为巨大，有的原股东已无力再支持公司，必须通过吸引新股东进入以增强实力。

期货公司私设营业点，全权代理，交易不进场，混码交易等均会引发风险。公司私设营业点或是与他人合作设点，均存在很大风险。第一是违规面临处罚；第二，与他人合作私设营业点，还存在着被人利用进行大量违法行为的巨大隐患。这样的例子很多：某公司曾于1995年与安徽的某人合作营业部，当时只是委托该人协助在当地申报，并未委托其经营，由于营业部一直未正式批准，公司即认为没有开展交易，但其合作人已打着公司的名义在当地开展业务，且交易、资金等均不经过公司。后来，合作人将客户保证金亏损殆尽，便将问题转嫁给期货公司清理，使公司面临司法和直接经济损失，并使公司为解决案件花费了大量人力、物力和时间，影响了公司正常经营发展。这就是公司管理不严付出的代价。某期货公司也爆发了一个因前几年与人合作带来的遗留问题。虽然合作仅是开发客户，而且合作几年前即已中止，但当时的合作人继续打着该公司某交易部的名义吸引资金并投资于证券，最后卷款潜逃，欺骗了投资者且影响恶劣。第三，其他问题，如全权代理，混码交易，虽然明令禁止，仍有一些公司存在侥幸心理，并发生了事后因客户不承认交易结果而公司不仅要赔偿客户本金，还要承担穿仓损失的事例，给公司造成了严重损失，也给期货业带来了负面影响。

其他种类经纪公司也存在类似资金监管不当引起的财务风险。房地产经纪机构和经纪人员占压挪用交易资金是当前房地产经纪市场存在的最大风险。房产交易不像其他商品交易那样可以当场"银货两讫"，如何确保交易资金的安全成为房地产交易中最为核心的问题。为保障交易安全，房地产经纪人通常会接受买卖双方的某些委托代管款项，如定金、房款、交易费用等，在合同条件成就的情况下依合同约定代为支付上述款项。而这些资金少则几百，多则几十万上百万，对于经纪人而言，依法正确、有效地监管这种代收代付资金显得非常重要。一旦监管不当则会给买卖双方造成损失，同时也给中介公司的经营带来不可估量的损失。

故而交易当事人自行支付交易资金的，有必要在订立买卖（租赁）合同时，明确交易款项的金额、支付条件、支付方式等内容。通过房地产经纪机构和交易保证机构划转交易结算资金的，交易资金的存储和划转一定要通过客户交易结算资金专用存款账户进行，不能通过该账户以外的其他银行结算账户代收代付交易资金。

4. 政策与法规风险

政策风险在我国期货经纪行业发展过程中较为常见，对市场影响很大，特别是在相关主体对风险失控的情形下，政策风险的破坏性更为明显。政策风险在某种意义上也是风险源发生于主体的风险。在期货市场中能制定政策影响市场的是交易所，如何减少政策干预也成为风险管理的重要内容。近年来，中国期货市场新政策不断出台，每一项政策、法规出台或调整（如保证金、交割等规则的变动或国内经济政策调整等），都会引起市场较大的波动，进而影响到期货公司的经营。政策风险属于不可控制风险，这是其复杂性。

中国期货市场从20世纪90年代初建立到现在，市场法制建设步履维艰。中国期货市场建设的模式是先市场，后立法。从1993年到1998年，监管部门根据市场发展的情况制定了有关规章、规定，基本模式是出了问题堵漏洞，一个文件解决一个问题，带有明显的应急性、滞后性。从1993年起，期货市场就积极呼吁出台一部期货法规或者条例，几经讨论，但迟迟未能出台。近几年来，一些期货违法、违规现象已经发展到了非以法律规范作为最后法律保障手段不可的阶段。由于缺乏相应的法律规范，不少问题得不到有力制止，某些问题甚至屡禁不止，严重扰乱了期货市场的正常秩序。例如，有的期货经纪公司参与非法集资，有的期货经纪公司总经理携客户保证金逃走等，这些恶性事件时有发生，危害很大，在社会上造成了一定的影响。

在这种情况下，因法规建设不完善而带来了风险，有的风险不因为经纪公司加强内部管理就可以回避，在法律诉讼中，经纪公司往往处于劣势。我国经纪类行业必须开始走向法制化建设道路，逐渐改善我国经纪行业的法制环境，控制风险的措施、手段更具操作性，更加具体。这些措施、手段既规范经纪行为，又为经纪公司的发展提供了广阔的空间。

第二节　经纪风险的成因

分析我国经纪公司近几年所发生的风险事件，可以从风险管理的支持系统——企业环境上找到风险形成的原因。而最深层的原因，则在政府层面和企业体制层面。企业环境分为企业内部环境和企业外部环境，内部环境又分为企业"硬件"环境和企业"软件"环境。"硬件"环境主要包括公司的治理结构和组织架构，"软件"环境包括企业风险管理文化、企业人员诚信水平和道德素质。

一、信用风险为什么存在

第一个是"搭便车问题"，很显然，经纪业最重要的市场失灵就是不完全信息，或者说信息不对称，收集关于经纪公司和公司内部员工的质量信息是一个需要花费高昂成本的过程。个人投资者即使有动力去监察（或者委托代理人去监察）经纪公司，这种动力也是不够的，因为个人通过监察带来的收益会广泛地扩散到所有投资者，结果，个人投资者就希望其他人进行监察，自己则倾向于选择搭便车。因此，实际监察数量会低于所要求的数量。随着投资者数量的增加，搭便车问题会越来越严重。经纪人或经纪公司欺诈性行为被监察的可能性就越低，故而相应的信用风险也越高。

第二个是"逆向选择问题"。信息不对称导致逆向选择问题，经纪交易双方在进行博弈时存在一个前提，即双方对许多信息的掌握是不充分的，或称信息不对称。谁都是在不知道对方完全信息的条件下来独自作决策。合作的过程从某项约定或签订协议开始，而签订协议时就会因信息不对称而使另一方隐藏着逆向选择的风险。所谓逆向选择是指人们在签订协议时会利用对自己有利而缺少信息一方不利的私人信息的倾向。由于逆向选择的存在，为了对付这种风险，双方一定要在签订协议前尽量多地搜集对方的有关资讯，并在相对有把握的情形下来签订协议。但要做到全面掌握对方的信息，不仅要受到客观条件限制，也会遭到各自主观因素阻碍，其成本是巨大的。所以逆向选择不可避免，它为日后经纪伙伴之间可能发生的种种危机埋下隐患。

一方面，这个问题的存在会鼓励欺骗性公司和个人进入期货经纪业，不存在违约时，欺诈可能不会被察觉，存在违约时，投资者也不会获得充足的补偿，无论在何种情况下，都会给投资者带来风险。另一方面，经纪客户可能隐瞒自身情况，从一开始就使经纪人或经纪公司面临被"甩佣"等方面的风险。

第三个是"道德风险问题"。自利的动机引出道德风险，道德风险，是指达成协定的一方在达成协定之后，存在着以损害对方利益为代价给自己带来好处的方式行动的激励。协议签订下来之后，在经纪过程中双方能否严格遵循承诺并顺利合作下去，此时经纪伙伴之间的状况很像"囚徒困境"中的当事人。他们在信息不对称时各自会采取何种对策呢？虽然合作中有共同利益，但双方毕竟是各自独立的利益主体。二者很容易产生自利的动机，而一旦有了自利的动机必然会引出道德风险问题。

搭便车的行为随着客户的增多越加严重，这或许可以通过经纪公司委派监察者来克服，但是这又会产生道德风险问题，很显然，我们不会允许"偷猎者"来选择"猎禽看守人"。这些做法会导致经纪公司在执行和结算交易上，在评估公司的则务风险上，在估计欺诈的可能性上，是否付出了多少努力，投资者都没有充分的信息，因此，这类市场失灵反映了以上我们所描述的所有风险。经纪公司当然可以以优越的投资业绩来使自己有别于其他公司，经纪公司的代理量和代理额每天都会被正规披露，经纪公司也可通过自己的网站和广告等来显示自己，但是，这种投资业绩并不完全可信，在短期来看，它很难与其他因素，比如说运气区别开来。我国也有学者就以代理量和代理额为标准来衡量好业绩和坏业绩提出了置疑。一些高质量的经纪公司也会通过许多其他方法来显示自己。例如，通过增加注册资本向投资者显示它们几乎不会存在违约风险，经纪公司降低了从事不规范交易的动力。

另外，客户的道德风险问题更加难以甄别监督，委托方不守信用，追求自利的行为也给经纪人或经纪公司带来损失，即导致了经纪委托风险。

二、经纪风险现实成因

机会主义表现为：重权宜之计、轻道德准则。它牺牲一个组织整体、长远的利益，贪图自己局部、眼前的利益。机会主义不是在一切场合都会存在，它只可能产生于有某种关联关系的组织内部。在这种利益共同体内部信用风险可以得到施展，并成为其产生的一种思想根源。另外，经纪代理业务过程中的操作风险、信息缺失风险、管理缺陷引发的经纪风险及法律与政策风险等都与这种利益共同体的内部机制与外部环境相关，故有必要从企业内部环境、外部环境和风险管理技术这个层次对风险的原因进行分析。

1. 我国经纪公司内部治理结构存在较大问题，很容易导致经纪风险的产生

以期货公司为例，"我国期货经纪公司都建立了股东会、董事会、监事会，法人治理结构基本形成，证监会也在这方面有相应的管理和监督，但在治理结构建设的意识和实践上仍然处于比较落后的状态（胡俞越，2005）"。具体表现在以下几个方面：

（1）股权结构不合理，"一股独大"现象严重。在"三会一经理"的法人治理结构中，股权结构是和股东成分是影响股东会的首要因素。在我国的期货经纪公司中，除少数公司股权结构较分散外，大部分公司存在严重的"一股独大"现象，股东只有2至3家，第一大股东持股比例多在50%以上，更有相当一部分公司第一大股东持股比例超过80%。公司的经理层完全由控股股东直接任命和委派，控股股东控制了公司所有经营和决策。这就使得大股东抽逃资本金的行为变得轻而易举，而且在经营中更容易发生非法占用客户保证金的事件。2004年发生的四川嘉陵期货经纪公司风险事件就是因为大股东挪用客户巨额保证金以及股东虚假出资造成的。在我国2/3的期货经纪公司的控股股东是国有企业，另外1/3比例是民营企业。很多企业自身还未建立起现代企业制度，不论在意识还是实践上，都阻碍了所控制的期货经纪公司治理结构的改革步伐。在管理中行政色彩浓厚，人情味重，主动性差，很难根据实际情况制订切实可行的内部控制制度和风险管理流程。民营企业控股的期货经纪公司在快速反应和严格执行控制流程方面更胜一筹。但受自身特点局限，这些经纪公司战略制订没有持续性，经营决策更随意，短期行为明显，只重视业绩和利润，不重视规范经营、不重视员工道德素质和业务素质的培养，不重视风险管理技术的更新，很容易发生违法违规的风险事件。所以，由于期货经纪公司股权结构过于集中，股东自身的法人治理不健全，控股股东直接任命公司经理层，股东会在公司治理中的作用发挥不当，致使经营决策随意化、风险控制形式化，最终可能导致风险发生。

（2）董事会机构虚置，董事会独立性不强，存在内部人控制的现象。我国绝大多数期货经纪公司都设有董事会，但平时很少召开董事会议，公司的很多重大决策由大股东内部开会商量决定，不经过董事会议表决。董事会成员绝大部分是内部董事，体现现代企业制度优势和出资方、经营方之间委托代理关系的独立董事制度流于形式。

我国期货经纪公司的独立董事要么是公司高管人员的亲朋好友，要么和股东方有着千丝万缕的联系，他们只是"花瓶"而已，当公司在战略决策、审计、风险控制等方面需要他们的意见时，独立董事却无法发挥他们应有的作用，当然更无法客观中肯地评价公司经理层的工作业绩了。董事会成员为大股东指派的董事超过50%，如果考虑到股东之间的关联，比例就更高了。董事会和经理层重合现象严重，董事长兼总经理、董事兼总经理的现象较为普遍。这种情况容易使董事会偏袒经理层，经理人作为董事也容易影响董事会的决策，从而使董事会的独立性大打折扣，严重导致内部人控制现象。2005年发生的海南省万汇期货经纪公司原董事长兼总经理严芳、副总经理卞明携带2 800万客户保证金潜逃事件就充分体现了董事会不独立、缺乏独立董事制度、内部人控制的弊端。

（3）监事会形同虚设，难以发挥作用。目前约有1/3的期货经纪公司设有监事会，大部分只设立1至2名监事。从监事的产生方法上看，一部分是大股东委派，一部分选择公司员工担任。公司员工由于与经理层存在上下级关系，很难有效监督公司经理层的经营活动。所有监事都是兼职，而且大多数都缺少期货公司监管的专业背景和经验，加上监督多为事后监督，监督手段有限，所以监事会的作用难以发挥，无法形成有效监管。

（4）对经营者的激励和约束机制不足。目前我国大部分期货经纪公司的效益较差，无法留住高水平的经营管理者，公司的薪酬制度没有真正和业绩挂钩，股权、期权等激励机制不完善，导致管理层更注重短期行为和短期利益，只重视近期的财务指标。这样不但影响公司的长远发展，更会诱使管理层利用经营权随意违规，引发经营风险，损害股东和客户的利益。

2. 经纪公司的组织结构不利于风险的控制和管理

公司组织结构是公司的股东大会、董事会、监事会、总经理、职能部门等组成的公司架构，重点是职能部门或者和其他具体业务部门的设置和分工。同样，以我国期货经纪公司为例，其涉及风险控制和管理的部门主要有风险控制部、稽核部、财务部、结算部。这其中，稽核部把主要工作放在各部门、营业部开支、日常费用、成本、业绩排名等上面，财务部主要负责客户保证金管理、公司日常资金管理，结算部负责公司所有客户每日交易、持仓、权益等的结算。真正全面负责和管理公司风险的应是风险控制部。但目前，我国绝大多数期货经纪公司的风险控制部还只是简单地负责每天的客户交易和持仓风险通知、督促客户追加保证金、强行替客户平仓、交易账单的邮寄和存档、客户电话委托录音记录等工作，风险总监向公司总经理负责，和其他部门主管及营业部经理平级。这种组织架构和部门职责会使风险控制部门在风险来临时忙于和风险所涉及的各部门协调关系，无法在第一时间内迅速完成风险的识别、衡量、应对和控制过程，无法和董事会及时沟通，并使董事会迅速作出反应，也很难以一个部门的力量在全公司内部贯彻"全民风险管理"的文化及进行风险管理培训。没有有效的、有利于风险管理的组织架构，期货经纪公司会很容易任风险隐患发展成风险事件，并且会让公司遭受的损失更为严重。

3. 风险管理意识薄弱，风险管理文化缺乏

我国各类经纪公司从高层到一般员工对风险认识不足，风险管理意识薄弱，公司推行的企业文化并未把风险管理作为文化中的核心部分，风险管理理念没有深入人心。许多公司的管理者只关注客户保证金存量、每日交易量、新客户开发等，把风险管理工作放到了一边。在今天，企业文化在一个企业的发展过程中发挥着不可替代的作用。它是一个企业存在的灵魂，是企业稳定和可持续发展的重要保证。我国国内期货市场上发展良好、行业利润和交易排名前几位的期货经纪公司都有着很好的企业文化，他们都把人才管理、业绩、做事风格等理念放人企业文化中，并在日常的管理过程中大力推行。但风险管理理念却一直没有作为企业文化的主要组成部分得到很好地推广。加拿大联合谷物种植公司的风险部经理麦肯德勒斯说过：我认为风险管理的意识是每个管理人员都应该学习和具备的。风险管理不是这样，公司风险管理经理负责处理公司风险。风险管理过程就像预算过程或其他行政过程，要有人推动，并克服出现的困难，而且公司的业务经理必须积极执行这个过程。风险管理需要企业各个部门和人员的参与，仅有风险管理部门是远远不够的。要让经纪公司的所有员工都了解这些，就需要公司的管理者推行以风险管理为核心的企业文化，把风险意识印到员工的脑子里。

4. 从业人员素质偏低，诚信和道德水平不足

在期货经纪行业中，期货从业人员主要是指期货交易所的管理人员和专业人员、期货经纪公司的管理人员和员工、其他机构中从事期货投资分析和咨询业务的人员。期货市场的人员流动主要发生在各个期货经纪公司之间及期货公司和其他期货投资咨询机构之间。期货业是市场经济活动的高级形式，处于市场经济发展的前沿。期货业也是金融领域内专业性较强、技术性较高、涉及面较广、影响范围较大的一个行业。期货业的这一特点，决定了它对从业者的文化水平和业务素质要求较高、标准较严。但我国的期货市场目前尤其缺乏大量合适的、高质量的从业人员。造成这种现象的原因有两个：一是我国期货市场发展时间较短，市场存量资金较少，行业盈利能力偏弱，还没有形成大规模的专业化人才市场，也很难吸引到顶级的人才加入。二是行业内对于从业人员的诚信和道德素质培养不够重视，相关的培训太少，也很少组织以此为主题的活动。无法像西方发达国家的期货市场一样通过许多再教育的课程和培训不断提高从业人员的专业水平和职业道德水平。期货公司的风险管理要求各部门的积极参与和支持。不仅仅在期货行业中如此，在我国其他各类经纪公司中，从业人员素质偏低，诚信和道德水平不足的情况普遍，低素质、道德水平差的人员极有可能会在风险管理和控制的过程中无法完成自己分内的职责而最终导致公司风险控制的失败。

5. 经纪公司风险度量、评估技术和方法落后

了解公司面临风险的真实程度无疑具有非常重要的意义，这需要先对风险进行分类，然后尽可能对风险进行度量。只有在此基础上，公司的管理人员才能真正制定出价值最大化经营决策。经纪公司所面临的风险中，目前很大一部分还只能定性地度量和分析，无法进行定量地分析。但对于期货公司的市场风险，在国外各类金融机构和企业广泛运用风险价值法、压力测定法等定量分析方法能够较为精确地测定自身的金融操作和交易所带来风险的概率和大小的今天，我们国家却远远落在了后面。近几年

随着外资逐渐进入我国银行业，加上银行业的财力雄厚，我国的一些大型股份制银行通过技术交流等方式从国外引进了一些风险度量技术。但在证券公司和期货经纪公司中，这些技术还没有被应用。公司中的风险控制部门把主要的精力和时间都放在了对客户交易和持仓的市场风险的管理上，但他们无法利用先进的技术、结合大量历史数据得到风险概率和大小的数值，他们只是利用自己在行业内多年经历的教训和风险管理的经验，大概地估计风险大小，进而作出客户交易保证金水平调整、风险警告、增加保证金通知、砍仓等风险应对措施。这样做很可能会出现两个后果：一是过于害怕行情大幅度波动导致客户保证金不足而穿仓，于是在交易所保证金基础上过分增加客户保证金比例。这样不但对客户的资金是很大的浪费，而且迫使客户降低交易数量和次数，极大地影响公司的利润和行业排名，最终是大量客户的流失和公司生存的危机。二是为了吸引客户的资金和增加公司的交易量，不顾行情可能的波动，把交易保证金水平降到了警戒线以下的比例，行情朝着与客户持仓相反方向发展，在客户和期货公司来得及砍仓以前保证金告罄，客户账户穿仓，期货公司垫付自有资金来弥补交易的欠款。那么一旦客户不认可交易或者拒不偿还这部分欠款，期货公司就只能通过诉讼来解决了。这种风险从我国期货市场诞生以来就经常发生，是令各个期货经纪公司非常头痛的问题。

6. 经纪行业法律、法规不健全

健全的法律、法规体系是市场健康发展的前提条件，特别是经纪市场属于风险较高的新兴市场，从一开始就需要一整套完备的法律、法规加以规范。以期货市场为例，国外期货市场的发展历程大体都是"先立法，后上马"，立法先于实践，用法律、法规来规范实践，这样能够很好地促使期货市场健康有序地发展。但我国却是"先上马，后立法"，由于期货基本大法"期货交易法"的缺失，我国期货市场从成立起就长期处于"无法可依"的尴尬境地。一直到1999年国务院颁布了《期货交易管理暂行条例》，以及后面相继发布实施的《期货交易所管理办法》、《期货经纪公司管理办法》、《期货经纪公司高级管理人员任职资格管理办法》和《期货业从业人员资格管理办法》，情况才有所好转。期货交易所和经纪公司的违规行为和风险事件也才大为减少。但现在我国期货市场的法律、法规建设仍存在两个主要问题：一是建设和完善速度过慢，跟不上期货市场发展的步伐。目前仍有许多配套的法规和制度没有制定和公布出来，如投资者保护基金法、期货投资基金法等。二是目前的期货法律、法规有一些地方内容模糊，或者不够具体，执行起来有难度。另外由于市场的快速发展变化，一些法律条款已经不再适用，甚至还有一些条款自相矛盾或者与我国的其他方面的法律如《中华人民共和国公司法》的条款矛盾，这些都应尽快修改。法制建设越完善，期货经纪公司就越能够合规经营，风险发生的概率就越小。

此外，市场准入、退出制度不完善，没有真正形成"优胜劣汰"的市场法则。要想让经纪公司更健康、更快速地发展，我们就必须严格执行市场准入、退出制度，把好的、强的留下，坏的、弱的剔除。为了争抢有限的客户资源和增加交易量，在许多业务过程中存在多方面的违规操作，比如很多期货经纪公司就存在大量恶意降低交易手续费和客户保证金比率的现象。这些行为一方面破坏了行业的正常盈利方式，使得规范经营的公司反而难以生存，另一方面，极大地增加了经纪公司的风险水平。

7. 监管体系不适应经纪行业的发展

我国经纪行业的监管经历了一个长达几年的没有主管机构的时期，下文将以我国期货市场为例说明这个问题。目前的期货市场监管体系主要分三个层次：一是国家证券监督管理委员会作为政府监管机构，通过立法和各地区派出机构的日常监管活动，对期货交易所、期货经纪公司、投资者等市场主体的活动进行监督管理；二是郑州、上海、大连三家期货交易所通过制订和执行各期货品种的交易制度、交割制度、结算制度、会员管理办法等来监督管理期货经纪公司和投资者；三是期货行业协会这类行业自律组织对期货经纪公司的监管。证监会和交易所监管手段主要有大客户持仓报告制度、保证金存取、客户资料抽查等，基本属于事后监管和静态监管，缺乏动态监管和事前预警的技术手段。期货业协会也没有充分发挥行业自律监管的作用，没有完成期货从业人员培训、人员管理、法律法规宣传、调节纠纷等职责。没有很好地弥补期货公司的风险漏洞，引发期货风险事件。

综上，造成上述七个方面问题的深层根源有三大方面：

（1）我国经纪公司的出资方缺乏对现代企业制度的认识和了解，或者由于个人利益的关系，经纪公司难以建立有效的现代企业制度。

（2）国家法制体系建设落后，严重阻碍企业的发展。

（3）国家对各经纪类市场的发展不够重视，支持力度太小。

第三节　经纪风险的控制策略

风险是一种客观存在，是不可避免的。这就要求中介公司要主动地认识风险，积极地管理风险，有效地控制风险，即进行到位的风险管理。风险管理通过控制与处置风险，防止和减少损失，保障公司业务的顺利开展和有序运作。由于风险管理为公司的运营及员工提供了安全保障，从而营造了该中介公司经营环境一定的稳定性。通过风险管理，中介公司可以以最小的耗费把风险损失减少到最低限度，达到最大的安全保障，令经营活动得以顺利进行，实现经营目标。

为了有效管理经纪业务中的风险，必须通过制定和实施一系列的风险管理制度和业务流程，形成以风险管理委员会为核心，涵盖事前预防、事中监控、事后稽查的风险管理体系。经纪业务的风险管理措施也应当从这三个方面进行。如前面所述，操作风险、经营管理风险等是经纪业务中的主要风险。经纪业务所面临的风险大多为难以量化的风险，对风险的识别、评估和防范都要采取有针对性的不同方式。风险控制过程主要包括风险的识别、衡量、处理和执行与评估等几个环节。

一、风险的识别

风险识别是整个风险管理工作的基础，不经过识别并用语言表述，风险是无法衡量、无法进行科学管理的。风险识别是指风险管理人员通过对大量来源可靠的信息资料进行系统了解，认清经济单位存在的各种风险因素，进而确定经济单位面临的风险及其性质，并把握其发展趋势，以采取有针对性的应对措施。

进行风险识别时所要解决的主要问题是：风险因素、风险的性质以及后果、识别的方法及其效果。这就涉及风险的识别方法和识别原则两个方面：

一是风险识别的方法。

明确风险的存在是处理风险的前提。要弄清风险是否存在，就必须对公司的各个系统以及外部环境进行系统、全面的考察。由于风险具有不确定性的特点，所以公司所面临的全部风险，往往难以用一种孤立的方法来考察和测量，而必须同时采用多种方法进行综合考察。一般有以下几种：①专家咨询分析法。即以问卷调查、研讨咨询等方式向有关专家咨询，直接听取专家对一些风险情况的看法。这种方法能借助社会各方的力量、直接获得权威的观点，是正确识别风险的重要依据。②交易流程分析法。对一些情况异常的市场交易活动制成各环节的流程分析图，展示这些交易活动的来龙去脉。由此，可以比较有效地揭示可能在哪一个环节出现风险，以及这一风险的特点、影响程度等情况。③财务状况分析法。许多可能导致风险的情况都会在财务报表上有所反映，所以，通过分析有关投资主体的资产负债表、损益表等财务报表，基本上能够识别一些风险情况。④外部环境分析法。涉及风险情况的经济主体所处的外部环境及其变化与风险有十分密切的关系，所以，分析这些外部环境因素也有助于我们识别风险。

二是风险识别的原则。

（1）全面周详原则。全面了解各种风险事件存在和可能发生的概率及其损失的严重程度，识别风险因素以及因风险的出现而导致的其他问题。这是实现风险识别目标的首要原则。

（2）综合考察原则。公司面临的风险包括不同类型、不同性质、损失程度不等的各种风险，是一个复杂的"系统"，它要求风险识别人员必须遵循综合考察的原则，使用独立的分析方法则难以对全部风险奏效。

（3）量力而行原则。风险识别的成本必须控制在一定的额度之内，令公司以最小的支出获得最大的安全保障，减少风险损失。因此，公司必须根据实际情况和自身承受财务的能力，选择效果最佳、经费最少的识别方法。

（4）系统化、制度化、经常化原则。是否能够准确地识别风险，对风险管理效果起着决定性的影响。为保证识别的准确度，必须在有关制度的指导下，进行周密系统的调查分析，将风险进行综合分类，揭示各种风险的性质及后果。而且，由于风险是随时存在的，因此，对风险的识别也必须是一个连续的、动态的过程。

二、风险的衡量

风险的衡量就是对风险可能造成的最大损失、风险的可能性大小和风险的频度等方面作出定量分析。风险的衡量主要是运用数理统计方法来进行的。风险的衡量主要有三个方面：①风险的强度。②风险的分布或可能性。③风险的额度。

三、风险的处理

这主要是指风险产生后，对所造成的损失的财务处理或安排，以及对造成风险产生的主体进行处罚，以防范同类风险事件的再度发生。对风险损失的财务对策一般有两类：①自我承担，即以投资主体自己的积累或准备支付风险损失，提取风险准备、建立风险基金即属此种方式。②非保险转移，这是利用外部资金来支付损失，如通过租赁把有关风险损失转移给承租人；通过引入保证人把违约风险转移给保证人等。与风险控制手段中既转移财务责任也转移法律责任的风险转移不同，它只转移财务责任。

四、执行与评估

最佳的风险管理技术选定后，应予以定期的检查与修正。因为风险的性质和情况是经常变化的，一定期间内所选取最佳技术，经过一段时间后，可能会不合时宜，如不予以修订就无法达到预期的目标与效果。

风险的管理主要依靠科学设计的业务流程和尽职尽责的代理人员，这也成为本文所构架的经纪公司全面风险管理系统的基石。要真正发挥经纪人的作用，还需要针对包括法律政策风险、信用风险等在内的整个经纪风险及其形成原因采取一系列措施加以防范。具体包括：

1. 建立相关法规体系

经纪人制度及经纪人的管理可分为三个层次，政府监管部门的宏观管理、行业自律的中观管理和公司对经纪人的微观管理。美国和香港对经纪人的宏观和中观管理制度都较为成熟。在我国，由于相关的法律法规没有建立，经纪人的法律地位，所享有的权利和承担的法律责任不明确，增加了经纪公司风险管理的难度。

一方面，微观上进行管理，针对各个时期法律、法规情况作事前、事中、事后的管理措施（见表7-1）。

表7-1　　　　　　　　　　　法律政策风险管理过程

事前	研究分析宏观经济政策、证券市场政策和单项业务的相关政策，以便更好地把握政策可能的变化。
事中	分析政策变化对行业、公司的影响；跟踪公司资格指标变化。
事后	调整相关经营业务或采取措施调整财务指标。

另一方面，必须尽快制定并完善相关法律法规，如《经纪人管理办法》、《证券经纪人资格管理办法》、《证券经纪人管理条例》、《证券经纪人业务规定》等，从立法的角度明确经纪人的从业地位和业务范围，界定经纪人与客户之间的关系。一是要从法律法规上确认个人经纪人的合法地位；二是明确经纪人和委托人的关系，明确规范经纪人和经纪公司的关系；三是界定经纪人的业务范围；四是增加有关经纪人民事责任的规定。

其次，建立经纪人从业资格认定、注册管理制度和信用档案。制定相应的经纪人管理规章，规定证券经纪人的资格认证制度、市场准入制度、监督管理、业务范围、纠纷处理、罚则等。各经纪行业协会则根据法律法规制定相应的经纪人管理自律规则。

以证券行业为例，发达的证券市场特别强调对证券经纪人资格管理。在美国，经纪人在从业之前，必须在联邦证券交易委员会（SEC）注册，领取执照，需要满足的条件是：首先，必须被一家在联邦证券交易委员会注册的经纪公司所雇佣；其次在进入经纪公司后，要填写一系列表格，详细说明自己过去十年的就业史、工作单位、离职原因、失业期间的活动、接受学校正规教育等，并接受表格真实程度的调查。在完成初选后，按规定至少接受 4 个月的专业培训，然后参加由纽约证券交易所和全国证券商公会组织的基础知识学习，这些基础知识包括各种证券知识，各种证券交易程序、手续和客户账户管理，各种证券分析方法及联邦政府和证券业对证券交易的所有规章条例等，考试通过后，参与者只是取得经纪人资格，而不是注册代表，要经所属会员公司将一些参考条件上报全国证券商协会批准才成为持牌注册经纪人。在我国香港地区，第一，经纪人要参加香港证券专业学会注册考试，成为证监会注册人，取得牌照。考试分为基本课程考试和文凭课程考试。第二，每年要参加 5 小时以上的持续教育，作为牌照年检的必要条件。第三，持有牌照者如有不良行为，立即会被证监会取消牌照。第四，由于香港银证混业经营，为给客户提供优良的金融套餐，证券经纪人特别是独立经纪人一般都要考证券、银行、保险三个牌照。

借鉴美国和我国香港地区的经验，在我国建立统一的证券经纪人资格考试及等级考核制度。这些考核制度规定要想成为证券经纪人，首先应通过国家统一组织的证券经纪人资格认定考试；建立证券经纪人注册管理制度和信用档案。由证券业协会建立证券经纪人职业档案、对证券经纪人参加的业务培训、执业经历、诚信记录进行跟踪管理，并对证券经纪人执业行为进行注册管理。

2. 建立三级管理体系

建立由监管机构、行业协会等自律组织、经纪公司组成的三级管理机制。各级机构在相应行业经纪人管理方面所处的地位各异，发挥的作用也各不相同。

（1）明确各行业经纪人的管理机构。选取相关行业负责部门，全面规划各自经纪人制度，监督有关经纪人的各项法律法规的执行情况，对经纪人违法违规行为进行调查取证和处罚。并协助监管机构教育和组织会员执行有关经纪人的法律法规；监督检查会员所属的证券经纪人的行为，并对有违法违规的会员进行处分；接受投资者对证券经纪人的投诉并调解他们之间的纠纷。

（2）建立相关经纪人协会。对经纪人的管理一般分两个层次：一是政府部门的行政管理，二是行业协会的自我管理。要培育和建立在协会领导下的证券经纪人自律机构，发挥证券经纪人自律组织的重要作用。可以在协会下面设立经纪人分会，对经纪人进行自律管理。

经纪人分会应积极协助协会制订相关经纪人自律规则、执业标准，积极推动和参与监管部门制订有关证券经纪人管理法规；配合协会开展证券经纪人培训、资格考试、执业注册；建立相关经纪人的征信管理体系或数据库。为加强证券经纪人经纪合同的管理，针对当前经纪活动中存在的当事人权益得不到保障等问题，进一步规范经纪合同。可以由相关经纪人协会推出合同范本，并逐步推广。

（3）各类经纪公司按照有关法律法规制定内部经纪人管理制度。将经纪人纳入经纪公司内部管理，有利于对经纪人的培训、指导和监督。经纪公司对录用的经纪人建立档案，客观翔实地记录经纪人在公司工作期间的市场表现、工作业绩、客户评价以及奖惩情况等。

以证券业为例，参照国际管理，在我国证券市场监督体系的框架内，建立证监会、证券经纪人协会或地方证券业协会和证券公司三个层次相结合的监管模式。

3. 推动经纪公司法人治理的建设，强化内部约束机制

法人治理是公司健康发展的基础，完善各类经纪公司法人治理，可以全面提升公司的科学管理水平，有效防范风险，保护股东及投资者的利益。因此，要抓紧时间试点和推进。

改进公司的法人治理可先从改变股东结构，调整股权比例入手，这样可以避免因股权过于集中而导致大股东对经纪公司的过度控制及不合理的干预，诸如抽逃资本金、挪用客户保证金等。完善"三会"制度，规范股东会议，确保股东对公司的重大事项享有充分的知情权和参与权，特别是尊重与保护中小股东在公司事物中的合法地位与权利，约束股东及关联方的行为，可以增强对企业的监督和决策的民主化；强化董事会建设，形成科学决策机制，这样就可避免公司在发展战略，对外投资等重大决策上的随意性和风险性。完善监事会制度，使监事对董事会作用的发挥，经理层在经营过程中守法合规情况形成有效监督。建立经理层的激励与约束机制，使公司股东之间、股东与经理层之间以及公司内部运作程序上形成制约。通过内控制度，内部稽核制度，有利于加强公司合规经营的意识和自我约束的能力，及时发现违规操作行为，并在监管部门检查之前加以解决，避免风险的扩大。稽核部门应定期或不定期对交易、结算、财务及其分支机构进行稽核，该稽核部门要有相对独立性，直接对监事会负责，对公司高管人员的错误决策和随意性形成制约。同时，要定期将内部稽核报告报监管部门，监管部门可对稽核报告的真实性及反映出的问题进行抽查。鉴于现有的公司稽核部门和制度因受制于经理层而形同虚设，为了有利于稽核部门职能的发挥，董事会可以给这个部门负责人特殊授权，甚至其人事任免权由董事会决定。

4. 建立薪酬制度体系

制定经纪人薪酬管理办法。以证券经纪人为例，明确证券经纪人佣金分成的标准，规范证券经纪人的收入，鼓励并确保证券经纪人能够正确执行其职能。制定证券经纪人薪酬管理办法的同时，应和相关国家部门协调，制定相关的财务处理规定和纳税规定。

5. 建立培训支持体系

培训支持体系主要包括以下方面：上岗培训，即在正式执业之前，进行初次培训；综合知识培训，摆脱培训范围局限于专业知识过于狭窄的毛病，除在业务流程、技术分析等方面传授知识外，应在深层次的财务分析、会计知识等方面加强讲解，普及相关专业方面的业务知识；持续性培训，适应不断发展变化的形势、市场和专业知识等；职业道德培训，对于经纪人应该增强职业道德素养和法律意识。各经纪行业协会或经

纪人分会和经纪公司应主要承担培训工作。

6. 建立业务评级体系

为提高经纪人的业务水平，应根据经纪人从事的业务范围划分经纪人等级。比如，参照经纪人业务水平的高低，将其评定为高级、中级和初级经纪人三个等级。与此同时，将定期或不定期对经纪人的各个方面进行严格的评定，对其业务等级根据经纪人状况随时进行升降。

7. 建立赔偿制度体系

设立经纪人赔偿制度体系，采用经济手段约束和规范经纪行为，是一项重要的风险管理措施。它既有利于交易风险的防范，又有利于公司在经纪活动中提高自身的信誉度。结合我国实际，可以采用下列方式：

（1）设立风险管理基金。经纪公司按规定在经营利润中提取一定比例的款项作为专项基金，用于因工作失误而依法进行赔偿的准备金。为保障委托人利益，控制市场风险，可以建立风险管理基金制度。

（2）设立保证金。由经纪公司向行业协会缴纳一定数额的保证金作为押金，来约束其经纪活动，如公司违约，将从保证金中扣除部分或全部作为罚款，之后证券公司还必须立即补足原保证金差额，否则行业协会将取消其经纪资格。

（3）建立经纪人赔偿保证金。每位经纪人都必须向经纪公司营业部或者指定的机构交纳一定的赔偿保证金。一旦经纪人从事违法违规行为，致使客户利益受损，就可以动用赔偿保证金弥补客户损失。

总之，经纪人制度是未来的发展方向。尽管因为种种原因，经纪人制度的发展存在这样那样的风险，但相信通过有关方面不断总结经验教训，采取一系列有效措施，全面、准确、及时把握经纪公司的财务状况、抗风险能力和客户权益保障能力，提前预警，并对公司作出全面评价，为政策创新和制定提供决策依据，必将使经纪人制度得到进一步的完善，减少双方纠纷及经纪风险。

【案例解析】

日本期货经纪公司风险管理经验

日本从事期货经纪业务的企业主要有三种类型：一是金融公司兼营期货经纪业务，主要是一些拥有投行背景的公司，如小林洋行和一些证券公司等。二是一些拥有现货背景的大型企业，它们大都下设专门从事期货经纪业务的子公司。这类期货公司的代表有三井物产、住友商事、丰商事、冈藤商事、三菱商事等。三是专业型期货经纪公司，以创建于1958年的日商联贸期货经纪股份有限公司（Nihon Unicom Corporation）为代表。

在日本，对于一个期货公司而言，主要面临三种风险：一是法律风险，就是指公司在日常经营活动中是否遵守法律，是否有违法行为。如果违法经营遭到制裁，公司就会失去信誉，就不能在社会上生存下去。二是自营风险，怎样控制自营风险在期货公司中是一个很重要的课题。三是系统风险，在信息技术系统中会出现很多的问题，尤其是客户信息方面的问题。

（1）法律风险。从日本法律的框架来看，日本期货业最重要的期货法规是《商品交所易法》，是1950年制定的，分别在1990年、1998年和2004年进行过三次重大的修改。修改的重点是在行为规制和财务规制方面。行为规制就是在开发客户时不能进行一些被禁止的行为，必须以客户的意志为主，不能给客户施加各种诱导的手法，要完全取决于客户。

日本期货经纪公司建立了遵法委员会和业务监察部。遵法委员会也叫合规委员会，是完全独立的部门，主要由总经理、副总经理、专务、常务和遵法管理部、总务部和经营企划组成，委员会每三个月开一次会议，总结公司的遵法状况。业务监察部也是一个由总经理直接监管的部门，主要监管公司的遵法状况。

（2）在财务规制方面，主要包括纯资产额规制比例、加强分离保管义务、委托保护基金、设立独立于交易所的清算机构等。客户保证金通过经纪公司都存放在清算机构内。日本目前有7家交易所，这7家交易所成立了一个独立于交易所的清算机构，客户的交易保证金必须全部存入清算机构。

纯资产的规制比例等于纯资产除自营风险加代理风险，乘以100，这主要是对经纪公司资产财务提出的要求，《商品交易所法》规定这个比例必须大于120%，而监管部门规定要在140%以上。如果比例低于140%，就必须每天将纯资产的规制比例报告给主管部长；若该比例低于100%，则经纪公司必须停止营业三个月，若在这三个月中没有改善，就要取消牌照，停止营业。

日本期货经纪公司运作的指导方针是《商品交易委托者的指导方针》，这是按照《商品交易所法》总结出的一些官方的具体解释。每家经纪公司再按照这些指导方针制定一个自律规定，主要是规范营业人员日常工作中的行为。这个指导方针主要涉及以下几个方面：一是确定客户资格；二是把握客户属性，对客户投资金额、收入来源、年龄都作了具体规定；三是开发客户时应注意的事项。

在开发客户方面，如果某个客户有意要进入期货市场，首先管理者要和经纪人进行沟通，了解投资者的情况，确认该客户是否适合期货投资。然后管理部正式审查开户资格，在签约时向客户提供各种说明，进行风险提示。在客户正式交易之前，管理部要和客户面谈，了解客户对期货市场的认识程度。最后再由管理部的部长审查，审查通过才可以进行交易。最初交易时，客户的持仓只能是交易资金的1/3。在交易两周内管理部的人员要对客户进行回访，了解客户的交易情况。在严格执行上述规定的情况下，穿仓出现的可能性非常小。在防止客户穿仓方面，在日本，每个经纪人都可以通过一个系统看到客户的持仓情况，随时对客户进行指导。日本监管机构对客户有很多保护措施，比如，委托者保护基金，每家经纪公司必须参加这个基金。如果某家经纪公司发生问题，客户可以从保护基金中得到一定的补偿。

【思考题】

1. 风险管理最主要目标是什么？
2. 风险管理的过程主要是什么？
3. 风险的概念是什么，如何理解？
4. 经纪风险的分类大致有几种？
5. 经纪伙伴风险属于哪一种经纪风险？
6. 如何对信用风险的产生作动因分析？
7. 把握经纪风险产生的现实成因。
8. 理解经纪业务风险的具体防范措施。
9. 熟悉经纪业务的监管措施与法律责任。
10. 如何理解风险管理对企业、家庭乃至社会的贡献？

第八章　经纪制度与法规

【本章导读】

　　本章主要是对我国的经纪制度和法规进行了分析和阐述。首先，第一节简要介绍了我国经纪制度和法规的发展以及几个有代表性的发达国家和地区的经纪制度和法规；第二节介绍了经纪人和经纪公司的经纪制度，并且分别阐述了具有代表性的几种经纪制度，包括保险经纪制度、房地产经纪制度、证券经纪制度；第三节则是探讨了经纪合同的问题，包括经纪合同的概念、特征以及分类，并且对三种经纪合同进行了详细介绍；第四节列举了四个具有代表性的经纪合同纠纷案例，其中涉及房地产经纪合同、保险经纪合同和证券经纪合同。本章的学习重点是经纪制度和经纪合同。

第一节　经纪制度和法规概述

一、经纪制度和法规概述

　　随着市场经纪大潮的涌起，人们重新接受了商品，商品生产、价值规律等概念，市场化取向和一系列改革步骤打破了以往一统天下的传统计划经济模式，沉寂多年的经纪人也开始复苏，形成经济市场不可缺少的中间人，并渐渐获得社会的正式承认。

　　我国的经纪业近十年来都处在一个快速发展时期，我们在十年中走了发达国家差不多几十年才走完的路，同样我们把他们在几十年里犯下的许多错误，差不多也都犯了。前几年经纪业的发展走在"高速路"上，我们来不及仔细地探究与解决行业发展面临的问题。一些经纪企业和相关的服务行业的服务良莠不齐，从业人员素质和专业水平不高、参差不齐，存在太多的"机会主义"。以致个别经纪企业没有长远打算，宁可铤而走险，因此欺骗消费者、违规操作的行为屡见不鲜，造成部分人对经纪人产生严重误会，认为这些人是不讲诚信、玩空手道、牟取暴利、欺软怕硬等，这些误会导致客户的敌视心理，影响行业发展。

　　经纪人最初崭露头角的领域是为改革开放后崛起的乡镇企业及部分挣脱机会枷锁、面向市场的国有中小企业寻找原料、开拓市场、脱销产品、物色合作对象、谋求信贷资金。他们一般都有采购、代销等经验，业务熟、路子广、信息灵，能在计划与市场双轨制的夹缝中为这些企业招徕生意，解决难题，颇受企业欢迎，企业也乐意以"好处费"、"介绍费"的名目作为佣金支付他们的劳务报酬。但是由于他们的素质能力参差不齐，多为"各自为战"的散兵游勇，没有合法的经营资格，故而乱收佣金、不讲信用、逃避税收的情况时有发生，使本来就不佳的经纪人名声雪上加霜。经纪人中的这些问题存在，并不是其本身，而是传统体制等原因未加管理所致。对此，重庆市工商管理局在20世纪80年代就花了两年时间做了深入的调查研究，认为经纪人进行的是脑力与体力相结合的有偿信息服务，属于第三产业范畴，只要加以合理引导和管理，对社会经济会起到推动作用，应该予以支持。他们提出建议：让过去活跃于工商企业与市场间的经纪人重新再现，为经纪人正名。1986年夏，这项建议得到了当时的全国领导人的赞许。1986年9月重庆成立了全国首家经纪人公开活动场所"重庆经纪人交易所"。1987年11月，武汉也成立了经纪人组织。同年10月，广州市人民政府批准广州市工商管理局组织经纪人商品中介活动试点工作，至1993年年初，已有经纪人中介服务公司或经纪行十余家。以后，深圳、沈阳、海口、镇江、南京、上海等地都相继建立了自己的经纪人事务所或经纪行。为推动国家经纪人管理工作的展开，1995年11月13日国家工商行政管理局颁布了我国第一部规范经纪人活动的全国性行政规章——《经纪人管理办法》。

在政府和国家的推动和保护下，经纪人迅速发展。目前，经纪人已广泛活跃在消费品、生产资料、金融、证券、期货、房地产、科技、信息、劳动力、运输、产权、文化体育、旅游等各类市场中，以其熟练的专业知识和社会化服务，在沟通供需、活跃流通、传播信息、引导生产、促进科技成果转化为生产力、促进社会资源的合理配置等方面，发挥着日益重要的作用。

目前，我国政府对经纪人的管理机构主要有两家：国家工商行政管理部门——国家各级工商行政管理局；国家税务行政管理部门——国家各级税务局。

根据国家的工商法规，工商行政管理局履行其对经纪人核发《营业执照》（仅限于通过各类经纪人事务所和经纪公司发至各经纪人，不直接发给个人）。即国家通过对各类经纪人机构的管理，对经纪人实行日常的经济事务监督、检查和管理。经纪人必须经过一系列的上岗培训，通过严格的考试或考核，并经工商行政部门的审核，发放《营业执照》后才能取得资格从事经纪活动。

经纪人在从业时必须遵守国家法律、法规和政策；对自己的佣金应该建立账簿，若是申报收益额，要按国家的规定纳税；在进行中介活动的时候，必须要做到公平对待任何一方当事人；另外，对当事人的信息以及交由保管得东西，要严守机密；经纪人还应该服从国家有关机关的监督管理。

二、发达国家和地区经纪制度和法规借鉴

(一) 美国房产经纪制度和法规

美国是世界经济强国，它的房地产事业也相当发达，房地产经纪业也非常繁荣。目前，美国房地产经纪人协会共有会员90万人，除了两个州以外，其余48个州都建立了严格的房地产经纪人执业牌照管理制度，没有执业牌照不得从事房地产经纪业务。房地产经纪人牌照由各州颁发，不能在全国通用。房地产经纪人都受过良好的专业训

练，经济收入处于美国社会的中上水平，房地产经纪行业是一个信誉良好的行业，具有较高的社会地位。

美国房地产经纪制度具体有以下几个方面：

1. 房地产经纪人管理制度

在美国，房地产经纪人分为销售员和房地产经纪人两个层次。销售员在房地产经纪人的指导下，以机构的名义协助开展房地产交易中的居间、代理及代书等具体房地产经纪业务，并不得发起设立房地产经纪机构。房地产经纪人的主要职责是管理销售员和房地产经纪机构，是经营者、管理者或者是负一定责任的人，可以发起设立自己的房地产经纪机构，也可以加入别的房地产经纪人设立的房地产经纪机构并以该机构名义开展房地产经纪业务。美国法律规定所有房地产经纪人牌照必须由房地产经纪机构保管，以确保一个房地产经纪人在一个房地产经纪机构执业。

在美国房地产经纪人执业牌照管理制度主要包括房地产经纪人牌照取得、牌照注册和处罚管理等内容。房地产经纪人牌照要通过考试获取，因此房地产经纪人考试制度是执业牌照管理的核心所在。考试过关，由考试机构发给牌照，但发照之后，房地产经纪人并不能执业，必须在一个房地产经纪机构工作，填写一张申请表，经房地产经纪机构报到发牌照部门进行注册后才能执业。以后还要定期（一般为2至4年）到发牌照部门进行续期注册，续期注册要参加继续教育。

对失职或在执业中出现问题的房地产经纪人，管理部门将要对其进行罚款、暂停牌照、吊销执照等处罚。另外，美国还确立了检讨制度，每隔一定时期由所有同行对一些业务行为进行回顾和评判。

2. 房地产经纪机构管理制度

在美国，房地产经纪机构的拥有者必须是一个持房地产经纪人牌照的人，但持房地产经纪人牌照的人不一定每一个人都会发起设立自己的机构，也可以受雇于别的房地产经纪人申办的房地产经纪机构。要发起设立房地产经纪机构只要能提供一个房地产经纪人牌照，即可向政府企业登记申请，登记部门通过政府间计算机管理系统确认其牌照的真实性后，便可获准登记，不需要任何注册资本，企业存续期间发生的一切责任都由发起设立房地产经纪机构的房地产经纪人承担。

美国房地产经纪佣金一般为房屋成交价的6%。房地产经纪人完成经纪业务后，由房地产经纪机构收取佣金。房地产经纪人可以得到佣金的50%~90%，具体比例由房地产经纪机构的拥有者或其授权者确定，一般来讲在机构内资历越深、成交业绩越突出的经纪人其分得的佣金比例就越高，而且在机构内都自己有独立的办公室。根据美国反托拉斯法案的规定，房地产经纪机构负责人之间不能交谈其与经纪人的分成比例及收取客户多少佣金，防止形成垄断。

(二) 中国香港证券经纪制度和法规

中国香港证券市场形成于19世纪60年代，在经历了19世纪40年代的地产买卖交易狂潮后，在60年代进入繁荣发展时期。1891年2月中国香港第一个正式的证券交易所"香港股票经纪人协会"成立，共有21名会员，均为外国人。1921年，华人股票经纪人成立了"香港证券经纪人协会"，这是香港的第二个证券交易所。1947 年，"香港股票经纪人协会"与"香港证券经纪人协会"合并，成立香港证券交易所。这一时期，股票经纪人有较严格的资格条件，上市的股票大多是稳健的英资公司，股票面值较高，仅为富人服务，只有 60 名会员。鉴于这种情况，一批华资知名人士于 1969 年成立了"远东证券交易所"。由于香港有时间和地理位置上的优势，政府不干预经济，无外汇管制，采用英美法系，1971 年、1972 年又相继成立了金银证券交易所和九龙证券交易所。香港进入证券繁荣时期，成为国际金融中心。1980 年，四家证券交易所为抵御股市风险、规范证券市场合并成立了"香港联合交易所"，1986 年被国际证券交易所联会接纳为正式会员，这标志着香港证券交易市场作为一个现代化、国际化证券市场的地位得到了承认。

目前，香港的证券市场是一个包括股票市场、债券市场、基金市场和衍生产品市场的完整市场。但股票市场极其发达，基金市场和衍生产品市场发展迅猛，债券市场相对落后。

随着香港证券市场的发展，香港逐步完善了证券法规体系。先后颁布实施了《公司条例》、《证券条例》、《证券交易条例》、《证监会条例》、《保障投资者条例》、《联合交易所规则和证券上市规则》、《香港收购及合并守则》等大量的条例、规则和守则。

证券经纪人是在证券业发展到一定阶段出现，衡量证券市场成熟制度的重要标志。香港证券经纪人分为四种：证券公司、证券公司代表、证券投资顾问和证券顾问代表。证券经纪人须获得证监会的认可才能从事证券经纪业务。经纪人必须在证监会注册，联交所的会员要求的条件更苛刻，不但要满足证监会的要求，还要满足联交所更为严格的要求。香港证券经纪人采取政府立法管理和自律管理相结合的形式。前者由证监会负责，后者由香港联交所和香港证券业经纪协会负责。经纪人应遵守诚实与公平、勤勉尽责、为客户提供资料、客户优先处理、利益冲突等规范与条例。

香港证券经纪人制度有以下特点：

（1）经纪人制度建立较早，发展成熟，法律制度健全，运作规范。

（2）经纪人个人大多隶属于证券经纪商，而不单纯是个人与客户的业务关系。

（3）特别强调对经纪人的管理，任何证券发行人雇佣非法注册代理人，即为非法，证券经纪人必须参加由证券交易商协会主持的系列考试。

（4）经纪人经纪业务范围广泛、灵活，这与广泛的证券交易品种及客户需求密切相关。

（三）英国保险经纪制度和法规

在国际保险市场上，英国的保险经纪制度影响最大，保险经纪人的力量最强。据统计，英国保险市场上有 800 多家保险公司，而保险经纪公司就超过 3 200 家，共有保险经纪人员 8 万多名。英国保险市场上 60% 以上的财险业务是由经纪人带来的，"劳合社"的业务更是必须由保险经纪人来安排。

英国的保险经纪人制度起源于海上保险。英国第一家保险经纪公司成立于 1906年，并于 1910 年被英国政府贸易委员会予以注册。1977 年，英国通过了《保险经纪人法》，并设立了专门的法案机构即英国保险经纪人协会和英国保险经纪人注册理事会。

英国对保险经纪人的管理相当严格，其主要表现在：

（1）设立专门的监管机构即保险经纪人注册理事会，颁布了"经营法"，对保险经纪人的信誉、宣传及服务进行监管。在英国，只有经过注册理事会注册的个人或法人才能以"保险经纪人"的身份开展业务。

（2）进行严格的财务管理，《保险经纪人法》规定，保险经纪人的资产要超过负债1 000英镑，而且要开设独立的"保险经纪人账户"；保险经纪人每年要向注册理事会提交审计过的账户及有关证明；执业保险经纪人必须提交一定的保证金，最低金额为25万英镑，最高为75万英镑。

（3）严厉的惩罚条例。注册理事会最严厉也是唯一的处罚办法就是将违法者除名。除名后的公司或个人不得再利用保险经纪人名义从事经纪活动。

第二节　经纪制度

一、经纪制度

工商行政管理部门作为对经纪人的监督管理以及经纪制度的制定机关，其管理的制度和内容主要从以下几方面进行：

（1）经纪人资格证书

"经纪人资格证书"是工商行政管理部门核发给经纪人从事经纪活动的一种合法凭证，除工商部门依照法定程序收缴或吊销外，任何单位和个人均不得毁坏、收缴或吊销"经纪人资格证书"。"经纪人资格证书"不得擅自涂改、复印，不得出租、转让或出卖；丢失时应及时申明作废，申请补发；持证人应办理每年一次的验照手续；对持证不开展业务超过6个月以上的经纪人，工商部门有权收缴其证书。

（2）登记项目

经纪人在工商行政管理部门登记后，应接受工商部门对其登记项目的监督和管理。监督管理范围包括经营范围和从业人员的资格。

（3）经纪行为

经纪人在从事经纪活动过程中，应该坚持诚实守信、合法经营的原则，严守职业道德规范，不弄虚作假、行贿受贿，不与第三方串通侵犯委托方的利益、不欺行霸市等。如果发生上述行为，一经查出，应受到工商行政部门的处罚。

（4）经纪收入

经纪人在经纪活动中收取的佣金由于没有专门的法律规定，加上一些经纪活动的"地下"性和隐蔽性，使得经纪佣金的收取非常混乱，有的与回扣、好处费、信息费、受贿等联系在一起。因此，工商行政管理部门必须加强对经纪佣金的监督管理，认定经纪佣金的性质，区分并界定罪与非罪的界限，保护正当经纪收入，将犯罪性质严重的移交司法机关处理。

根据我国《企业法人登记管理条例》的规定，工商行政管理部门对经纪公司也有监督管理权，其管理内容主要有：

（1）经纪公司必须按规定办理开业、变更、注销登记。

（2）经纪公司必须按登记注意事项和章程、合同规定从事经纪活动。

（3）经纪公司即法人代表必须遵循国家法律、政策。

（4）经纪公司必须按规定办理年检手续。

（5）对经纪公司的违法活动要进行严格查处，保护正当经营。

二、保险经纪制度

随着全球一体化步伐的加快，保险市场国际化趋势日益加强，在客观上对保险经纪制度提出了迫切的要求。

（一）保险经纪组织制度

一般来说，保险经纪具有三种组织方式：个人制、合伙制、公司制。

1. 个人制

美、英、日、韩等大多数国家都允许个人保险经纪人从事保险经纪业务活动。为了维护投保人的利益，维护保险市场的秩序，各个国家都对保险经纪进行严格管理。各国保险监督机构都规定个人保险经纪人需参加职业责任保险或缴纳营业保险金。

2. 合伙制

英国等一些国家允许以合伙方式设立合伙保险经纪组织，但要求所有合伙人必须都是经过注册的保险经纪人。

3. 公司制

公司制保险经纪一般采取有限责任公司形式，这是所有国家都认可的保险经纪组织形式。各国对保险经纪公司的清偿能力都作了具体要求，要求最低资本金，缴存营业保证金，参加职业责任保险。

我国目前规定，国内保险机构不可采取个人制，但可以采取下列组织形式：

（1）合伙企业。

（2）有限责任公司。

（3）股份有限公司。

保险经纪机构以合伙人或有限责任公司形式成立的，其注册资本不得少于人民币500万元，以股份有限公司形式成立的，其注册资本不得少于人民币1 000万元。

依据法律、行政法规规定不能投资企业的单位或个人，不得成为保险机构的发起人、股东或合伙人。保险机构设立1年内，可以在其住所所在省、自治区或直辖市设立3家保险经纪分支机构。在设立1年后，可以在其住所地以外的省、自治区或直辖市设立3家保险经纪分支机构。此外，在其住所地以外的每一省、自治区、直辖市首次申请设立保险经纪分支机构的，应当至少增加注册资本或者出资人民币100万元。保险经纪机构注册资本或者出资达到人民币2 000万元，这里保险经纪分支机构不需要增加注册资本或者出资。

（二）保险经纪经营制度

我国按保险方式把保险经纪分为直接保险经纪业务和再保险业务两类。直接保险经纪是指保险经纪机构与投保人签订委托合同，基于投保人或者被保险人的利益，为投保人与保险公司订立保险合同提供中介服务，并按约定收取佣金；再保险经纪是指保险经纪机构与原保险公司签订委托合同，基于原保险公司的利益，为原保险人与再保险人安排分出、分入业务提供中介服务，并按约定收取佣金。

我国的保险经纪机构可以经营以下保险经纪业务：①为投保人拟定投保方案，选择保险公司以及办理投保手续；②协助被保险人或者受益人进行索赔；③再保险经纪业务；④为委托人提供防灾、防损或者风险评估、风险管理咨询服务；⑤中国保监会规定的其他业务。另外，我国不允许保险经纪公司兼营保险代理业务，也不允许保险公司向保险经纪公司投资入股。

（三）保险经纪资格管理制度

根据我国 2005 年 1 月 1 日起实施的《保险经纪机构管理规定》的有关规定，保险经纪业务人员应该通过中国保监会组织的保险经纪从业人员资格考试，并取得《资格证书》。此证书由中国保监会颁发，有效期为 3 年，自颁发之日起计算，持有人应在其有效期届满 30 日前向中国保监会申请换发。

保险经纪机构还应当向本机构的保险经纪业务人员发放执业证书。执业证书只能向持有《资格证书》且无违规违纪行为的本机构人员发放。执业证书是保险经纪业务人员代表保险经纪机构从事保险经纪活动的证明。保险经纪业务人员开展保险经纪业务，应当主动向客户出示《资格证书》和执业证书。

（四）保险经纪的法律责任

1. 保险经纪的行政责任

保险经纪人在开展业务活动中如有违反保险法和保险经纪人管理规定的行为，保险监管部门将予以相应的行政处罚。对保险经纪人的行政违规行为的处罚形式有罚款、吊销保险经纪人的《执业证书》或《资格证书》、核减保险经纪公司的业务范围、宣布保险经纪公司停业整顿、吊销保险经纪公司的《经营保险经纪业务许可证》等。

保险经纪人行政违规行为包括：①未经监管部门批准，擅自设立保险经纪公司或开办保险经纪业务；②保险经纪公司聘用未获得《保险经纪人员资格证书》者开展保险经纪业务；③保险经纪人在其业务中欺骗投保人、被保险人或受益人；④向保险监管部门申报材料不实或拒绝监督检查的；⑤与未经保险监管部门批准的保险公司建立保险经纪业务关系或超出核定业务范围经营及擅自设立分支机构等。

2. 保险经纪的民事责任

保险经纪人的民事责任主要产生于保险经纪人与委托人即投保人之间，根据我国保险法和合同法的有关规定，当事人给他人造成损害的，应该依法承担赔偿责任。在保险经纪业务中，保险经纪人违反委托协议，给投保人造成损失，其承担民事责任的方式主要有支付违约金和赔偿损失两种。违约金是法律规定或合同约定，保险经纪人因过错不能履行合同义务时，应当向委托人支付一定数额金钱的责任。如果保险经纪人违反合同给投保人造成了损害后果，保险经纪人还应当就其投保人造成的损失依法给予赔偿。

3. 保险经纪刑事责任

当保险经纪人的违法行为构成犯罪的时候，按照我国刑法的有关规定，保险经纪人将承担相应的刑事责任。涉及保险经纪人业务方面的犯罪主要有以下几类：保险经纪人未经监管部门批准，擅自设立保险经纪公司或者伪造、变更、转让经营保险经纪业务许可证的；或在业务活动中索取、收受他人财务或利用职务上的便利挪用保险费或保险金的均构成破坏金融管理秩序罪。保险经纪人串通投保人、被保险人或者受益人对发生的保险事故编造虚假的原因、夸大损失程度，或故意制造保险事故，骗取或帮助骗取保险金的构成金融诈骗罪。未经监管部门许可，非法经营保险经纪业务，或者买卖经营保险经纪业务许可证等资格证书的构成扰乱市场秩序罪。

三、房地产经纪制度

随着房地产市场的快速发展，交易活动的日趋频繁，房地产经纪业也越来越需要，房地产经纪人的媒介作用、顾问作用也需要发挥。在我国，房地产经纪行业是一个比较新的行业，它的发展时间不长，像任何事物都有两面性一样，房地产经纪行业在大力发展的同时，也存在一些问题。所以，为了规范房地产经纪行业，也为了充分发挥房地产经纪人的特殊作用，我们需要建立适合我国国情的房地产经纪制度。

房地产经纪活动是指向进行房地产的开发、转让、抵押、租赁的当事人（以下简称当事人）有偿提供居间介绍、代理、咨询等服务的营业性活动。房地产经纪人是指具备经纪人条件、经工商行政管理部门核准登记并领取营业执照从事房地产经纪活动的组织和个人。房屋土地管理局（以下简称房地局）和工商行政管理局是房地产经纪活动的主管机关。房地产交易管理部门负责对房地产经纪人的日常管理工作。

（一）房地产经纪组织制度

1. 房地产经纪人组织制度

凡年满 18 周岁、具有高中以上文化程度的人员，具备一定道德水平的，经房地局统一培训和考核合格，并取得房地局颁发的房地产经纪人员资格证后，可以申请从事房地产经纪活动。房地产经纪人在领取营业执照后的 30 天内，应当到工商登记机关所在地的区、县房地产交易管理部门备案。

申请成为房地产经纪人，应当向营业所在地的工商行政管理部门申请设立登记。工商行政管理部门对符合本规定条件的，应当予以登记，发给营业执照，对不符合本规定条件的，不予登记。房地产经纪人员资格证需定期审核通过者方可继续从事经纪服务，否则应停止房地产经纪活动。从业人员需参加定期测试考试，接受再教育，并将其考试结果作为审核的依据之一。对于在营业期间违反有关规定的从业人员，主管部门可以根据情节严重程度处以停止经纪活动或吊销房地产经纪人资格证等惩罚。

房地产经纪人必须履行下列义务：

（1）遵守有关的法律、法规和政策规定；

（2）遵守自愿、公平、诚实信用的职业道德；

（3）按核准的业务范围从事经营活动；

（4）依法交纳税费；

（5）合理收取服务费用。

2．房地产经纪企业组织制度

申请成立房地产经纪组织的，应当具备下列条件：

（1）房地产经纪组织从事房地产经纪活动，必须由其机构内取得房地产经纪人员资格证的人员进行，持有房地产经纪人员资格证的人员，必须以房地产经纪人的名义从事房地产经纪活动，且每个组织的人数在 5 人以上；

（2）有 10 万元以上人民币资金；

（3）有经营宗旨明确的组织章程；

（4）有固定的经营场所。

对房地产经纪企业，主管部门要定期审核其经营情况，对不正当经营的机构要随时查处。

（二）房地产经纪管理制度

房地产经纪合同不能履行或者不能完全履行的，房地产经纪人不收取或者减少收取服务费。由于房地产经纪人的过失造成当事人经济损失的，房地产经纪人应当承担赔偿责任。但由于当事人过失造成的除外。房地产经纪人与当事人签订房地产经纪合同后，转委托他人代理的，应当征得当事人的同意，并不得增加服务费。房地产经纪活动的服务费由房地产经纪人与当事人在当地收费标准内自行议定，并在房地产经纪合同的履行期限内交付。提供咨询服务的，服务费标准也由双方协商议定。

另外，房地产经纪人应当健全财务会计制度，建立会计账簿，编制财务报表。收取服务费应当出具统一发票，经营所得应当依法纳税。

房管部门应当对房地产经纪人的经营活动进行监督和检查。房地产经纪人应当按季向房地产交易管理部门报送业务统计报表，并按经纪活动收入的一定比例交纳管理费。管理费收取标准由市物价局、市财政局会同市房地局制定。

房地产经纪人可以向房地产交易管理部门查询房地产开发资料和商品房销售信息，了解房地产市场行情和有关房地产市场的政策、法规及其他有关文件，并参加各类相关活动。

房地产开发经营企业的房地产经纪人不得从事本公司开发建设的房地产经纪业务。房地产经纪人员不得同时在 2 个或者 2 个以上房地产经纪组织内兼职。房地产经纪人歇业或者因其他原因终止经纪活动的，应当向工商行政管理部门办理注销登记。

（三）房地产经纪罚则制度

房地产经纪人违反工商行政管理规定的，由工商行政管理部门予以行政处罚。对于房地产经纪组织或个人，不得有下列行为，违反者由市房产行政主管部门或其委托的机构依照《城市房地产中介服务管理规定》对责任者给予处罚：

（1）未取得《房地产经纪人员资格证》，擅自从事房地产经纪活动的，责令其停止违法行为，并可处以1万元至3万元的罚款；

（2）未按规定向房地产交易管理部门办理备案手续的，责令其限期补办备案手续，并可处以500元至1 000元的罚款；

（3）房地产开发经营企业的房地产经纪组织，从事本公司开发建设的房地产经纪业务的，责令其改正，并可处以5 000元至3万元的罚款；

（4）伪造、涂改、转让《房地产经纪人员资格证》的；

（5）房地产经纪人员同时在2个或者2个以上房地产经纪组织内兼职从事房地产经纪活动的，责令其改正，并可处以2 000元至2万元的罚款；

（6）房地产经纪人超标准收取服务费的，责令其退还超收的费用，并可处以超收费用1至3倍的罚款，但最高不超过3万元；

（7）在房地产经纪活动中采取弄虚作假恶意串通、欺诈牟利、损害当事人合法权益的，责令其赔偿损失，并可处以5 000元至3万元的罚款。

房地产经纪人违反工商管理规定的，由工商行政管理部门予以处罚。在房地产经纪活动中，未按规定使用当地房地产交易专用发票的，由税务管理部门依"不按规定使用发票"的违章行为处理。房地产经纪人违反物价管理规定，超标准或私设名目收取服务费的，由房产管理部门提请物价管理部门予以处罚。对行政管理部门的具体行政行为不服的，可以按照《行政复议条例》和《中华人民共和国行政诉讼法》的规定，申请行政复议或向人民法院提起诉讼。

房地产经纪人员隐瞒真实情况、弄虚作假取得房地产经纪人员资格证的，由市房地局注销和收缴其房地产经纪人员资格证，并应当及时通报工商行政管理部门；对不符合经纪人条件的，由工商行政管理部门依法注销其房地产经纪活动的经营项目。行政管理部门作出行政处罚，应当出具行政处罚决定书；收缴罚款，应当开具由市财政部门统一印制的罚没财物收据。罚款按规定上缴国库。

如果当事人对行政管理部门的具体行政行为不服的，可以依照《行政复议条例》和《中华人民共和国行政诉讼法》的规定，申请行政复议或者提起行政诉讼。如果当事人在法定期限内不申请复议、不提起诉讼又不履行具体行政行为的，作出具体行政行为的部门可以依照《中华人民共和国行政诉讼法》的规定，申请人民法院强制执行。

四、证券经纪制度

（一）证券经纪人制度

证券经纪人是在证券交易市场上为交易双方充当中介而收取佣金的商人。他们在接受客户委托后，主要在证券交易所内从事买卖证券的工作，成交后按成交数额收取一定比例的佣金。证券交易所内的经纪人一般具有交易所的会员资格，且大多数都代表其所属的证券公司、投资银行等具有法人地位的金融机构。证券投资是高收益、高风险的投资，投资者为了获得更大的投资，保证投资安全，需要证券经纪人作为投资顾问或代为经营者。因此，证券经纪人一定要具备一定的素质条件和丰富的证券知识，以及完备的投资经验和交易技巧。

1. 证券经纪人组织制度

申请证券经纪人的基本条件是：年龄在 35 周岁以下，大学毕业或从事证券或其他金融业务 2 年或以上或中专毕业从事证券及其他金融业务 4 年以上，政治思想素质好，道德品质好，思维敏锐。这些人员由证券公司推荐，报证券交易所核定，并由证券交易所进行基础理论、业务知识和操作技术培训，考核合格者，证券交易所发给证书，并注册登记，方可进场交易，成为证券经纪人。证券经纪人只能接受一家证券公司的委托，并应当专门代理证券公司从事客户招揽和客户服务等活动。证券经纪人的执业地域范围，应当与其服务的证券公司的管理能力及证券营业部的客户管理水平和客户服务的合理区域相适应。证券经纪人证书载明事项发生变动的，证券公司应当将该证书收回，向协会变更该人员的执业注册登记，并按照规定办理新证书的打印和颁发事宜。

证券公司终止与证券经纪人的委托关系的，应当收回其证券经纪人证书，并自委托关系终止之日起 5 个工作日内向协会注销该人员的执业注册登记。证券公司因故未能收回证券经纪人证书的，应当自委托关系终止之日起 10 个工作日内，通过证监会指定报纸和公司网站等媒体公告该证书作废。

证券经纪人要在执业过程中主动向客户出示证书，明示其与证券公司的委托代理关系，并在委托合同约定的代理权限、代理期间、执业地域范围内从事客户招揽和客户服务等活动。其执业活动不得超出证书载明的代理权限范围，不得有下列行为：①替客户办理账户开立、注销、转移，证券认购、交易或者资金存取、划转、查询等事宜；②提供、传播虚假或者误导客户的信息，或者诱使客户进行不必要的证券买卖；③与客户约定分享投资收益，对客户证券买卖的收益或者赔偿证券买卖的损失作出承诺；④采取贬低竞争对手、进入竞争对手营业场所劝导客户等不正当手段招揽客户；⑤泄漏客户的商业秘密或者个人隐私；⑥为客户之间的融资提供中介、担保或者其他便利；⑦为客户提供非法的服务场所或者交易设施，或者通过互联网络、新闻媒体从事客户招揽和客户服务等活动；⑧委托他人代理其从事客户招揽和客户服务等活动；⑨损害客户合法权益或者扰乱市场秩序的其他行为。

对证券经纪人证书及其载明信息的真实性，投资者可通过中国证券业协会网站查询、核实，也可通过现场、电话、网络等方式向该证书载明的证券公司查询、核实。

2. 证券经纪人的职业道德规范

证券经纪人必须遵守证券交易"公平、公正、公开"的"三公原则"。公平、公正、公开地接受客户委托，对客户一视同仁，不能以收取好处费为交换条件，替场外黑市交易办理过户手续，或违反委托优先，时间优先原则，替亲朋好友"抢跑道"，不得受理各项全权委托。禁止以补偿损失为诱饵，以买方或卖方的身份接受或吸引委托人委托。不得以他人名义供客户买卖证券。

其次，证券经纪人不得利用自身工作的便利，将尚未公开的证券信息或内幕情况透露给投资者，参与内幕交易，使投资者在证券市场利用这类消息非法牟利。

3. 证券经纪人管理制度

证券经纪人的执业行为直接关系到广大投资者的切身利益。投资者要增强自我保护意识，在接受证券经纪人的宣传、推介和服务时，主动查验证券经纪人证书，仔细阅读证书载明信息，了解证券经纪人身份、服务的证券公司及其证券营业部、代理权限、代理期间、执业地域范围及禁止行为，发现证券经纪人涉嫌违规执业等问题的，应拒绝接受其宣传、推介和服务，并可向中国证监会及其派出机构、中国证券业协会举报。中国证券业协会已发布了《中国证券业协会证券经纪人执业规范（试行）》、《中国证券业协会证券经纪人执业注册登记暂行办法》等自律规则。目前，与证券经纪人管理有关的监管和自律规则基本出齐，经中国证监会派出机构核查认可、具备规定条件的证券公司，可依法委托证券经纪人从事客户招揽和客户服务等活动。

证券经纪人应当在证券公司授权的范围内执业，不得有下列行为：①替客户办理账户开立、注销、转移，证券认购、交易或者资金存取、划转、查询等事宜；②提供、传播虚假或者误导客户的信息，或者诱使客户进行不必要的证券买卖；③与客户约定分享投资收益，对客户证券买卖的收益或者赔偿证券买卖的损失作出承诺；④采取贬低竞争对手、进入竞争对手营业场所劝导客户等不正当手段招揽客户；⑤泄漏客户的商业秘密或者个人隐私；⑥为客户之间的融资提供中介、担保或者其他便利；⑦为客户提供非法的服务场所或者交易设施，或者通过互联网络、新闻媒体从事客户招揽和客户服务等活动；⑧委托他人代理其从事客户招揽和客户服务等活动；⑨损害客户合法权益或者扰乱市场秩序的其他行为。

证券经纪人在执业过程中发生违反证券公司内部管理制度、自律规则或者法律、行政法规、监管机构和行政管理部门规定行为的，证券公司应当按照有关规定和委托合同的约定，追究其责任，并及时向公司住所地和该证券经纪人服务的证券营业部所在地证监会派出机构报告。证券经纪人不再具备规定的执业条件的，证券公司应当解除委托合同。

证券经纪人的行为涉嫌违反法律、行政法规、监管机构和行政管理部门规定的，证券公司应当及时报告有关监管机构或者行政管理部门；涉嫌刑事犯罪的，证券公司应当及时向有关司法机关举报。

（二）证券经纪机构制度

1. 证券经营机构组织制度

在我国，要成立证券经纪机构，必须要满足以下条件：①必须是经证券主管机关批准而设立的、从事证券经营业的、具有法人资格的证券公司；②资本金不得低于100万元人民币；③证券经营连续盈利2年或以上的；④组织机构或从业人员应符合证券主管机关规定的条件，组织机构应按规定的要求和条件给予设立；⑤承认证券交易所章程，缴纳不低于15万元人民币的席位费；⑥经营代理证券买卖为业务范围。

证券经纪机构具备以上条件后，可以提前30天向证券交易所提出申请加入该所，成为会员。证券公司递交申请7日内，应按证券交易所章程的规定，将会员席位费划入交易所账户。交易所受到席位费后受理证券机构加入交易所的申请，在20天内正式答复并转报证券主管机关核准。对被批准加入的证券交易机构，由交易所发给《证券交易所会员证书》，并在公开发行的报刊上公告。

证券经营机构加入本所后，不得再加入其他证券交易所。

2. 证券经纪机构的行为准则

（1）不得向客户提供有价证券价格上涨或下跌的肯定意见。

（2）不得劝诱客户参与证券交易，向客户保证承担可能招致的全部或部分损失。

（3）不得为达到排除竞争目的，运用不正当手段在交易中限制某一客户的业务活动。

（4）不得在代理客户买卖证券时，为自己作对应买卖。

（5）不得向他人公开泄漏客户的证券买卖和其他交易情况，但因接受证券管理机关的例行检查或配合行政执法机关和司法机关的调查而须提供有关材料和信息的，不在此限制内。

（6）不得从事其他保护投资者利益或公平交易有害的活动，或有损于证券业信誉的活动。

3. 证券公司对证券经纪人的管理

证券公司可以通过公司员工或者委托公司以外的人员从事客户招揽和客户服务等活动。委托公司以外的人员的，应当按照规定的证券经纪人形式进行，不得采取其他形式。证券公司应当建立健全证券经纪人管理制度，采取有效措施，对证券经纪人及其执业行为实施集中统一管理，保障证券经纪人具备基本的职业道德和业务素质，防止证券经纪人在执业过程中从事违法违规或者超越代理权限、损害客户合法权益的行为。

证券公司应当在与证券经纪人签订委托合同前，对其资格条件进行严格审查。对不具备规定条件的人员，证券公司不得与其签订委托合同。证券公司应当按照协会的规定，组织对证券经纪人的后续职业培训，建立健全证券经纪人执业支持系统，向证券经纪人提供其执业所需的有关资料和信息。

证券公司应当按月或者按季将证券经纪人所招揽和服务客户账户的交易情况及资产余额等信息，以信函、电子邮件、手机短信或者其他适当方式提供给客户。证券公司与客户另有约定的，从其约定。证券公司应当建立健全客户回访制度，指定人员定期通过面谈、电话、信函或者其他方式对证券经纪人招揽和服务的客户进行回访，了解证券经纪人的执业情况，并作出完整记录。负责客户回访的人员不得从事客户招揽和客户服务活动。证券公司应当建立健全异常交易和操作监控制度，采取技术手段，对证券经纪人所招揽和服务客户的账户进行有效监控，发现异常情况的，立即查明原因并按照规定处理证券公司应当建立健全信息查询制度，保证客户能够通过现场、电话或者互联网络的方式随时查询证券经纪人的姓名、代理权限、代理期间、服务的证券营业部、执业地域范围及证券经纪人证书编号等信息，能够通过现场或者互联网络的方式查看证券经纪人的照片。

证券公司应当建立健全客户投诉和纠纷处理机制，明确处理流程，妥善处理客户投诉和与客户之间的纠纷，持续做好客户投诉和纠纷处理工作。证券公司应当保证在营业时间内，有专门人员受理客户投诉、接待客户来访。证券公司的客户投诉渠道和纠纷处理流程，应当在公司网站和证券营业部的营业场所公示。证券经纪人被投诉情况以及证券公司对客户投诉、纠纷和不稳定事件的防范和处理效果，作为衡量证券公司内部管理能力和客户服务水平的重要指标，纳入其分类评价范围。

证券公司应当将证券经纪人的执业行为纳入公司合规管理范围，并建立科学合理的证券经纪人绩效考核制度，将证券经纪人执业行为的合规性纳入其绩效考核范围。

证券公司应当建立健全证券经纪人档案，实现证券经纪人执业过程留痕。证券经纪人档案应当记载证券经纪人的个人基本信息、证券从业资格状态、代理权限、代理期间、服务的证券营业部、执业地域范围、执业前及后续职业培训情况、执业活动情况、客户投诉及处理情况、违法违规及超越代理权限行为的处理情况和绩效考核情况等信息。

证监会及其派出机构依法对证券经纪人进行监督管理。对违法违规的证券经纪人，依法采取监管措施或者予以行政处罚。对违反规定或者因管理不善导致证券经纪人违法违规、客户大量投诉、出现重大纠纷、不稳定事件的证券公司，可以要求其提高经纪业务风险资本准备计算比例和有关证券营业部的分支机构风险资本准备计算金额，并依法采取限制其证券经纪人规模等监管措施或者予以行政处罚。证券公司和证券经纪人的失信行为信息，记入证券期货市场诚信信息数据库系统。

第三节　经纪合同

一、经纪合同的概念

所谓经纪合同是指经纪人接受委托人的委托，以委托人的名义或以他自己的名义，为委托人办理委托事务，并按规定或约定收取报酬或其他费用，双方具有一定权利和义务关系的协议。经纪合同是一种提供服务的经济合同，也是经纪活动中最常使用的一种合同形式。这种合同，一般由委托人提出应完成的任务，由经纪人完成任务后应得到的劳务报酬即佣金作为酬劳。这种合同是双务合同，即经纪人和委托人相互负有义务并且享有权利。

经纪合同是诺成性的合同，一经双方达成协议即可成立。经纪合同的形式，既可以是书面的，也可以是口头的。

经纪合同一般可以分为委托合同、信托合同和居间合同。

具体的经纪合同模板如下：

经 纪 合 同

编号　字第　号

合同编号：

委托方：（以下简称甲方）

中介方：（以下简称乙方）

乙方受甲方的委托，双方就＿＿＿＿＿＿＿＿委托事项协商一致，签订本合同，共同遵守。

一、委托内容：

甲方委托乙方从事＿＿＿＿＿＿＿＿＿专项中介服务业务。

二、委托要求和标准

标的：＿＿＿＿＿＿＿＿＿＿＿＿＿＿＿＿＿＿＿

质量：＿＿＿＿＿＿＿＿＿＿＿＿＿＿＿＿＿＿＿

规格型号：＿＿＿＿＿＿＿＿＿＿＿＿＿＿＿＿＿

数量：＿＿＿＿＿＿＿＿＿＿＿＿＿＿＿＿＿＿＿

单价或酬金：＿＿＿＿＿＿＿＿＿＿＿＿＿＿＿＿

履行地点：＿＿＿＿＿＿＿＿＿＿＿＿＿＿＿＿＿

寻找：＿＿＿＿＿＿＿＿＿　其他：＿＿＿＿＿＿＿＿

三、履行期限：

委托有效期＿＿年＿＿月＿＿日至＿＿年＿＿月＿＿日

四、佣金数额、支付方式和期限：

1. 乙方接受中介义务签订本合同后，甲方应于＿＿＿日内向乙方支付中介活动费用，人民币＿＿＿＿元。中介义务完成，乙方中介活动费用抵冲佣金；中介不成，中介活动费用退还＿＿＿%，本合同终止履行，佣金按＿＿＿＿支付，计人民币＿＿＿＿元。支付方式：

2. 经乙方中介，与相对人订立合同，中介业务即完成，甲方应在＿＿＿日内支付乙方佣金。投资项目的中介，在资金到位后＿＿＿日内甲方支付清全额佣金。资金分期于＿＿＿日到位的，甲方分别于资金到位后的＿＿＿日内向乙方支付到位资金＿＿＿%的佣金。

五、双方的权利和义务：

甲方的权利和义务：

1. 有权向乙方取得第三人签约资格、履行能力及情况。

2. 应如实向乙方提供专向委托事项的有关证明材料和签约资格、履约能力等有关情况。

3. 经乙方中介，与其相对人订立合同后，甲方有义务依据本合同的约定支付佣金。

4. 无正当理由不得干扰乙方的中介活动。

乙方的权利和义务：

1. 在完成委托中介事项后，有权获得甲方按约定支付的佣金。

2. 有权向甲方索取委托中介事项的有关证明书面材料。

3. 本合同签定成立后，乙方在___日内，用___方式发布___信息。

4. 为使甲方与相对人达成协议，有义务就委托签约及履行能力等有关事项如实告知甲方和其相对人的另一方，提供正确信息，按约维护甲方及相对人的合法权益。

六、变更和解除：

双方达成变更条件_____一方未经另一方同意，不得擅自变更和解除本合同（法律另有规定的除外）。

七、保密内容：_____

八、违约责任：_____

1. 甲方借故中介不成，再与乙方中间的相对人在_____日内就同一标的成交的，视甲方违约，乙方有权向甲方按实际成交额索取佣金。

2. 由于乙方提供不实信息或虚构事实及与相对人恶意串通而造成甲方经济损失的，甲方有权要求乙方赔偿损失，终止合同。

3. 任何一方不履约或不完全履行本合同规定的义务，构成违约的，应向对方支付不能履行本合同部分总金额的_____%的违约金。由于一方的违约给对方造成的损失超过违金的，应据实向对方支付赔偿金。

4. 违反中介合同中约定的其他事项：

九、争议的解决方式

1. 双方同意提交_____仲裁机构。

2. 向人民法院提起诉讼。

十、其他约定条款

未尽事宜按照有关法律法规办理。

本合同一式___份，各执___份。本合同经_____签名盖章后生效。

签订地点：

签订时间：　　　年　月　日

二、委托合同

(一) 委托合同的概念和特征

委托合同又称委任合同，或称代理合同，是指以受托人的名义，为委托人办理委托事务，由委托人负担办理委托事务所需的费用，并向受托人支付约定报酬的协议。

委托合同在实践中的运用十分广泛。在现实经纪活动中往往出现这样的情形：某一经纪人长期为某一客户提供中介服务，客户对该经纪人非常信任，这样，客户的经营活动不仅需要经纪人中介，而且委托该经纪人代表他做经济活动，这时客户与经纪人之间形成了委托代理关系。另一种，客户因客观原因（如路途遥远、时间紧迫等），自己不能进行某种经济活动，就委托经纪人代替自己进行经济活动。这两种情况，经纪人实际就是委托代理人。以此种代理关系为依据，经纪人同客户签订的合同就是委托合同，即代理合同。

委托合同的当事人既可以双方都是公民或法人，也可以是公民另一方的法人。公民必须具有完全民事行为能力。作为委托人的公民或法人对委托事务必须具有相应的权利能力，即只有委托人依法有权进行的事务才可以委托他人办理，否则委托合同无效。某些事物依法只能委托特定的受托人办理，如只有证券经营机构才能承销公开发行的股票。委托事务既可以是实施民事法律行为，如代订经济合同、代为加工产品、代购代销商品等，也可以进行诉讼或行政行为，如代为起诉、应诉、代理申请商标等，还可以是日常生产、生活中的某些具体事务，如委托开发技术、代为计算、统计、校阅稿件等。特别地，基于委托合同，委托人可以出具授权委托书，使受托人成为委托代理人。

委托合同的订立是以当事人之间相互信任为前提的。受托人在委托权限内，以委托人的名义办理委托事务，所需费用和产生的法律后果，均由委托人承担。委托合同一般是有偿性的，也可以是无偿的，视法律的规定和当事人之间的约定而定。

(二) 委托合同当事人的义务

1. 委托人的义务

（1）委托人对于受托人在委托权限范围内就为法律行为的后果应当接受，并承担责任。委托权限，通常在合同中确定下来；并且，以委托人的名义，实施第三人的民事法律行为。越权限办理的事务，委托人不承担责任。但是，受托人在权限范围以外处理的事务，委托人表示同意的时候除外。

（2）委托人应向受托人提供和补偿为办理事务新支出的必要费用。例如，代购、代销货物的保管、交通等项费用。

（3）委托人在法律规定或双方约定为有偿的委托合同时，应向完成任务的受托人支付报酬。例如，手续费、辩护费等。报酬标准按规定或约定执行，一般在办完事务后给付。在委托任务完成之时，因委托人的原因或因委托任务无法继续执行而终止委托关系时，委托人应向受托人支付委托任务已进行的报酬和费用。

（4）委托人应对于自己的过失而造成受托人的损失承担赔偿责任。同时，也应赔偿受托人因执行委任任务而无任何过失责任的损失。委托人自己的过失，例如，甲委托乙于本月5号到某地运货，乙按约定时间到达。某地货主说，甲并未约定取货时间，产品只能在本月20号以后才能供应。这是甲自己的过失。甲对乙新造成的汽车跑空费用、误工费用和联系费用，应负赔偿责任。其次，受托人"无任何过失"时，委托人应补偿受托人的损失。

（5）应负连带责任两个或两个以上的委托人将同一事务委托给受托人时，应对受托人执行任务带来的法律后果承担连带责任。例如，甲、乙两人委托丙租赁房屋一间，丙按委托人的授权与丁订立租赁合同。出租人丁的租金，可向承担人中的任何一人（甲或乙）收取，这叫委托人承担连带责任。

2. 受委托人的义务

（1）受托人应依委托人的指示，亲自处理委托事务。受托人一般不得办理委托权限以外的事务。如果为了委托人的利益有必要变更指示，应当取得委托人的同意。只有"情况紧急"事先不可能取得委托人同意时，才可以先行变更指示，但应变更指示的情况及时通知委托人。

（2）受托人应及时向委托人报告处理事务的一切情况，并应提交必要的证明。受托人在办理委托事务的过程中，应随时或定期报告经办委托事务进行的情况；在完成委托任务后，应将办理事务的整个过程和办理结果向委托人作全面报告，并提交有关文件等。

（3）受托人应将处理委托事务所得到的一切财产，除必要的开支外，及时交给委托人。"一切财产，收益"包括：金钱、物品季息手续费和介绍费等收益。如委托人有预付费用而又有余款的，应一并归还。受托人在处理事务的过程中，由于自己的过错造成委托人的损失，应当负赔偿责任。受托人在履行委托事务中的意外危险，应由委托人承担。受托人不可为自己利益而使用应交回委托人的金钱，或者使用应为委托人支付利息。

三、信托合同

（一）信托合同的概念和特征

信托合同又叫行纪合同，是指信托人（又称行纪人、受托人）根据委托人的委托，以自己的名义，为委托人从事贸易活动，委托人支付报酬的合同。在信托合同关系中，委托对方为自己从事贸易活动，并为此给付报酬的当事人为委托人；接受委托为对方从事贸易活动，并为此获得报酬的当事人为信托人也叫行纪人。在我国经济市场中，常见的信托合同有：代销、代购或寄售合同，外贸代理合同，证券经纪合同，期货经纪合同，委托拍卖合同等。

信托合同和委托合同一样，都是历史悠久的合同种类，但在我国信托合同的运用范围受到一定的限制。

信托合同的特征包括：①信托人以自己的名义为委托人办理委托事务。这是信托合同与委托合同的主要区别。根据信托合同，信托人在办理委托事务时，直接以自己的名义，与第三人发生权利、义务关系，由此产生的法律后果由信托人自行承担。因而委托人与第三人之间不存在直接的法律关系，委托人不对第三人直接享有权利或承担义务，对第三人也不直接承担责任。②信托人为委托人购买的物品、出售委托人交给出售或寄售的物品的价款，均属于委托人所有。信托人应按约定的时间将其交给委托人，其风险也由委托人承担。③信托合同的信托人必须是以从事信托活动为营业的主体，即经过工商登记，取得营业执照，以从事信托活动为营业业务的法人、自然人或其他经济组织。④信托合同是有偿合同。这是由于信托人所办理的信托业务都是营业性的业务。信托合同是信托人以自己的名义为委托人从事贸易活动，委托人支付报酬的合同。信托人为委托人从事贸易活动，须从委托人那里取得报酬；委托人也必须为信托人的服务提供报酬。⑤信托合同是诺成合同。在订立信托合同时，双方当事人意思表明一致，信托合同即成立，无须以物的交付或者其他给付行为作为成立要件。

（二）信托合同当事人的义务

1. 委托人的义务

（1）委托人应及时接受信托人依信托合同所取得的成果物品。不按时接受的，信托人可代为保管。若超过规定的期限仍不接受，信托人有权按规定处理。委托人对于信托人无正当理由违反其要求的行为后果，有权拒绝接受或要求赔偿损失。

（2）委托人应向信托人支付手续费和其他费用。向信托人支付手续费是委托人的主要义务。手续费按购、销物品价格的一定比例收取。具体比例应按主管机关的规定执行。一般情况是：按出卖或购进物品价金的1%收费。例如，有些城市信托公司规定，对于委托寄售物品售出后由售出人扣收7%的手续费。对于信托人因出售物品购进物品节省的费用，委托人应按有关规定的比例增加手续费数额。

（3）委托人应按合同规定补偿信托人为履行信托义务而支出的费用。支付逾期取回物品的保管费。委托人不按合同支付手续费和其他费用时，信托人对占有的信托物品享有留置权。

2. 信托人的义务

（1）信托人应按委托人要求办理信托事务。信托人若变更委托人的要求，应以保障委托人的利益为前提，信托人只有在为了委托人的利益必须改变措施，而且不可能事前征得委托人同意时，才能变更委托人的要求。事后，应及时告知委托人。否则，对造成的损失，信托人应负赔偿责任。

（2）信托人有保管为委托人购、销的物品的义务。信托人因过错造成这些物品的损失、毁损，应负赔偿责任。由于不可抗力、物品的自然损耗（如物品的挥发、水份减少而影响重量）和委托人的过错而造成损失，信托人不负责任。如果这些物品发生灭失、毁损，信托人不能证明灭失或毁损是不可抗力或不是自己的过错所造成，应当向委托人承担赔偿责任。

（3）信托人应将办理信托事务所得的收入（除按比例收取手续费外），其余部分应如数交给委托人。这包括信托人以低于约定价格购进物品节约的费用和以高于约定价格出售物品而增加的收入。

四、居间合同

（一）居间合同的概念和特征

居间合同又称中介合同、中介服务合同，指当事人双方约定一方接受他方的委托，并按照他方的指示要求，为他方提供订立合同的机会或者充当为订约媒介服务，委托人给付报酬的合同。在居间合同中，接受委托报告订立合同机会或者提供交易媒介的一方为居间人，给付报酬的一方为委托人。

居间合同适用范围很广泛。居间人一般都是熟悉某项业务、信息灵通、了解行情的人、居间人可以是公民个人，也可以是法人，他们通过为委托人牵线搭桥，介绍第三人与委托人订立商品买卖、房屋租赁、加工承揽、技术转让和图书出版等各种合同，沟通某些商品和服务的渠道，促使供需双方及早见面。居间人无论对供方或是需方，还是对社会经济活动的便利和繁荣，都起到了积极的作用。居间人一般具有专业化发展的特点，由此产生专业居间人，如房屋居间人、技术居间人等。

居间合同具有以下特征：①居间合同的标的是居间人按照委托人的要求，物色并介绍第三人与委托人订立合同的行为。对于委托人与第三人之间的合同，居间人并不介入。居间人不是该合同的一方当事人，也不是任何一方当事人的代理人，只是协助合同签订的人，即通常所说的介绍人。②在居间活动中，居间人在合同中处于介绍人地位。③居间合同都是有偿的。但只有居间活动获得成功时，即委托人与第三人订立合同后，居间人方可取得规定或约定的报酬。④居间合同具有诺成性。诺成性是指委托人与居间人意思表示一致，居间人就负有依委托人的指示进行居间义务，而一旦居间人的活动取得结果，委托人就应支付报酬，合同即成立，而无需以实物的交付作为合同成立的要件。⑤居间合同具有不要式性，这是指当事人可以采取口头或者书面形式，居间合同的成立也需要采用特定的形式。如果约定不明确，应当遵循交易惯例。

（二）居间当事人的义务

1. 居间人的义务

（1）根据实际情况提供订约条件和妥善地完成介绍人的任务。居间人应当就委托人订约的有关事项，如实地告知委托人和其相对的另一方，不得向无支付能力和自然人或法人、无行为能力人进行居间活动，不得对委托人隐瞒真相。应讲诚实，守信用不得弄虚作假。需要保密的，居间人还有保守秘密的义务。否则，造成委托人或其相对人损失的，居间人应承担赔偿责任。

（2）负有忠实于委托人利益的义务。居间人通常从委托人那里取得酬金或手续费用。因此，应按诚实信用原则为委托人的利益进行居间活动。如果违背了委托人的指示，有意做出存利于与委托人订立合同的第三人的行为，则不能向委托人请求支付酬金和其他费用。如果造成委托人财产损失的，还应承担赔偿责任。

（3）必要时协助委托人与第三人订立合同。

2. 委托人的义务

（1）向居间人支付酬金义务。委托人应在居间活动取得成果时，即通过居间人提供了订立合同的条件或者经过居间人介绍促成与第三人订立合同时，依国家规定或约定向居间人支付全部或部分的酬金和其他费用。

（2）承担由于擅自变更取消委托指示造成居间人财产损失的赔偿责任。居间人根据委托人的指示要求已经开始了居间活动或者已获成果时，委托人不应无故改变或取消指示；对确有必要改变或取消的应赔偿已经给居间人造成的财产损失。

五、委托合同、信托合同、居间合同的联系与区别

（一）委托合同、信托合同、居间合同是各自独立而又相似的三种合同

委托合同、信托合同、居间合同各具有法律特点，但也有其相同之处，即都通过他人和第三人发生合同关系。委托合同属于服务性合同，服务合同包括保管、行纪、居间、委托等很多种类的合同，它们之间有着一个共同的特征，其标的是提供劳务，而不是物的交付。

（二）委托合同、信托合同、居间合同的区别

（1）委托合同的受理人办理委托事务时，以委托人的指示参与并可决定委托人与第三人之间的关系内容，处理事务的后果直接归于委托人；信托合同的信托人是信托合同的一方当事人，信托人以自己的名义为委托人办理交易事务，与第三人发生直接的权利义务关系，处理事务的后果是间接地而不是直接地归于委托人；居间合同的居间人，限于报告订约机会或媒介订约，其服务的范围有限制，只是介绍或协助委托人与第三人订立合同，居间人并不参与委托人与第三人之间的合同。

（2）委托合同的受托人是按委托人的要求处理受托事务，处理的事务可以是有法律意义的事务，也可以是非法律意义的事务；信托合同的信托人则是按委托人的要求，从事购销、寄售等法定的法律行为，信托人受托的事务只能是法律行为；居间合同的居间人，是为委托人提供与第三人订立合同的机会，其行为本身不具有法律意义。

（3）委托合同可以是有偿的也可以是无偿的；信托合同都是有偿合同，信托人仅仅从委托人一方取得报酬；居间合同也是有偿合同，但居间人只能在有居间结果时才可以请求报酬，并且在为订约媒介居间是可以从委托人和其相对人双方取得报酬。

第四节　经纪合同纠纷案例

一、房产中介合同纠纷案①

（一）案情

前不久，秦某在一家房屋中介公司的带领下看了房子，而买房其实是通过其他途径。不曾料想，该房屋中介公司拿着一份"客户服务确认单"（格式合同）将秦某告上法庭，要求其全额支付中介费。原来"客户服务确认单"有如下约定："中介公司只要提供了看房服务，就'确认中介成功'，应由委托人全额支付佣金"。而房屋中介公司带领秦某所看的这套房屋，房屋主人并没有委托房屋中介公司卖房，也就是说，房屋中介公司并未取得该房屋的中介权。

2005年11月10日，对于这样一起居间合同纠纷案，法院作出了一审判决，法院认为，房产中介公司自己印制的格式条款内容属于格式化条款，这些条款的规定与房产中介公司所履行的义务不相符合，对客户没有法律上的约束力。同时，房产中介公司既未事先取得该套房屋的中介权，在带领买主查看房屋后，也未获得卖主对其中介权的追认，房产中介公司与买主之间的居间合同不成立，依法判决驳回房产中介公司要求买主支付佣金的诉讼请求。

2005年5月6日，郑州市民秦某准备买一套二手房，于是，她就来到位于郑州一

---

① 本案例选自广州房产律师网。

家房屋中介寻找房产。随后，双方签订了一份房屋代购委托协议，协议约定秦某委托郑州某地产咨询有限公司购买房产，委托期限为 90 天，此期间某公司为秦某的非独家代理服务提供者；秦某通过该公司的服务看房，该公司收取 80 元看房费（每套 20 元人民币，委托期内超过 4 套，不再另收，低于 4 套或退还秦某或转入佣金）；协议第二条第二款约定，秦某不得与该公司介绍过的房主自行成交，否则该公司有权获得本协议中约定的佣金；协议第四条第一款约定在该公司为秦某找到交易对象，并签订房屋买卖合同，在签订房屋买卖合同时，秦某按合同总房款的 1% 向原告支付佣金。协议第 5 条同时约定，秦某本人及其任何形式的亲属或其他任何形式与秦某相关人员，均不可与该公司介绍之卖方自行交易，否则视为违约，并按该房产交易价格的 2% 向该公司支付违约金。2005 年 6 月 12 日，该公司与秦某签订"客户服务确认单"，其上载明：21 世纪不动产郑州某加盟店经纪人熊某经出售方同意将位于郑州市某处邢先生的房产推荐给秦某，随后该公司工作人员带领秦某对以上房产及相关环境进行了考察。之后，该公司在自己印制的"客户服务确认单"签下"确认中介成功"字样。不久，秦某得知，该公司自己所看房屋的房主并未委托该公司对外出售该套房屋。

2005 年 6 月 23 日，秦某通过房主邢先生在网上发布的卖房信息和别人介绍与邢先生接上头，随后，双方签订了房地产买卖契约，秦某以 170 000 元的价格购得邢先生所有的位于郑州市某处的住房一套并于 6 月 27 日办理了房屋过户。该公司得知该情况后认为秦某违背诚信，遂于 2005 年 8 月 8 日一纸诉状将秦某推到郑州市某法院被告席上，请求法院判令被告秦某支付佣金 1 700 元、违约金 3 400 元、调查费用 90 元。

而秦某则辩称，其与该公司签订的是非独家代理协议；且现在所买房屋是房主先生通过网上发布的卖房信息，房主并未委托该公司对外出售该套房屋，因此居间合同未能成立。

此案在诉讼中过程中，被告秦某申请证人邢先生和李某出庭作证。证人邢先生证明其系通过网上发布的卖房信息，并未委托该公司对外售房；将房屋卖给被告秦某是通过别人介绍，不是通过此公司。证人李某证明其是邢先生与秦某房屋买卖的介绍。

（二）审理

法院经审理后认为：原、被告所签房屋代购委托协议属于居间合同。《中华人民共和国合同法》第四百二十条规定"居间合同是居间人向委托人报告订立合同机会或提供订立合同的媒介服务，委托人支付报酬的合同"。在房屋中介合同中，中介人在房屋买卖合同成立后，要向买卖双方收取佣金。因此，房屋中介合同中，中介人的义务在于提供订立合同的媒介服务，而不仅仅是向委托人报告订立合同机会。本案中原告郑州某房地产咨询有限公司接受被告秦某委托购买房产，除找寻合适的房子外，还应积极斡旋于被告与卖房人之间，介绍、撮合双方订立房屋买卖合同，只有在被告与卖房人签订了房屋买卖合同，原告的居间义务方履行完毕，原告才有权收取合同约定的佣金，这一点在房屋委托代购协议第四条第一款中已有明确约定。但原告在与被告签订了委托协议后，仅仅为被告提供了对郑州市某处房屋的看房服务，并没有促成被告与该套房屋的房主邢先生签订房屋买卖合同，不能认为原告已履行完合同约定之居间义务。原、被告于 2005 年 6 月 12 日签订的客户服务确认单属于原告自己印制的，其中"确认中介成功"等内容属于格式化条款，这些条款的规定与本案中原告所履行的义务不相符合，因此对被告没有法律上的约束力。因被告没有履行完自己的居间义务，其无权要求被告支付合同约定的佣金。房屋代购委托协议中第二条第二款和第五条尽管有被告不能与原告介绍过之卖方自行交易的约定，法院认为，以上限制性条款旨在保护居间人在其中介活动中掌握的、属于自己独有的、采取一定措施加以保护的、具有一定商业价值的信息，该类信息凝聚了居间人的劳动成果，对其进行保护符合法律规定。

但在本案中，邢先生是通过网上发布的对郑州市某处房屋的卖房信息，原告既未事先取得该套房屋的中介权，在带领被告查看房屋后，也未获得邢先生对其中介权的追认，因此，原告对位于郑州市某处房屋没有中介权，无权根据房屋委托代购协议的约定限制被告的选择权，更无权获得违约金。况且原、被告之间签订的服务是非独家代理的合同，在原告不能履行居间义务时，被告另寻其他中介公司提供服务是维护自己权益的合法之举，并不构成违约。原告要求被告支付违约金的诉讼请求，于法无据，法院不予支持。原告要求赔偿的调查费用 90 元是其为提起诉讼而支出的调查费用，不是从事居间活动支出的必要费用，要求被告承担该项费用没有法律依据，对原告的此项诉讼请求，法院亦不予支持。依照《中华人民共和国合同法》第六十条第一款、第四百二十七条、《中华人民共和国民事诉讼法》第六十四条第一款之规定，法院依法判决驳回原告郑州某公司要求被告秦某支付佣金 1 700 元、违约金 3 400 元、调查费用 90 元的诉讼请求。案件受理费 215 元，由原告郑州某公司负担。

（三）法官点评

所谓房产中介合同，在法律上叫做居间合同，是指居间人、中介公司、向委托人报告订立的机会或者提供订立合同的媒介服务，委托人支付报酬的合同。

本案主审法官田某认为，对于顾客来说，他享有看房后买或者不买、在这家买还是在那家买的自由，因此，房产中介不能作出顾客看房之后，无论通过何种途径买下都要支付中介费的强制性协议。如果中介方仅仅是就"看房"这一行为约定了相关费用倒也无可厚非，毕竟中介方已经尽到了居间合同中报告信息的义务，但由于其还没有尽到居间合同中的全部义务，因此并不能收取全部中介费。而个别房产中介公司为追求利益最大化，在中介合同中精心设计了"霸王条款"，无论交易是否成功中介总是"旱涝保收"，致使买卖双方不知不觉中落入圈套。田某提醒说，在房屋买卖合同中，可从以下三方面去识别哪些条款属于"霸王条款"：一是该条款是否免除了对方的责任；二是该条款是否加重自己的责任；三是该条款是否排除了自己的主要权利。这样的条款是无效的，但作为购房者，若不注意，尽管之后打官司可以胜诉，但这要付出大量的成本，不如在签订合同之前多长个心眼，多咨询行内人士，以做到防患于未然。

而中介公司则认为，自己这样做也表示实属无奈，主要目的是为了防止买卖双方私下交易，致使公司无法获取佣金。一位房产中介负责人表示，此前曾经发生过公司带顾客看好房子后，最后顾客却绕开了中介，与房东私下达成购房协议，交易成功了中介方却一分钱的中介费都没得到。他表示，中介的工作本来就是为买卖双方提供信息，中介向顾客介绍了房源，就已经履行了居间合同中的报告信息义务。最终买卖双方利用这一信息签订买卖合同，就应该支付中介费用。

二、二手房买卖合同纠纷案[①]

（一）案情

原告：徐某某

被告：周某某

2002年8月2日，被告与案外人上海市某置业有限公司签订（以下简称"某置业公司"）《上海市商品房预售合同》，被告购买位于上海市某处商品房一套，合同约定"某置业公司"于2003年10月31日前将该房屋交付给被告，双方办理了预售登记。

2003年5月26日，被告与上海某房地产经纪有限公司（以下简称"某经纪公司"）签订《房地产居间合同（出售）》，约定被告委托某经纪公司居间出售某室房屋。同年5月27日，原、被告通过"某经纪公司"居间，签订《转让协议》一份。该转让协议约定：被告将某室商品房作价人民币114 000元转让给原告。原告于签订协议当日将房款人民币114 000元暂存于中介方"某经纪公司"，由中介方在签订本协议后三个工作日内将该笔房款交于被告。被告于开发商通知交房之日付清所有房款，并通知原告办理进户手续，原告支付房款22.8万元。开发商大产权证办出后，通知被告办理小产权证，待被告小产权证办出后，办理原告小产权证，同时原告通过银行贷款支付剩余房款。原、被告任何一方，未按协议约定全面履行相应的义务，且逾期达15日，则守约方有权单方面终止协议，违约方应向守约方支付违约金114 000元。此外，原、被告双方还对其他的权利义务作了约定。

签约当日，原告从中国某银行上海市分行分别取出房款114 000元及中介费5 700元，某经纪公司出具收条。同年10月31日，被告向中介方出具确认书，载明：由于本人自身原因不出售系争房屋，本人不前往中介方领取原告暂存中介方的首笔房款，现同意中介方将上述房款退还给原告。

另，系争房屋于2003年6月2日经查核准登记的权利人为被告，同年12月16日"某公司"办理初始登记取得大产权证。因原告无财产可供担保，故其向代理律师出具书面材料确认不办理财产保全。在诉讼期间，被告将系争房屋再次转让，并于2004年4月1日办理了产权过户手续。

诉辩

原告诉称：2003年5月27日，原、被告签订《转让协议》合法有效，且《转让协议》具备履行基础。因房价上涨因素，被告单方面违约，故请求判令被告履行《转让协议》、履行交房义务并与原告办理产权过户手续。

2004年7月22日，因得知被告已将系争房屋再次转让给了案外人，并已办理过户

---

① 本案例选自北京房产律师网。

登记手续，故原告被迫变更诉讼请求，撤销原第一条诉讼请求，判令被告赔偿经济损失人民币 905 550 元。

被告辩称：被告在签订《转让协议》时并未取得房地产权证，且现上海市已禁止期房转让，故其与原告签订的《转让协议》无效。其次，被告并未收到原告房款，过错责任在原告。在原告变更诉讼请求后，被告辩称原告主张的赔偿金额过分高于《转让协议》约定的违约金金额，请求法院驳回原告诉请。

焦点：①《转让协议》的效力问题；②过错责任问题；③赔偿金额过分高于《转让协议》约定违约金的金额问题。

(二) 审理

一审法院认为：当事人行使权利、履行义务应当遵循诚实信用原则。本案原、被告所签订的《转让协议》系双方当事人真实意思表示，并不违反法律、行政法规的强制性规定，应认定有效，双方均应按约全面切实履行。被告关于协议无效的抗辩理由不能成立，本院不予采信。原告于签约当日取款人民币 114 000 元、中介公司就此出具收条以及被告出具的确认书，可以认定原告已按约将首笔房款暂存于中介公司处。而证人刘某的证言、被告出具的确认书均证实中介公司已尽通知转付义务，而是被告拒绝领取该款并将系争房屋再次转让，致使协议无法继续履行，根据法律规定，"当事人为自己的利益不正当地阻止条件成就的，视为条件已成就"，故被告无权单方面解除协议，且其行为已构成违约，依法应承担相应违约责任。现原告认为实际损失大于违约金的约定而主张实际损失，鉴于原告仅支付了首笔房款，从均衡双方利益出发，酌定判决被告赔偿原告损失人民币 450 000 元。

(三) 评析

1. 本案中双方签订的《转让协议》合法有效，应受法律保护。

根据《中华人民共和国合同法》第五十二条第五款之规定：违反法律、行政法规的强制性规定，合同无效。本案中双方签订的《转让协议》并未与全国人大颁布的法律及国务院颁布的行政法规的强制性规定相抵触，应为有效合同。

对于被告代理律师谈到上海市政府颁布的期房限转的问题。首先，本案《转让协议》是在此决定之前签订的。其次，上海市人民政府颁布的预售商品房转让问题的决定仅规定：自 2004 年 4 月 26 日起，预购人购买的预售商品住房在取得房地产权证前，房地产登记机构不予办理预售商品住房转让的预告登记。市政府未就签订《预售商品房转让协议》的效力问题作出规定，市政府也无权就此问题作出规定。

因此，本案中双方签订的《转让协议》系双方当事人真实意思表示，并不违反法律、行政法规的强制性规定，合法有效，双方均应按约全面切实履行。

2. 类似于本案的二手房买卖合同纠纷，买受方在诉讼的同时，必须及时申请对系争房屋进行诉讼保全，以防止出售方恶意将房屋再转让给第三方的情况发生。

近几年，因房产市场的火暴，导致房价大幅飚升，由此而引起的出卖方在签订转让协议后违约的案例不胜枚举。

对于新建商品房买卖，最高人民法院已经出台了司法解释：对于开发商一房两卖的情况，买受人可以请求解除合同、返还已付购房款及利息、赔偿损失，并可以请求开发商承担不超过已付购房款一倍的赔偿责任。但对于二手房买卖并不适用以上惩罚性赔偿的规定，故购房者如想取得系争房屋，则必须及时申请对系争房屋进行诉讼保全，以防止出售方恶意将房屋再转让给第三方的情况发生。

3. 加强整个社会信用制度建设。

目前，我国自然人、法人的诚信度普遍低下，这与我国信用制度的不完善密不可分。

我国信用制度缺陷主要表现在以下两方面：

（1）收集自然人、法人不讲诚信的信息渠道过于陕窄。

对于自然人、法人目前收集不讲诚信的信息渠道主要是其日常通信费、水、电、煤气费的欠缴情况及以往向银行借款的还款情况。

（2）不讲诚信的成本过低。

本案被告为了取得上涨房价、恶意违约，甚至在诉讼期间将系争房产再次转让，造成合同无法继续履行的尴尬境地。而原告却要为此付出律师费用及大量时间、精力。

针对以上情况，建议有关政府部门，将合同纠纷案件中法院依法判令一方单方面违约的生效判决也纳入目前的信用制度中。对于这些不讲诚信的个人及企业，在分享社会资源时（如信贷等）对其采取相应限制措施，以加大其不讲诚信的成本，从而形成整个社会争讲诚信的良好氛围。

三、房屋买卖合同纠纷案

（一）案情

25 岁的薛某在山西读完大专后，来上海打工。2005 年 10 月他应聘于某房产中介公司房地产经纪人，主要参与本市青浦徐泾镇九溪十八湾别墅的一手房、二手房销售工作。12 月间，由薛某办理，许女士以 551 万元的价格卖给明女士一套别墅。交易成交，薛某拿到 3 万余元佣金，但公司却可得到 10 万余元的中介费。面对 3 万元与 10 万余元之比，心理失衡和对钱的"渴望"，促使薛某陡生非法占有 10 万余元的想法。

2006 年 1 月间，薛某以收取佣金为由，从公司及客户处骗得委托洽谈协议书、佣金确认书等中介交易原件和复印件。之后，他又分别私自上门收取了买卖双方中介费 55 100 元和 48 000 元，并将钱一并存入了其个人银行卡和一卡通中。事后，薛某将交易材料予以销毁。

春节前，薛某离沪回山西老家过年，已经有了警觉的公司故意在他银行卡只打进一部分月薪。节后，他从老家打来长途电话询问此事，一来探探风，看看公司对自己非法侵吞中介款是否知道；二来想索要余下的月薪。当公司多次询问起这笔中介费下落时，薛某一概否认。最终，公司通过多种渠道找到了该别墅买卖双方，一问恍然大悟，买卖早已成交，中介费也如数交给了薛某。

公司再次告知薛某，指出其侵吞该别墅中介款的事实。此时，薛某承认了上述事实，并提出"私了"或增加奖励比例等非法要求。2 月 24 日，公司向警方报案，静安公安分局即对薛某刑事拘留。3月10日，经静安区人民检察院批准逮捕。

（二）案例分析

本案是一个典型的房地产经纪人利用职务之便欺骗中介公司的案例，此类案例是典型的房地产经纪人"飞单"问题，即房地产中介公司经纪人利用公司客户信息，谋取私利、损害公司合法权益的"飞单"行为。

首先，根据《城市房地产中介服务管理规定》第二十一条的规定，房地产经纪人在房地产中介活动中不得索取、收受委托合同以外的酬金或其他财物，或者利用工作之便，牟取其他不正当的利益。

对房地产经纪人行为，我们虽然有很多法律法规进行约束，但仍然缺乏行之有效的法律予以约束，政府仍缺乏对经济立法。现在，一种意见认为，它属于民事范畴，公司可通过劳动合同和劳动法律规范来救济；另一种意见则认为，经纪人或其他从业人员通过泄露或利用公司客户信息谋取私利、中饱私囊，查证属实的，涉嫌职务侵占，应承担刑事责任。总之，现行法律法规缺乏对经纪人诚信的约束，需要政府国家予以重视。

其次，对此案件，承办检察官这样总结：从本案的审查情况看，被告人薛某犯罪得逞，除其个人主观因素外，公司管理上的疏漏，客观上为犯罪分子提供了可趁之机。房地产中介公司应加强自身的业务流程和业务合同管理，加强主管对经纪人的监管，即对手下经纪人的订单进行全程跟踪，用这种方法保护公司合法的财产所有权，整肃财经纪律，防止此类违法犯罪再次发生。

因此，房地产管理部门要加强对房地产经纪人的监管，健全完善监管手段，切实规范从业人员行为，强化日常管理，并大力加强房地产经纪人培训教育。除重点抓好一般经纪人员的继续教育外，还要有计划分步骤地抓好房地产中介服务机构经理层面的培训教育。对在一家中介执业，在多家中介兼职，与房贩子私通，一房多报，赚取工资外收入，转借、出租、涂改房地产经纪人资格证，以及弄虚作假、欺骗误导消费者、不兑现承诺、不合理收费的经纪人，一经发现，立即辞退，并上报房地产经纪人"黑名单"，同时在行业内通报，其他中介公司不得再次聘用。还应上报房地产管理部门，所有中介公司也应认识到只有联合起来，严格执行、配合房地产管理部门关于严重违纪被暂停吊销资格证的经纪人，不得再次聘用的规定，才能共同维护行业的形象，维护自身的利益和长远的发展。

具体建议：

第一，公司要对中介费结算严格管理，对业务员是否收取中介费以及是否与财务结清等相关环节，加强监管力度，完善相应的监督机制，以防患于未然。同时，在发现有侵吞公司资金的行为后，要及时移交司法机关处理，不能简单地责令退出赃款了事，更不能"私了"。所以要增强法治意识，加强员工的遵纪守法教育，教育公司管理人员和全体职工通过本案举一反三，吸取教训，提高防范意识，以杜绝此类案件的再次发生。

第二，我们要建立员工惩戒制度，对经纪人"跑私单"现象严重的问题，坚决予以打击，同时，要做好人员变更管理及抓好经纪人执业管理。

四、保险合同是否有效案①

（一）案情

1998 年 3 月 10 日，张某为其夫投保了长期人寿险，保险金额为 50 万元。1999 年 4 月 23 日，张某的丈夫遇车祸死亡，张某向保险公司提出索赔。保险公司在审核单证时发现，投保单中的投保人签字和被保险人签字字体完全一样，说明出自同一人之手。张某承认是她填的投保单，被保险人的名字也是她。代签的保险公司表示，根据《中华人民共和国保险法》第五十五条的规定，这是一张无效保单，拒绝给付。张某不服，向法院提起诉讼。

（二）案例分析

《中华人民共和国保险法》第五十五条第一款规定"以死亡为给付保险金条件的合同，未经被保险人书面同意并认可保险金额的，合同无效。"本案中，被保险人没有在合同上签字，从表面上看，这似乎是张无效保险合同。但经过分析，投保人填写保单时代被保险人签字，可能有以下两种情况：

一种情况是保险经纪人没有告诉投保人被保险人必须亲自签字的投保规则，所以投保人没有让被保险人在保险合同上签字以表示书面同意，保险经纪人对此并未提出异议。《中华人民共和国保险法》第十六条规定，订立保险合同，保险人应当向投保人说明保险合同的条款内容。如果说没经过被保险人"书面同意"不符合法律规则，那么责任在保险人，而不再投保人，因为保险经纪人没向投保人说明被保险人必须出具书面说明。法律上保险经纪人被视为保险人的代表，保险人在代理权限内的一切行为，都代表保险人并由保险人负法律责任。由于保险经纪人的过错而造成的损失，保险人也必须承担责任。所以，保险公司确定保险合同无效而不负保险金给付责任，是没道理的。

另一种情况是保险经纪人将投保规则告诉了投保人，但由于怕麻烦（被保险人当时不在场）或怕被保险人不同意而代替被保险人签字。对此，保险经纪人十分清楚，但仍然收取了保险费，保险公司也签发了保险单。即使保险经纪人已向投保人讲清了被保险人必须签字的利害关系，但对投保人代被保险人签字的作法没表示异议，实际上是对这种行为的认可，这构成了对未经被保险人书面同意的以死亡为给付保险合同在发生死亡事故时予以拒付的权利的放弃。根据弃权和禁止反言的原则，既已弃权就不得向投保人提出反悔，重新主张原先放弃的权利。

因此，保险公司不能拒付保险金。

综上所述，无论那种情况，保险公司都应该全额给付保险金。

---

① 郑美琴. 保险案例评析［M］. 北京：中国经济出版社，2004.

（三）案例评析

《中华人民共和国保险法》规定，以死亡为给付条件的保险合同必须经被保险人书面同意。但在具体实践中，保险公司应根据不同原因区别对待，不能一概而论。目前，被保险人签字不实的保单占保险合同总量的 10% 左右，其重要原因是，保险经纪人未能严格按照公司规定告知被保险人如实签字。为此，保险公司一定要有针对性地加强保险经纪人的培训，严格规范其展业行为。同时，广大保险消费者要尽可能地多了解投保规则，按投保单上的规定认真填写，避免以后发生保险索赔案纠纷给自己造成损失。

【思考题】

1. 简述经纪行业的发展历程。
2. 简述我国经纪人主要涉及的行业。
3. 我国对经纪人的管理机构有哪些，其责任分别是什么？
4. 发达国家和地区的经纪人制度和法规对我们有什么启示。
5. 经纪人的管理和制度主要有哪几方面。
6. 经纪公司的管理和制度主要有哪几方面。
7. 简述保险经纪制度主要有哪几方面。
8. 简述房地产经纪制度主要有哪几方面。
9. 简述证券经纪制度主要有哪几方面。
10. 什么叫做经纪合同，其特点有哪些？
11. 经纪合同主要有哪几类，分别是什么？
12. 简述委托合同的概念、特征，及其委托当事人的义务。
13. 简述信托合同的概念、特征，及其信托当事人的义务。
14. 简述居间合同的概念、特征，及其居间当事人的义务。
15. 简述委托合同、信托合同、居间合同的区别和联系。

第九章　经纪人管理

【本章导读】

　　经纪业属于第三产业，其从业人员不仅活跃于城市，同时也涉足农村；经纪人不仅分布在期货、证券、房地产等行业，还遍布于文化、体育、知识产权等许多行业。经纪人活动方式复杂多变，不法行为形式多样，因此本章首先对各种形式的经纪人管理作了介绍，主要有经纪人的行政管理、行业管理、企业管理和监督管理。2004 年 8 月国家工商行政管理局发布了《经纪人管理办法》，规定从事经纪活动的人员应该先取得经纪资格证书，再经过一系列系统的专业培训之后，才能更好地胜任其工作岗位，根据此项规定，本章将会对经纪人员的资格管理和职业培训作一定的概述。由于经纪活动本身的隐蔽性和市场中信息不对称，就给经纪人的自利行为提供了条件，第三部分将对经纪人的自利行为以及国家对违法行为的处罚作适当论述。最后，针对经纪市场发展初级阶段的特征提出了几点经纪人的管理策略。

第一节　经纪人管理概述

一、经纪人管理的涵义与必要性

　　经纪人管理主要是指国家工商行政管理机关、经纪人行业组织依据现行的经纪人管理的法律、法规，对经纪活动主体、经济行为等实施的监督管理，其目的在于规范经纪行为，协调经纪活动相关当事人之间的关系。《经纪人管理办法》第十九条明确规定："工商行政管理机关应当依据有关法律法规及本办法的规定，对经纪人提供的信息及服务进行监督检查。"因此，各级工商行政管理机关均有权依据法律、法规，对其管辖的经纪人进行监督检查。经纪人应当履行接受监督检查的义务。同时《经纪人管理办法》第十九条同时对此进行了明确的规定："工商行政管理机关依据有关法律法规及本办法对其管辖的经纪人进行监督检查时，经纪人应当接受检查，提供检查所需要的文件、账册、报表及其他有关资料。"

　　随着各地经纪人队伍的不断发展壮大，经纪活动逐步活跃在市场经济大舞台上，带出了客商流、产品流、市场流、信息流、资金流，带出了活跃的市场气息，故而形成了以经纪公司、经纪协会等形式多样的经纪组织。

　　但目前，我国法律规范尚不健全，对经纪人没有严格的工商管理。经纪人收取的名目繁多的佣金，如好处费、交际费、回扣、酬金等，既没有正常手段，也没有统一的收费标准，容易出现经纪人所得报酬远远超过他们所付劳动的价值而构成居中牟取暴利情况，这一方面逃避了国家的税收，另一方面也为一些人的贪污犯罪提供了可乘之机。有的经纪人以中介为名，买空卖空，在货源不落实的情况下就接受委托人的佣金，甚至让买方交预定金。但到交货期时，货主根本交不出货物，使委托方蒙受经济损失。有的经纪人利用私人关系，把一些政府部门工作人员拉到中介活动中，趁某些物资供应紧张的机会，利用他们手中的权力，套购国家计划内物资到市场上高价出售，从中牟取暴利，严重腐蚀了国家干部，践踏了国家财经纪律，败坏了社会风气。

这些问题都是在国家法制不健全和工商税务部门管理不严的情况下产生的，而不是国家建立市场经济体制和经纪行业兴起后固有的现象。政府部门必须高度重视这个问题，加快这方面的法制法规建设，加强对经纪行业的行政治安管理。严肃制裁经纪人的不法行为，依法保护经纪人的合法权益，迅速地、卓有成效地把经纪行业的业务活动纳入到健康发展的轨道中来。

二、经纪人的行政管理

经纪活动作为市场经济活动的一种形式，其主体经纪人必须服从工商行政管理机关和政府有关部门的行政管理。根据2004年8月《经纪人管理办法》的规定，工商行政机关负责对经纪人进行监督管理，其主要职责是：

（1）经纪人的登记管理。

（2）依照有关法律、法规和该办法的规定，规范管理经纪行为，对经纪活动进行监督管理，保护合法经营，查处违法经营。

（3）知道经纪人自律组织的工作。

（4）国家赋予的其他职责。

（一）经纪人行政管理的原则

就我国当前的经纪人行政管理部门来说，任何一个行业主管部门除从行业规范的角度外，很难对经纪人实施综合性的、动态管理。为了更好地贯彻《经纪人管理办法》，落实经纪人行政管理，许多地方政府相继出台了有关经纪人管理的地方性法规。落实经纪人的行政管理需要遵循一定的原则，主要包括以下几项：

1. 引导与规范相结合原则

工商行政管理部门应引导和鼓励经纪行业的发展，可适当降低入行门槛，尽可能地放宽进入这一行业资格条件，只有那些确定需一定专业知识的经纪行业，才需要特别严格的经纪人资格条件。考核可以采用考试的方式，但是不是非得使用考试的方式，可根据各类经纪人的不同要求而采取不同的方式。在突出培育发展的同时，要始终坚持适度规范，从而引导经纪业有序发展，如明确不予核发经纪执业证书的条件；严格规定经纪人不得从事经纪活动的范围；设定违法经纪行为的处罚办法等。

2. 自律与干预相结合原则

强化对经纪人的自律管理发挥行业协会在这方面的作用，不仅符合当前政府职能转变的要求，也符合我国建立市场经济体制的目标，具有十分积极、重要的意义和作用。在这方面，国内外已经积累了许多成功的经验，如赋予经纪人协会一定的经纪人管理职能等。但在强化行业自律的同时，行政监督指导绝不可丢掉，必须要指导行业协会开展工作。

3. 权利和义务相结合的原则

权利和义务是共生的，有义务必然要有权利。在已有的经纪人管理法规中，对经纪人义务规定的多，权利明确的少。在实际工作中，委托人隐瞒真实情况，损害经纪人权益的情况时有发生。如果法律仅保护委托人的利益，而不是或较少保护经纪人的权益，对进一步促进经纪业的发展是不利的。因此，必须重视维护经纪人的权利。其中对经纪人权利的规定主要有：经纪人有权要求委托人提供资信状况、履约能力、商品质量等方面真实可靠的资料；经纪执业人员有向委托人了解委托事务真实情况的权利；委托人隐瞒与经纪业务有关的重要事项、提供虚假情况或者要求提供违法服务的，经纪执业人员有终止经纪业务、建议经纪机构接触经纪合同的权利；经纪执业人员依法享有保守自己经纪业务秘密的权利；经纪执业人员有权在其执业的经纪合同上签名；经纪执业人员依法享受承揽经纪业务的执行权，未经委托人和本人同意，经纪机构不得随意变更经纪业务执行人。

4. 继承和创新相结合的原则

行政管理实践中，一方面要严格依法行政，另一方面要灵活行政，最大限度实现行政的高效益。如由工商行政管理机关负责本行政区域内经纪人和经纪活动的监督管理，有关行业的行政管理部门按照各自职责，依法对本行业经纪人和经纪活动进行监督管理；实行经纪资格考核制度；经纪执业人员需依法取得经纪执业证书方可从事经纪活动；设立个体经纪人、经纪机构需具备与其经营范围相适应的一定数量的经纪执业人员等。

(二) 经纪人行政管理的手段

1. 行政执法

工商管理的行政执法是指工商管理部门，依照行政执法程序，贯彻执行行政法规的行政行为。

2. 行政措施

行政措施是指工商行政管理部门，依照有关法规，针对特定对象所采取的具体、单方面的能直接产生效果的行政办法和手段。主要包括：

(1) 设定义务，即要求商品生产者和经营者为一定的行为或不为一定的行为，前者称为命令，后者称为禁止。

(2) 许可和免除。

(3) 赋予和剥夺。

(4) 变更法律地位。

(5) 认可和拒绝。

(6) 通知，包括公告、布告、通报、通知等。

（7）确认，既认定并宣告特定的法律事实、法律关系是否存在。

（8）受理。

3. 行政强制

工商行政部门在维护市场经济秩序的过程中，为防止危害经济秩序的行为发生，在必要时可采取的强制措施，包括财务强制和行为强制。这种强制与法院按司法程序采取的措施不同。前者只限于对违法经营者采用财务强制和行为强制，后者属于法律强制，包括剥夺公民权利、人身自由的权利强制在内。

4. 行政处罚

工商行政管理中的行政处罚，一般是指对那些违反经济管理法规的商品生产者和经营者所作的处罚。行政处罚应依法进行。行政处罚的种类包括：警告、罚款、没收违法所得，没收非法财务，责令停产、停业、暂扣或吊销许可证、暂扣或吊销执照，行政拘留以及法律、法规规定的其他行政处罚。其中限制人身自由的行政处罚权，只能由公安机关行使。

三、经纪人的行业管理

经纪人行业协会一般是从事经纪业务的公民、法人和其他经纪组织，为共同维护经纪事业而促成的自我管理、自我教育和自我服务的社会团体，是经依法登记注册，具有法人资格的非营利性社团组织。

经纪人协会遵守宪法、法律、法规和国家政策，遵守社会道德风尚，团结、教育、引导本地区经纪人加强行业自律，完善自身建设，维护合法权益，交流工作经验，沟通业务信息，协调内外关系。增进友谊协作，提高经纪服务水平，促进所在地区经纪业的健康、有序、快速发展。

经纪人协会应接受地方工商行政管理机关和民政部门的业务指导和监督管理，接受政府的宏观管理，贯彻执行党和国家的方针政策，依据协会章程，发挥职能作用，并独立自主地开展工作。

经纪人协会应履行的职责主要包括：

（1）组织经纪资格考核，颁发经纪执业证书。

（2）维护会员的合法权益。

（3）组织经纪执业人员业务培训。

（4）制定经纪执业准则，进行经纪执业人员职业道德和经纪执业人员纪律的教育和检查。

（5）接受投诉，调节经纪执业人员活动纠纷。

（6）按照章程对会员进行奖励和惩戒。

（7）对会员的违法行为向工商行政管理机关和其他相关管理部门提出处理建议。

（一）经纪人行业协会的职能范围

根据《经纪人管理办法》的规定和我国各地经纪人协会的实际情况，经纪人协会的主要职责大致可以归纳为以下几方面：

（1）宣传贯彻党和政府有关经纪人管理的方针政策和法律法规。

（2）制定经纪执业准则，进行经纪执业人员职业道德和职业纪律的教育和检查。

（3）组织经纪资格考试，颁发经纪执业证书，组织经纪执业人员业务培训。

（4）反映会员的意见和要求，维护会员的合法权益。

（5）接受投诉，调节经纪执业活动的纠纷及会员之间的纠纷。

（6）组织业务交流活动，开展学术研讨，编印发行培训经纪人员的资料和刊物，开展咨询服务，提供国内外市场信息，发展与国内外相关民间经纪组织的友好往来与合作。

（7）开展经纪行业的情况调查，建立经纪人信用信息管理系统，建立会员奖惩办法，组织行业考核。

（8）建立经纪行业风险准备金、履约保证金等风险防范机制，营造公平竞争环境，提高行业信誉，保障经纪活动当事人各方的合法权益。

（9）对会员的违法行为向工商行政管理机关和其他有关行业行政管理部门提出处理意见。

（10）承担主管部门和有关单位委托的事项，开展有益于本行业的其他活动。

（二）经纪人协会的建设

根据经纪人协会的主要职责，我国经纪人协会要以党的方针政策为指导，以推动经济发展为中心，以团结壮大经纪人队伍为己任，以规范经纪行业健康有序发展为目标，依靠全体会员的支持，充分发挥协会自律组织的积极作用，加强协会自身的建设，制定切实有效的措施，尽力履行自身的职责，为经纪行业的发展创造良好的外部环境。

（1）接受政府部门的指导，争取社会各界的支持。要在政府部门的指导下，紧紧依靠各会员单位的力量和社会各界的支持，采取积极可行的措施，倡导诚实守信，规范经营，维护行业的整体利益和会员单位的合法权益。同时，要根据行业特点，制定行规行约，建立健全行业自律机制，促进行业公平竞争。

（2）要加强队伍建设，提高整体素质。要培养一支高素质的经纪人队伍，为社会提供优质、高效的专业化服务。协会要积极发挥自我管理、自我教育、自我发展的作用，广泛开展职业道德、业务素质的教育培训，紧密结合经纪人行业发展的趋势、业务特点、国际惯例，积极开展多种形式的业务研讨和经验交流。同时，要教育广大经纪从业人员自尊、自爱、自强，依法经营，使各类经纪机构在国家法律法规允许的范围内，按照平等、自愿、公平和诚实信用的原则，相互依存，共同发展。

（3）坚持服务宗旨，发挥服务功能。协会应以会员为本，为会员服务是协会工作的宗旨。协会要通过信息交流、业务指导、法律咨询等形式，为会员提供多种有益的服务。要主动解决会员遇到的困难和问题，帮助会员运用法律手段维护自己的合法权益。

四、经纪人的企业管理

经纪组织是指具有企业性质和组织形式的经纪公司、经纪行、经纪人事务所等机构，是自主经营、自负盈亏的法人实体。经纪组织可以是全民所有制、集体所有制，也可以是私营企业。经纪公司是以公司为组织形式的、从事经纪业务的、负有限责任的企业法人。

（一）经纪组织的作用

1．进行分工协作，发挥整体作用

经纪活动发生在流通领域中，而流通领域范围广泛、环节众多，个人的知识、力量、经验是有限的，仅靠个人的力量是很难把流通的各个环节的工作都承担下来的。在这种情况下，经纪组织便可以发挥个人无法发挥的作用。在经纪组织内部，设有很多职能部门，他们分工协作，相互配合，使得经纪活动质量和效率大为提高。经纪组织一般比个体经纪人更会注重自己的信誉和形象，讲求工作效率和职业道德，因为通常情况下，人们会更相信一个组织，更信赖有组织地进行工作的经纪机构，再加上经纪组织在国家行政监管部门依法注册登记，不同于个体经纪人飘忽不定，难以把握。

2．保证商业信用，促进交易成功

在经纪活动中经常出现的问题是，卖方担心交货后收不回贷款，买方则担心预交了款后收不到货，供求双方互不信任，出现商业信用危机。在这种情况下，可以发挥经纪组织的作用。具体做法是：先由买方将货款打入经纪组织账户，并由经纪组织向卖方出示货款已到的单据，卖方见到单据确认无疑后再把货款转给卖方。这样，基于买卖双方对经纪组织的信任，经纪组织便有效地发挥了保证交易安全，避免出现商业信用危机的作用。

3．调节合同纠纷，维护经纪活动秩序

经纪组织可以对合同履行过程中发生的纠纷进行调节，尽管这不属于经纪组织职责范围内的事情，但如果进行调节至少会有以下好处：

（1）经纪组织对合同内容比较了解，对争议的内容容易提出明确的意见或建议，从而使纠纷得以化解。

（2）由于在经纪活动过程中已与当事人建立了一定程度的信任，经纪组织的调节工作内容得到双方当事人的配合。

（3）经纪组织的经纪人一般对有关的专业知识和法律知识了解较多，容易使协议的调节在合法的基础上达成一致意见，一般不会无原则地调节而造成是非不清，引起双方不满。因此，在合同接缝的调节过程中，除了国家统合仲裁机关外，也可以发挥经纪组织的调节作用。

（二）经纪组织的设立

作为一种法人组织，经纪组织的设立程序与其他法人组织基本是相同的。要取得法人资格，经纪组织必须在工商行政管理部门注册登记，领取营业执照。注册登记的内容包括：法人名称、住所、经营场所、法人代表、经济性质、经营范围、经营方式、资本金、从业人数、经营期限、分支机构等。

经纪组织还应提交下列文件：组建负责人签署的登记申请书、审批部门的批准文件、组织章程、验资报告、企业主要负责人的身份证明、经营场所使用证明等。

五、经纪人的监督管理

经纪人的经纪行为主要是中介行为，工商行政管理机关必须严格按照"诚实、守信、客观、公正"的原则，监督经纪行为，规范经纪市场，制裁经纪违法行为，确保经纪业的健康发展。

对经纪行为的监督管理是一项困难、复杂的工作。近些年来，通过工商行政管理机关对经纪人的监督管理不断深入，已初步形成了既符合国际惯例具有中国特色的经纪人监督管理制度的框架，主要包括以下几个方面的内容：

（一）完善法规制度，明确监管机构

全国相当部分省、自治区、直辖市人大通过了《经纪人管理条例》或以政府令颁布了《经纪人管理办法》等地方性法规或规章，这些条例与办法均明确工商行政管理机关是经纪人的监督管理机关，政府有关部门根据职责依法对经纪人进行管理。但由于历史和行政体制的原因，我国现在的经纪人管理还存在"条块分隔"、"多头管理"的状况，严重地制约着经纪业和经纪人队伍的培育发展。因此，需要有关部门相互支持和配合，进一步建立健全法律法规，理顺经纪人管理关系。

（二）确立经纪人的权利义务关系，完善监管措施

已颁布的经纪人法规规章确立了经纪人的基本权利是：依法开展的经纪活动不受非法干预；凡国家允许进入市场流通的商品和服务，经纪人均可经纪；开展经济活动有权收取佣金。规定经纪人履行下列义务：依法从事经纪活动；提供客观、公正、准确、高效服务；将约定及交易情况如实、及时报告当事人；妥善保管当事人的货款和业务成交记录；按约定为当事人保守商业秘密；依法纳税等。应该说，明确这些规定，维护了经纪人基本权益，逐步完善了监督管理措施。

（三）确立了经纪人的经纪活动方式及组织形式

已颁布的经纪人法规规章对经纪活动形式作出了界定。目前在我国开展经纪业务活动的形式主要有三种，即：居间、行纪和代理。经纪人的组织形式有个体经纪人、合伙经纪人和经纪公司。《中华人民共和国个人独资企业法》实施后，经纪人也可以独资企业的组织形式开展经营活动。

（四）完善经纪资格认定制度

经纪活动是经纪从业人员以自己的专业知识、掌握的信息从事中介互动，经纪活动对经纪从业人员的素质要求高。各地借鉴其他国家的经验、根据经纪活动的特殊性在关于经纪人管理的法规规章中。都明确了要对经纪从业人员实行执业资格认定管理制度。规定经纪公司应当有不少于 5 名以上的经纪执业证书的专职人员。近年来，为提高经纪从业人员的业务素质和法律素质，各地重视并规范了经纪资格认定工作。但就目前而言，经纪人资格认定还只停留在地方水平上，还没有达到像律师、注册会计师、注册房地产估价师等国家部委级的注册水平，在一定程度上限制和影响了经纪人发展的水平和速度。

（五）严格实行注册登记制度

经纪活动是以收取佣金为目的的经营活动。独立从事经纪活动的个人和从事经纪活动的组织应当经工商行政管理机关注册登记后才能成为合法的市场经营主体。各地和国家工商行政管理总局颁布的关于经纪人管理的法规规章中，都明确了要对经纪人实行注册登记管理。当前，地下经纪人仍大量存在，严重冲击了合法经纪活动，地下经纪活动中骗买骗卖、行贿受贿、欺诈顾客、违法犯罪等造成诈骗案、偷逃税案时有发生，成为经纪业混乱的重要原因。因此，工商行政管理机关应进一步加强对经纪人的注册登记管理，对违反登记注册规定的按有关法规予以处理。

（六）确立经纪人的基本行为规则，严格实行合同管理制度

在各地经纪人管理的地方性法规规章中，确立了经纪人的基本行为规则，明确了工商行政管理机关对违反有关行为规则的行政处罚措施。针对经纪活动中大量存在的有些经纪人不签订合同、当事人之间无约束、随意性大、佣金支取无章可循、部分经纪合同当事人一方强调权利不承担义务、合同内容显示公平、经纪活动纠纷较多、客户受骗、经纪人权益得不到保证等问题。对经纪活动，除即时结清外，都应签订书面合同。各级工商行政管理机关要加强对经纪合同的监督管理，制定统一的合同文本，并加强对经纪合同的鉴定工作。目前经纪合同管理制度正逐步推开，已成为工商行政管理机关对经纪行为日常监管的重要手段。

（七）培育和建立自律性运行机制

在对经纪人的管理过程中，政府及主管部门应积极支持经纪人自律组织的建立和发展，指导其开展工作。目前，全国多个省、市及自治区已在当地工商行政管理机关的支持下成立了经纪人协会，其他地方经纪人协会的组件工作也日益受到重视，经纪人自律组织及自律性运行机制正在逐步形成。

第二节 经纪人培训

一、经纪人资格认定

经纪人若想取得并保有执业资格，必须具备良好的业务素质、遵循基本的职业道德，还要时刻注意不能违反政府法律和经纪人行会的有关规定。经纪业，是由经纪从业人员具体的居间、行纪、代理等行为构成的，因此对经纪业的规范管理，其首要步骤就是严格把握经纪从业人员的素质。根据这一需要，各地在制订经纪人管理法规对经纪从业者的条件、资格及考核都有明确的规定。国家工商行政管理局颁布的《经纪人管理办法》等一系列管理规章中，都把经纪从业人员资格的规范作为首要的管理内容，其中包括经纪从业人员的条件、培训、考核、资格认定以及从业行为记录等具体内容。

（一）申请经纪资格人员应具备的条件

经纪人是中间商人，在法律上享有独立的地位。中国公民要成为经纪人，除了必须具备《中华人民共和国民法通则》要求享有民事权利的能力和具备完全的民事行为能力，熟悉国家关于商业活动的有关经济政策和法律，通晓某一商业流通领域的中介业务知识和技能，具有过硬的公共关系能力，并经过县以上工商行政管理机关的培训和考核，取得经纪资格证书者，还应当具备法律上对经纪人规定的资格条件，根据国家工商行政管理局发布的《经纪人管理办法》，主要有：

（1）具有完全民事行为能力。

（2）具有从事经纪活动所需要的知识和技能。

（3）有固定的住所。

（4）掌握国家有关的法律、法规和政策。

（5）申请经纪资格之前连续3年以上没有犯罪和经济违法行为。

符合上述规定条件，已取得经纪资格证书的人员，经专门考核合格，取得专业经纪资格，由工商行政管理机关会同有关部门发给专业经纪资格证书。从事金融、证券、期货和国家有专项规定的其他特殊行业经纪业务的，还应当具备相应的专业经纪资格证书。

（二）经纪从业人员的执业资格

关于经纪从业人员的培训、考核及经纪资格证书的核发问题，国家工商行政管理局除了在《经纪人管理办法》中做出了原则性规定外，又颁布了《关于进一步贯彻实施＜经纪人管理办法＞的通知》，该通知规定：各地要根据当地具体情况组织安排好经纪从业人员的培训、考试工作。培训、考试的基本科目有："经纪人概论"、"法律知识"、"市场营销"及"工商行政管理法规"等，从事房地产、技术、信息、劳动力、运输、产权、文化、广告、体育、旅游等方面的经纪活动的，除进行基本科目的考试，还要进行相应专业知识的考试。工商行政管理机关可会同有关行政主管部门做好对经纪从业人员专业知识的培训、考试工作。

经纪从业人员的培训按全国统一的大纲进行，考试试题由省、自治区、直辖市、计划单列市工商行政管理局按照国家工商行政管理局统一编制的题库确定；阅卷工作由省、自治区、直辖市、计划单列市工商行政管理局统一组织；考试时间由省、自治区、直辖市、计划单列市工商行政管理局统一确定；考试试题及考试时间须报国家工商行政管理局备案。

经考核符合规定条件的，由省、自治区、直辖市、计划单列市工商行政管理局核发全国统一的经纪资格证书。只通过基本科目考试时，在核发的经纪资格证书上注明"消费品、生产资料"字样；通过房地产、技术、信息、劳力、运输、产权、广告、体育、旅游等方面专业知识考试的，在核发的经纪资格证书上要注明相应的项目。经纪资格考试不符合国家工商行政管理局要求的，一律不得核发经纪资格证书。县以上工商行政管理机关对持有经纪资格证书的人员实行从业记录制度，并要加强持有经纪资格证书人员的档案管理，以便于查询和监管。凡持有经纪资格证书者连续两年以上

（含两年）未进行从业记录的，由发证机关吊销其经纪资格证书。

二、经纪业务人员的培训

经纪人在取得经纪资格证书之前，可以经过相关部门的培训，更熟练地掌握经纪人的专业理论知识。取得经纪资格证书的经纪人被招聘到适宜的经纪企业之后，并不意味着立刻就可以开展经纪工作，因为经纪业务的复杂多变，以及其对实际操作能力的高要求，因此经纪业务人员必须进行系统的、定期的、多方面的培训。只有这样，经纪业务人员才能更好地符合岗位要求，增强其竞争力。

（一）经纪企业培训人的新要求

为适应新的经济形势和现代化经纪业务人才成长规律的需要。经纪企业对其业务人员的培训必须进行巨大改进，要从内涵上挖掘、改革和创新，培训适合企业需要的、具备从业能力的经纪业务人员。经纪企业业务人才的培训过程要符合以下要求：

（1）要适应现代化经纪的要求，大量吸收并准确处理信息、知识，使经纪人培训建立在全新的基础上。美国、中国香港等地均有专门培训经纪业务人员的学校，可以借鉴他们的成功经验，吸收专门的、崭新的知识信息，来培训经纪业务人员。

（2）要注意"博"和"专"的结合。经纪业务人员的中介活动要运用许多领域的知识，如商业、金融、房地产等，要通过培训使他们具备广博的知识；同时，培训内容又要侧重经纪专业、经纪活动本身的规律和内在要求，让经纪业务人员掌握专业的经纪技巧。

（3）要符合经纪人的行业特点。经纪业务人员遍布很多行业，有金融业、房地产业、文化业、外贸行业等，因此培训的内容要与有关行业的知识密切联系，只有培训与各个行业的特点和要求结合起来才能培养出高素质、高水平、专业的经纪业务人员。

（4）要注意创造型、开拓型经纪业务人员的培训，并且要注重业务人员的实际操作能力。

（二）经纪人的培训机构

经纪业务人员作为市场主体，其培训机构的设置应该充分利用社会力量，加大行业协会、职业培训中心乃至经纪公司的力量来作为培训主体，从而有效地利用社会资源，调动各方面的力量，改善培训主体结构，更好地完成我国经纪业务人员的培训工作。

1. 各行业主管部门、工商行政管理局联合培训

目前，我国经纪业务人员的培训主要是省、自治区、直辖市工商行政管理局和各行业主管部门联合培训的形式出现，并已基本上被公众认可，在全国一些省市培养了一大批经纪业务人员。政府官方机构的权威性不容置疑，而社会民间组织在许多情况下所起的作用无法与政府相比。并且由于经纪人在我国尚属新鲜事物，仍处于发展的初始阶段，因此由政府行业主管部门组织进行经纪人的培训具有官方性、权威性、易于得到公众的认可等优势。

2. 工商行政管理机构联合高等院校培训

在培训经纪业务人员的系统中，高等院校拥有各学科的教师队伍，还拥有教室、网络等授课地点和教学设施，具有显而易见的优势。而与工商行政管理机构联合办学则可以增加培训班的权威性，并可结合工商行政管理局的考核发证工作。具体操作程序是：由省、自治区、直辖市授权具有某项经纪业务专业优势的高等院校开办短期培训班培训经纪人，具体教学内容、手段、课程设置等由院校自行拟定。培训结束后由院校会同工商行政管理局共同进行资格考试，通过者颁发经纪人资格证书。目前我国已有部分省市和院校采用了这种培训形式，如上海体育学院的体育经纪人培训班、北京体育大学和吉林体院的联合培训都属此例，有其存在的合理性。

3. 经纪人行业协会培训

目前全国性的经纪人行业协会尚未成立，但部分省市已经陆续成立了经纪人协会，经纪人行业协会能够承担起行业人员的培训工作，并且还可以自发地、经常性地组织例会，交流信息，并且将培训与考核、发证等工作结合起来。经纪人行业协会由于是社会民间团体，并且主要由经纪人组成，因此比官方机构更为了解本行业的发展现状和特点，并能根据特点制定培训内容和设置相应的课程，与此同时，经纪人行业协会所拥有的各类信息也是其他机构无法比拟的，行业协会可根据最新的经纪动态，选择实时的案例进行教学。另外，在培训师资上，经纪人行业协会也有其无可比拟的优势，即：它可以直接由协会会员——知名经纪人进行授课。知名经纪人可以结合自己的实际工作经验教训和经典案例进行教学，对经纪人的培训效果不言而喻。体育经纪人协会最大的优势是可以根据经纪人的需要，增加培训的次数，而这种培训可以不一定与考证相联系，而仅仅是根据现实情况的需要进行的短时间的培训，具有较大的灵活性和自由性。

4. 经纪公司内部培训

目前我国经纪人队伍规模尚小，高水平的、高素质的经纪人匮乏，而仅仅依靠短期培训还难以培养出适应我国经纪市场要求的经纪人。经纪公司的内部培训有别于其他机构培训的经纪人，其他机构培训的是一般意义上的经纪人，注重的是通常的经纪人所需的专业素质和知识的传授，而经纪公司是在各类市场中进行实际工作的市场主体，可以针对本市场经纪现状和本公司的业务特点，有针对性地进行培训。从某种意义上说，其他机构的培养是普及培训，而经纪公司的培训是专门培训。另外，经纪公司内部培训内容必然要培训公司的管理制度、行为规范，但更重要的是培训学员熟悉公司相关部门的业务，基本的工作方法。各经纪公司在业务范围上都有所不同，有的公司侧重于各种经纪活动的经纪运作，有的公司以做代理、商业开发为主，而有的公司则以媒体推广和服务为主，因此可根据公司的情况，在培训一般经纪常识的基础上融入本公司的业务特点，使学员尽快熟悉本公司情况，掌握基本行业经纪运作程序，成为一名合格的经纪人。

（三）经纪人的培训内容

我国对经纪人的管理采取持证上岗的原则，要求经纪人必须经过培训，通过从业资格考试，拿到资格认证书，才可从事经纪业务工作。如欲从事房地产经纪业务、保险经纪业务的人员，一般需通过相应的资格考试才可上岗。因此，经纪主体中的业务人员从资格上可分为两种：持有资格证书的业务人员和没有资格证书的业务人员。经纪主体对这两种业务人员的培训要区别对待。对于持有证书的人员，要注重实践能力和后续知识的培训；而对于没有证书的人员，则应侧重于经济业务基础知识的培训，使这部分人员了解、熟悉一般经纪业务工作。

经纪培训机构对经纪人的培训有多种方式，并且随着实践的发展而发展。"培训"一词我们经常使用，但其真正的含义非常深刻、丰富。员工培训的完整内涵，应该是通过各种教导或传授经验的方式，在知识、技能、态度等诸多方面改进员工的行为方式，以达到期望的标准。因此，对于经纪人培训机构来说，一个完整的经纪人培训计划应包括以下三方面内容：

（1）经纪业务知识的培训。通过培训，使业务人员具备完成经纪业务工作所必须的基本知识，让业务人员了解企业经营的基本情况，如企业的发展战略、目标、经营方针、经营状况、规章制度等，从而便于业务人员参与经纪企业经营活动，增强其主人翁精神。

（2）经纪业务技能的培训。通过培训，使业务人员掌握完成经纪业务工作所必备的技能，如谈判技能、操作技能、处理人际关系的技能等，由此也可培养、开发业务人员多方面的潜能。

（3）经纪业务人员态度的培训。经纪业务人员的态度如何，对业务人员的士气以及经纪企业的绩效影响甚大。必须通过经纪业务培训，建立起经纪企业与业务人员之间的相互信任关系，培养业务人员对企业的忠诚，培养业务人员应具备的精神准备和态度。

此外，经纪企业培训还应培养业务人员根据所面对的具体情况独立解决问题的能力。

（四）经纪人的培训方法

经纪人培训机构对经纪业务人员的培训，要遵循理论与实际相结合得原则，同时还要将竞争机制充分应用到培训计划中。

（1）再教育培训。再教育培训主要解决经纪业务人员知识结构的更新问题，它要按照业务人员从事中介活动的要求，对经纪业务人员分层次、分类别地进行再教育。再培训可以通过送回学校或在职培训的方式，来扩充业务人员的知识面，消化吸收新的经纪技能，建立起一种转化性能好的经纪知识结构。再教育环节改变现有业务人员旧的思维方式，培训新的、富有创造型的思维方式。

（2）再实践培训。再实践也是经纪培训机构培训经纪业务人员的一项重要内容。再实践主要是把接收再教育所获得的成果创造性地运用起来，通过新的实践在原有基础上提高职业素质。

由此可见，经纪培训机构通过对经纪业务人员的培训，可以有效提高现有业务人员的职业水平，更新业务人员的知识结构，使其能适应不断变化的经济环境的要求，创造出良好的效益。

（3）引入竞争机制。市场竞争的日益激烈，要求经纪培训机构对经纪业务人员的培训必须要引入竞争机制。因为竞争可以促进个人成才，可以促使企业不断改进产品，提高产品和服务的质量。经纪业务人员的培训也同样离不开竞争因素，竞争可以激发业务人员的创造力；竞争可以促使业务人员人尽其才；竞争可以激励业务人员开拓前进。竞争机制在经纪培训机构对其业务人员的培训中具有以下作用：

第一，竞争可以激发经纪人的创造能力。鼓励业务人员之间开展竞争，是培训业务人员的一种有效、快捷的方法之一。证券市场、期货市场上的经纪业务人员之间每时每刻都在竞争，竞争促使他们提高经纪效率，熟练经纪技巧。其他领域的经纪主体也可在其业务人员之间开展竞争，这样不仅可以优胜劣汰，而且可以提高其业务人员的经济素质和能力。

第二，竞争可以使经纪人的才能获得充分展示。在一个经纪组织中，经纪业务人员各司其职地完成经纪企业的业务，如果引入竞争机制，可以使每个业务人员更加努力工作，充分展示自己的能力，从而形成一股强大的合力，使经纪企业的业务更上一层楼。

有些观点认为，经纪企业实行内部竞争会产生一种"内耗"，从而影响到企业的整体实力。这种观点过于片面，因为，以最小的竞争消耗，使企业中各个经纪业务人员均得到进步和发展，从企业整体的净收益来看是值得的。

第三节　经纪人的自利行为

经纪活动的规范主要包括两方面的内容，一是经纪人经营对象的规范，二是经纪人行为的规范。关于经纪人的经营对象，《经纪人管理办法规定》："凡国家允许进入市场流通的商品和服务项目，经纪人均可进行经纪活动；凡国家限制自由买卖的商品和服务，经纪人应当遵守国家的有关规定要核准的经营范围内进行经纪活动；凡国家禁止流通的商品和服务，经纪人不得进行经纪活动。"关于经纪人的行为规范，《经纪人管理办法》第十七条规定："经纪人在经纪活动中，应当遵守以下规则：提供客观、准确、高效的服务；将定约机会和交易情况如实、及时报告当事人各方；妥善保管当事人交付的样品、保证金、预付款；按照约定为当事人保守商业秘密；记录经纪业务成交情况，并保存三年以上；收取当事人佣金应当开发票，并依法缴纳税款和行政管理费；法律、法规规定的其他行为规则。"

经纪人提供的是一种服务，是用其专有知识对交易双方的信息进行收集、整理、传输，及达到交易双方达成交易，赚取佣金的目的。经纪人在提供服务的过程中，对大量的信息进行收集、加工、传输，作为第三方的经纪人记录了大量的市场交易行为，或者直接向市场提供信息。而作为当事人的一方却无法对这些信息进行验证，或者即使能够验证，也需要花费很大的物力、财力和精力，在经济上是不划算的。因此，由于市场中信息不对称，就给经纪人的自利行为提供了条件。

一、经纪人的行为规范

在经纪活动当中，经纪主体的行为有合法与违法之分。这就需要国家通过法律和法规的形式对经纪活动的主体的行为进行规定，明确告诉当事人应当怎样做，不应当怎样做，违法行为应该承担什么样的法律责任。经纪人作为特定的市场主体，《经纪人管理办法》对其行为作出了明确的规定。《经纪人管理办法》第三条规定："经纪人从事经纪活动，应当遵守国家法律、法规，遵循平等、自愿、公平和诚信信用的原则。"这条是经纪人行为的总原则。只要符合这个总原则，经纪人的合法权益就会得到法律的保护。而违反经纪人基本规则的行为，工商行政管理机关则将视情节轻重依法予以处罚。

关于经纪人的行为规范，《经纪人管理办法》明确规定，经纪人在经纪活动中，不得从事下列行为：

（1）未经登记注册擅自开展经纪活动；

（2）超越经核准的经营范围从事经纪活动；

（3）对委托人隐瞒与委托人有关的重要事项；

（4）伪造、涂改交易文件和凭证；

（5）违反规定或者违反委托人有关保守商业秘密的要求，泄露委托人的商业秘密；

（6）利用虚假信息，诱人签订合同，骗取中介费；

（7）采取欺诈、胁迫、贿赂、恶意串通等手段损害当事人利益；

（8）通过诋毁其他经纪人或者支付介绍费等不正当手段承揽业务；

（9）对经纪的商品或者服务作引入误解的虚假宣传；

（10）参与倒卖国家禁止或者限制自由买卖的物资、物品；

（11）法律法规禁止的其他行为。

对于从事上述违法行为的经纪人，国家工商行政管理局明确规定，法律、法规、已有规定，按有关规定处理；法律、法规没有规定的，由工商行政管理机关根据情节处以警告、没收违法所得、罚款、责令停业整顿、吊销营业执照等处罚，并可吊销直接责任人员的经纪资格证书。

二、违法行为的法律责任

按照《经纪人管理办法》的规定，对经纪人违反规定的，国家工商行政管理局可以对此进行处罚。大体上分为两种处罚方法：

（一）由工商行政管理机关按照有关法律法规及行政规章予以处罚

《经纪人管理办法》第二十二条规定："如果经纪人违反本办法第十八条第（一）、（二）、（五）、（七）、（九）、（十）项规定，由工商行政管理机关按照有关法律法规及行政规章予以处罚。"

比如，违反本办法第十八条第一项规定的，未经登记注册擅自开展经纪活动，其处罚办法就有这样几种：①依据我国《企业法人登记管理条例》第二十九条第一款和

《企业法人登记管理条例实施细则》第六十六条第一款之规定，未经核准登记擅自开业从事经纪活动的，责令终止经营活动，没收非法所得，处以 2 万元以下罚款。②依据我国《公司登记管理条例》第七十二条之规定，未依法登记为有限责任公司或者股份有限公司，而冒用有限责任公司或者股份有限公司名义的，由公司登记机关责令改正或者予以取缔，并处以 1 万元以上 10 万元以下的罚款。构成犯罪的，依法追究刑事责任。③依据《城乡个体工商户管理暂行条例》第十五条之规定，未经工商行政管理机关核准登记颁发营业执照的，属非法经营，应予取缔，没收非法所得，并处以 500 元以下罚款。

比如，违法本办法第十八条第二项规定，超越经核准的经营范围从事经纪活动的，其处罚办法就有这样几种：①企业法人超出核准登记的经营范围从事经纪活动的，依据我国《企业法人登记管理条例》第三十条规定及其《施行细则》第六十六条第四款之规定，视其情节轻重，予以警告、没收非法所得、处以 2 万元以下罚款；同时违反国家有关规定，从事非法经营的，责令停业整顿、没收非法所得、处以非法所得额两倍以下罚款；情节严重的，吊销营业执照。②公司超越核准登记的经纪业务范围的，依据我国《公司登记管理条例》第七十一条之规定，由公司登记机关责令改正，并可处以 1 万元以上 10 万元以下的罚款；情节严重者吊销营业执照。③个体工商户擅自超越核准经营范围的，依照《城乡个体工商户管理暂行条例》第九条、第二十二条和《城乡个体工商户管理暂行条例实施细则》第十六条第三款之规定，没收其非法所得，可以并处 20 元以上 500 以下的罚款。

再比如，违反本办法第十八条第五项规定，违反约定或违反委托人有关保守商业秘密的要求，泄露委托人的商业秘密的，其处罚办法是：依据我国《反不正当竞争法》第二十五条规定，监督检查部门对其予以责令停止违法行为，并根据情节处以 1 万元以上 20 万元以下的罚款。

一般而言，只要其他法律、法规已经明确规定违法行为应该承担的法律责任的，在经纪人的行为管理中，工商行政管理机关就要按照有关法律、法规及行政规章执行，予以处罚。

（二）由工商行政管理机关视其情节轻重直接处罚

由于经纪人的经纪活动与厂商的经营活动存在着很大的不同，有其特殊性的一面，因而有些法律、法规及行政规章规定的处罚办法，不一定完全适用于对经纪人的处罚，因此，《经纪人管理办法》第二十三条规定："如果经纪人违法本办法第十八条第（三）、（四）、（六）、（八）项规定，由工商行政管理机关视其情节轻重，分别给予警告、处以违法所得额三倍以下的罚款，但最高不超过 3 万元，没收违法所得的，处以 1 万元以下的罚款。"这样，工商行政管理机关对处理类似违法事件时，就直接可以按照这个规定执行。

同时，工商行政管理机关对于违法工商行政管理法规的经纪执业人员的行为，也应当按照有关法规进行处理。对从事违反经纪活动的，法律、法规已有固定的，按有关规定处理；法律、法规没有规定的，由工商行政管理机关根据情节处以警告、没收违法所得、处以 5 万元以下罚款、责令停业整顿、吊销营业执照等处罚，并可吊销直接责任人员的经纪资格证书。对于触犯刑律构成犯罪的，移送司法机关追究有关当事人的形式责任。

第四节　经纪人的管理策略

我国经纪人制度虽然从萌芽至今历经十多年的发展，但仍处于起步阶段。这是与我国经纪市场还处于发展阶段这一行业背景分不开的，监管机构一直以来都将监管重点放在市场的基础性制度建设。然而随着我国经纪市场的逐步成熟和经纪人在经纪业务地位的逐步提高，经纪人制度完善必将提上议事日程。

一、监管机构和自律组织对经纪人的管理对策

（一）明确经纪人的法律地位和责任

经纪市场涉及的领域多种多样，各种经纪市场的发展层次也各不相同。比如像证券经纪市场这一类发展迅速的经纪市场已经有《证券公司监督管理条例》对证券经纪人与证券公司的关系、证券经纪人与证券公司的法律责任分担作出了规定，但是依然还不够完善。监管部门有必要进一步出台《经纪法》，并明确经纪人的法律地位和责任：一是通过区别法人经纪人和个人经纪人两个概念，从法律上确认个人经纪人的合法地位；二是明确经纪公司和经纪人的委托——代理关系；三是规定经纪人必须对其在经纪公司授权范围内的执业行为承担法律责任。

（二）通过提高准入门槛提高经纪人的整体素质

根据《经纪人管理办法》规定经纪人应当具有经纪从业资格。要取得经纪从业资格必须先通过经纪从业人员资格考试，再申请执业资格，报考条件和申请执业资格条件，根据国家工商行政管理局发布的《经纪人管理办法》，主要有：具有完全民事行为能力；具有从事经纪活动所需要的知识和技能；有固定的住所；掌握国家有关的法律、法规和政策；申请经纪资格之前连续 3 年以上没有犯罪和经济违法行为。

经纪人在经纪公司授权范围内的行为由经纪公司依法承担相应的法律责任，需要经纪人具备一定的职业道德。因此，中国经纪业协会应从教育程度和市场禁入两方面提高经纪人的准入门槛：一是要将经纪人的准入教育程度设为大学专科以上，因为进行经纪活动需要掌握一定的市场专业基础，而在高中阶段普遍缺乏这方面教育，从另一方面来看，大学教育也已经成为一种大众化教育而不是精英型教育，提高教育程度的规定是可行的；二是要将曾因诈骗、侵犯财产等背信行为而受到刑事处罚的人员设为永久性的市场禁入人士，因为经纪人需要具备职业道德和素养，格守诚信。

（三）通过建立注册制度和信息披露制度提高经纪人的违规成本

国际上对于经纪顾问，可以选以披露为基础的监管体系，允许欲接受咨询的客户

在知情的情况下选择经纪顾问，所选择的监管体系至少要包含如下因素：建立经纪顾问发证制度，禁止发给申请前某段时间内违反法律的人；规定经纪顾应向潜在客户所作的披露，包括教育背景、行业经验、处罚历史、投资策略、费结构、可能的利益冲突、以前的经纪表现，经纪顾问应定期更新披露信息，重大变化产生时也应披露。在我国，对于发育程度比较完善的经纪市场也可相应地由中国各经纪业协会建立如的经纪人注册制度和信息披露制度。

1. 建立经纪人注册制度

《经纪人管理办法》应规定经纪人在通过经纪人专门考试后，要通过雇用的经纪公司向协会注册，提供协会要求的书面注册信息，包括经纪人教育背景、工作履历、离职原因、失业期间的活动、曾涉及的经济纠纷和法律诉讼、曾受到的行政处罚和刑事处罚等情况，并接受协会和经纪公司对所填写资的真实调查。在未取得协会统一制作的经纪人执照前，经纪人不得执业。经纪人注册制度通过将经纪人执照的发放权收回到自律组织，能有效防止不符合经纪人任职资格要求和未通过经纪人专门考试的人进入经纪市场，保障经纪人的整体素质，使经纪人群体具备通过高投资咨询服务水平来吸引客户的能力。

2. 建立经纪人信息披露制度

仅仅建立经纪人的注册信息是远远不够的，为了更好地发挥公众监督的作用，应建立持续的、及时的经纪人信息披露机制，一旦经纪人的执业行为违反了法律法规的要求，经纪人除了要接受处罚外，其处罚信息还要及时录入到协会的经纪人信息库中，并通过协会网站向公众公示。经纪人违规信息的公开将降低其被经纪公司录用、被客户接受的可能性，从而提高经纪人的违规成本。这一信息披露理念，可将经纪人的执业行为暴露在公众监督下，能够提高经纪人的违规成本，有效减少经纪人的违规行为。

（四）通过建立分级管理制度控制经纪人的操作风险

为有效控制经纪人的操作风险，中国各经纪人协会应建立经纪人分级管理制度，对不同级别的经纪人发放不同的执照：持有助理级执照的经纪人、持有中级执照的经纪人、持有高级执照的经纪人按照各自的经纪级别开展不同层次的经纪业务。经纪人更换经纪公司的，仍可持有原级别的执照。协会还应根据经纪人的执业信息，对经纪人执照的晋级和降级作出相应规定：要从助理级晋级到中级，必须在助理级执业一年以上并无不良从业记录；要从中级晋级到高级，必须在中级执业三年以上并无不良从业记录。经纪人违规的，可视违规严重程度及违规间隔时间对经纪人进行降一级甚至降两级处罚。

通过分级管理制度的建立可以通过限制其执业空间有效地控制新加入的经纪人的操作风险；对于有一定工作年限的经纪人，通过执照降级机制提高其违规成本，能够有效防止其短期机会主义行为；使得持有高级执照的经纪人脱颖而出，成为经纪公司青睐的人才，有助于经纪人群体诚信形象的树立和社会地位的提高。

（五）通过加强经纪人权益保护减少经纪人短期机会主义行为

由于一些经纪人属于经纪公司的非正式员工，人力成本较低，经纪公司对经纪人的管理不完备造成了这些经纪人的短期机会主义行为。从另一角度看，经纪人机会主义行为的泛滥反过来又会造成经纪公司的不满并采取损害经纪人权益的行动，形成恶性循环。可见，相对经纪公司而言，部分经纪人属于弱势群体，监管机构应通过如下手段加强对经纪人的权益保护，促进行业的健康发展：①要求经纪公司应在与经纪人签订的委托合同上明确约定签约年限和业绩提成的方式、比例、持续年限，通过合同约定保护经纪人的权益。监管机构应定期对合同签订情况进行检查，对违规的经纪公司进行处罚。②监管机构应提供受理经纪人投诉的渠道，及时处理经纪人的投诉，制止经纪公司损害经纪人权益的行为。

二、经纪公司对经纪人的管理对策

(一) 将经纪人纳入经纪公司正式员工管理体系

目前大多数经纪人并非是经纪公司的正式员工，这些编外人员虽然可以带来较低的人工成本，但是本身却也带来更多的问题：①当经纪人因报酬问题与经纪公司发生纠纷，需要通过劳动仲裁机关裁决时，由于各地劳动规定的差异，对是否存在劳动雇佣关系的认定会有所不同。部分地方劳动监管部门认为只要用人单位支付了劳动报酬，不管是固定工还是业绩提成等其他形式，均属劳动雇佣关系，应签订劳动合同并办理社会保险。如用人单位未做到，则会要求用人单位补办相关手续并给予处罚，由此给经纪公司带来一定的风险。②将经纪人纳入经纪公司非正式员工管理体系虽然在一定程度上降低了公司的人力资源成本，但经纪公司也会因此降低对经纪人的专业素质要求，只看重经纪人的客户资源和社会关系。从长期来看不利于行业的健康发展。③将经纪人作为编外员工不利于激励经纪人。由于长期以来离于正式员工管理体系之外，经纪人的工作不稳定、薪酬随行情波动、培训不到位、地位低于正式员工、缺乏职业发展空间，经纪人会感觉经纪公司是把自己当成营销工具，归属感普遍不强。因此从行业的长期健康发展来看，有必要将经纪人纳入公司正式工管理体系。比如，国内证券经纪业务的领头羊、证券营业部平均盈利水平处于行业前列的国信证券，已经将证券经纪人纳入正式员工管理体系。

(二) 加强对经纪人的风险管理

1. 通过公众监督加强对经纪人的监管

经纪公司在经纪人获得执照后，应在当地新闻媒体、公司网站、营业场所公示经纪人的执照、教育背景、工作履历、代理业绩等相关信息，通过发挥公众的监督作用防止经纪人在向协会申请执照时填写虚假或片面的注册信息。这一做法虽然在一定程度上提高了经纪公司的成本，但能够及时发现不符合经纪人任职资格的人员，规避今后因这类人员的违规行为给公司带来的法律风险。

2. 通过向客户说明收入结构防止经纪人诱使客户频繁交易

经纪公司通过分析客户的交易流水记录难以判断经纪人是否曾诱使客户进行频繁交易而获取不当的佣金提成。经纪公司应要求经纪人在开展经纪营销时，应向客户说明自己的收入结构，从而让客户去判断经纪人是否诱使自己进行频繁交易。这一做法虽然短期内会减少经纪人的收入，但从长期来看有利于经纪人建立诚信形象，获取客户的信任，通过客户的宣传和引荐去开发更多的客户。

3. 禁止经纪公司协助经纪人逃税

有些经纪公司为了吸引优秀经纪人的加入，采取了协助经纪人逃税从而变相提高经纪人收入的不当做法，逃税方法一般有是将自己的佣金提成所得通过餐饮、交通、通信、办公用品等发票报销的方式"化身"为经纪公司的营业费用。由于这种逃税方法都通过一定的会计处理进行粉饰，而且现阶段税务部门对经纪公司的纳税审查重点是企业所得税和营业税而不是个人所得税，因此不易被税务部门发现。但是随着经纪人这一群体收入的提高和社会关注度的提高，税务部门势必逐渐关注对经纪人的纳税审查，一旦这些逃税行为被税务部门发现，而相关的经纪人又已经离职，经纪公司将面临替经纪人补缴个人所得税及接受税务部门罚款的窘境，因此开展相关经纪业务的公司应严格禁止公司协助经纪人逃税的行为。在控制手段上，经纪公司应充分发挥财务部门的一线监督作用，在会计处理上拒绝配合经纪人逃税。

【案例解析】

北京经纪人协会

北京经纪人协会（以下简称协会）是由北京市工商行政管理局、北京市文化局、北京市体育局、北京市国资委、北京市国土房管局、北京市科学技术委员会和经纪机构共同发起设立，依法经北京市民政局注册登记，于2003年11月21日正式成立的经纪人自律性社团组织。其目的是为了贯彻党中央关于深化改革的精神，尽快实现政府职能的转变，适应我国加入世贸组织后的要求，充分发挥行业协会的作用，促进经纪人行业规范有序的发展。

1. 协会的宗旨

遵守国家宪法、法律、法规和政策，遵守社会道德风尚，依法维护会员的合法权益，反映会员的要求和愿望，引导全市经纪人恪守职业道德，规范经纪活动，提高服务水平，维护经纪市场秩序，积极发挥协会桥梁和纽带作用，促进本市经纪行业健康发展，繁荣首都市场经济。

2. 协会的业务范围

（1）宣传贯彻党和政府有关经纪人管理的方针政策和法律法规；

（2）开展经纪行业的情况调查，建立经纪人信用信息管理系统，制定经纪人从业规则，建立会员奖惩办法，组织行业考核；

（3）反映会员的意见和要求，维护会员的合法权益；

（4）开展对经纪人的职业道德教育，指导会员守法文明经营，调解会员之间的纠纷，对本行业的经营秩序进行自律监督管理；

（5）组织经纪业务培训和经纪资格考试，培训专业资格人才，指导各教学单位的教学活动，保证教学质量，提高行业素质；

（6）组织业务交流活动，开展学术研讨，编印发行有关培训及经纪专业刊物和有关资料；

（7）开展咨询服务，提供国内外市场信息，发展与国内外相关民间经纪组织的友好往来与合作；

（8）建立经纪行业风险准备金、履约保证金等风险防范机制，营造公平竞争环境，提高行业信誉，保障经纪活动当事人各方的合法权益；

（9）开展会员之间的联谊活动和其他服务活动，丰富活跃经纪人生活，促进本行业精神文明建设；

（10）承担主管部门和有关单位委托的事项，开展有益于本行业的其他活动。协会会员由团体会员、个人会员和名誉会员组成。

3．协会为会员提供以下服务

（1）建立经纪人档案库；

（2）采取多种形式向社会推介经纪人；

（3）共享行业有关信息；

（4）提供有关法律咨询；

（5）推荐经纪人参加政府的"守信"企业公示活动；

（6）建立经纪人网站，会员共享网站信息发布、利用等权利。

【解析】从北京经纪人协会的业务范围来看对当今各地经纪人协会的建立有什么启示？

【思考题】

1．经纪人管理的概念。

2．经纪人从业资格的概念。

3．工商行政管理机关在经纪人管理方面应该遵循哪些原则？

4．经纪人行政管理的手段有哪些？

5．如何加强经纪人协会的建设？

6．经纪组织的作用有哪些？

7．经纪人的监督管理的主要内容？

8．从事经纪活动需要具备哪些资格？

9．经纪人员的培训、考核是如何进行的？

10．开展经纪人培训的机构有哪些？

11．申请经纪资格人员应该具备哪些条件？

12．经纪人的自利行为有哪些？

13．执法机关如何对经纪人的违法行为进行处罚？

14．监管机构和自律组织对经纪人的管理对策有哪些？

15．经纪公司对经纪人的管理对策的哪些？

参考文献

［1］李岳. 经纪人概论［M］. 北京：中央广播电视大学出版社，2004.

［2］王永山. 经纪市场学［M］. 北京：中央广播电视大学出版社，2004.

［3］李丽，张波. 美国抵押经纪人的盈利模式与道德风险的防范［J］. 东方企业文化，2010（1）.

［4］徐英. 再保险经纪人信用风险问题研究［J］. 商业研究，2011（1）.

［5］何爱梅，黄亚雯. 证券经纪人市场风险的法律防范研究［J］. 中国商界，2008（2）.

［6］张幼芳. 我国证券经纪人制度发展中存在的风险及防范措施［J］. 广东外语外贸大学学报，2008（5）.

［7］尤晋华. 对规范我国证券经纪人从业行为的思考［J］. 中国商人：中国经济理论研究，2005（6）.

［8］古洁. 如何完善证券经纪人制度［J］. 合作经济与科技，2008（17）.

［9］宋艳锴，夏爱学. 证券经纪人制度的确立及其影响［J］. 西部金融，2009（2）.

［10］程悠，孟卫东. 自然人型证券经纪人制度设计［J］. 商业时代：理论版，2003（33）.

［11］蔡云红，马琳. 证券经纪人制度的若干问题研究及监管建议［J］. 证券市场导报，2007（7）.

［12］刘伟，岳林继. 证券经纪人制度的风险及其控制［J］. 河南社会科学，2007（7）.

［13］张国荣. 我国证券经纪人制度探讨［J］. 浙江金融，2000（9）.

［14］程悠. 我国证券经纪人制度发展研究［D］. 重庆：重庆大学，2004.

［15］单芸. 经纪团队突遭集体辞退联合证券陷劳动纠纷［J］. 东方早报，2008（1）.

［16］胡向真，肖铭. 建设法规［M］. 北京：北京大学出版社，2006.

［17］秦承敏. 房地产法规［M］. 北京：北京大学出版社，2009.

［18］李延容，周珂. 房地产法［M］. 北京：中国人民大学出版社，2012.

［19］董伟，欧阳钦，黄泽韵. 建筑法规［M］. 北京：北京大学出版社，2011.

［20］覃有土. 保险法［M］. 北京：北京大学出版社，2010.

［21］张莉，李小云. 从政治经纪人到发展经纪人——人类学经纪人研究回顾及展望［J］. 中国农业大学学报：社会科学版，2012（2）.

［22］李峰. 居间主题资格对合同效力的影响［J］. 绥化学院学报，2012（4）.

［23］宫有立. 中国证券经纪人监管制度探析［D］. 北京：吉利大学，2009.

［24］褚岩. 文化经纪人概论［M］. 北京：中国电影出版社，2008.

［25］庄志虹. 我国证券经纪人制度研究［D］. 厦门：厦门大学，2008.

［26］朱学新. 新编经纪人理论与实务［M］. 苏州：苏州大学出版社，2005.

［27］陈博，楚建波，阳大胜. 基于知识经纪人的知识管理模型［J］. 湖南科技大学学报：社会科学版，2005（4）.

［28］靳勇. 我国竞技体育职业化进程中的经纪人管理与培养体系研究［D］. 苏州：苏州大学，2005.

［29］谌浩，吕志明. 现代经纪人学［M］. 长沙：湖南大学出版社，2004.

［30］程悠. 我国经纪人制度发展研究［M］. 重庆：重庆大学出版社，2004.

［31］顾建光. 现代公共管理学［M］. 上海：上海人民出版社，2002.

［32］陈传国. 从九个方面规范管理经纪人［J］. 中国工商管理研究，1995（8）.

［33］国家工商行政管理局市场监督管理司. 经纪人概论［M］. 北京：经济管理出版社，2002.

［34］陈企华. 新经纪人必读全书［M］. 北京：中国纺织出版社，2004.

［35］梁积江，田东霞. 经纪实务与谋略［M］. 北京：中央广播电视大学出版社，2004.

［36］谭一平. 现代推销实务与案例分析［M］. 北京：中国人民大学出版社，2008.

［37］谢和书，陈君. 推销实务与技巧［M］. 北京：中国人民大学出版社，2010.

［38］龚荒，杨雷. 商务谈判与推销技巧［M］. 北京：清华大学出版社，北京交通大学出版社，2010.

［39］樊苗江，周为民. 经纪人理论与实务［M］. 北京：化学工业出版社，1994.